21世纪都市文化跨学科研究书系

◇ 2021年广东省社会科学研究基地东莞理工学院城市文化研究中心扶持项目

◇ 2020年广东省科技创新战略专项资金资助项目“红色研学旅行与社会主义核心价值观培育”

空间之美：转型社会的文化镜像

聂 茂 黄 琳 ◎ 著

中南大學出版社
www.csupress.com.cn
·长 沙·

图书在版编目(CIP)数据

空间之美：转型社会的文化镜像 / 聂茂，黄琳著.
—长沙：中南大学出版社，2021.8
(21 世纪都市文化跨学科研究书系)
ISBN 978-7-5487-4438-2

Ⅰ. ①空… Ⅱ. ①聂… ②黄… Ⅲ. ①社会学—研究
Ⅳ. ①C91

中国版本图书馆 CIP 数据核字(2021)第 088215 号

空间之美：转型社会的文化镜像
KONGJIAN ZHIMEI：ZHUANXING SHEHUI DE WENHUA JINGXIANG

聂 茂　黄 琳　著

□责任编辑　浦 石
□责任印制　唐 曦
□出版发行　中南大学出版社
社址：长沙市麓山南路　　邮编：410083
发行科电话：0731-88876770　　传真：0731-88710482
□印　　装　湖南省众鑫印务有限公司

□开　　本　710 mm×1000 mm 1/16　□印张 16.25　□字数 263 千字
□版　　次　2021 年 8 月第 1 版　□印次 2021 年 8 月第 1 次印刷
□书　　号　ISBN 978-7-5487-4438-2
□定　　价　108.00 元

图书出现印装问题，请与经销商调换

总序　跨学科研究打开都市文化的新天地

欧阳友权

一

当下的中国，是一个快速发展的中国，是日新月异的中国。农耕时代的小桥流水，原始乡村的诗情画意，“日出而作，日落而息”的田园牧歌，“醉后不知天在水，满船清梦压星河”的宁静悠远，正日益成为来去匆匆的都市人残留在记忆深处的一抹乡愁。

与此同时，四通八达的高速公路，森林般扩展的居民小区，随处可见的脚手架，川流不息的车辆与人群，以及霓虹灯、酒吧、立交桥、环形剧场等极具现代性和都市气息的生活场景，不仅浓缩了现代城市的发展变化，也充分彰显了高科技和物质文明的高度融合给整个社会带来的深刻影响。而以“北漂”“沪漂”“深漂”为代表的城市奋斗者则正在不同的城市以辛勤的努力为自己的幸福拼搏，在梦想的道路上奔跑。这些潮水般涌入的异乡者以最快的速度和最小的代价，想方设法找到属于自己的精神栖息地，让喧哗与骚动、痛苦与欢乐、诗意与汗水尽情地释放，他们不仅源源不断地为都市文明增加新的元素，输入新的血液，也理所当然地获得了与乡村生活不一样的感受，与城市原居民不一样的境遇。他们“漂”来“漂”去，真实地呈现出受时代大潮裹挟所带来的个人命运的种种变化。这些充满油烟味、泥土味、汗臭味和人情味的大大小小的变化，都凝结成转型时期都市生活韧性十足且多姿多彩之审美经验的一部分。无论你喜欢与否，也无论你接受与否，你都身处其间，无可逃离，也不想逃离。

随之而来的是都市文化的更新、再造与嬗变，文学叙事的革命，文化生态的重建，城市空间的延伸，时间观念的裂变，网络文艺的转向，地域文学的分流，大众心理的迷茫与踟蹰，阶级固化的打碎与重构，文化征候的忽左或忽右，等等，这些问题也越来越集中地浮现出来。如何面对这些问题，如何透过现象看清本质，如何把握社会脉动，深刻诠释中国经验，是当下人文社会科学和广大学人面临的重大机遇与挑战。中国社会发展的大潮一泻千里，汹涌澎湃，各种新生事物层出不穷，改革阵痛在所难免，新的审美对象、审美范式、审美形态矗立在现实面前，我们的学科发展和学术追求是融入其中，创新担当，以鲜活的思想讲述改革开放所带来的新事物、新现象、新场景，还是固守原本自成体系的学术范式，守正出新，在圆润完备的体系里做精做深，已越来越成为中国学人的道路选择和学术分野。

二

很长一段时间以来，学科的范畴和学术的“楚汉之界”泾渭分明，壁垒森严，彼此不得越雷池半步，每每强调“隔行如隔山”，自设禁区，画地为界，精耕细作，带来的结果必然是，细分的门类越来越多，研究的范围越来越狭窄，解决问题的能力也越来越弱。不可否认，这种精细分工和“守土有责”在特定的时代和文化背景下发挥了积极作用，也产生了一大批优秀的学术成果，成为“术业有专攻”的典范，但这种传统的学术方式在多元文化、多重场景、多维主体的挑战下也越来越暴露出自己的短板、不适、苍白和无力。因此，在新的历史时期，一切有追求、有抱负、有责任的学人，更应该在纷繁芜杂的现象、纷至沓来的问题、此起彼伏的时代大潮中，勇敢地走出书斋，拥抱沸腾的现实生活，大胆设想，小心求证，以跨学科的研究、大学术的视野、与时俱进的姿态，全身心投入到学科建设和学术创新的实践中。

聂茂是一个出道较早、著作颇丰的作家，也是一个感觉敏锐、非常勤奋的学者，他生于湖南，长于湖南，工作在湖南，湖湘文化中“经世致用”的精髓对他产生了深刻影响。同时，他有着丰富的媒体从业经验和出国留学的经历，思想活跃，视野开阔，学术领域宽广，在新闻传播、文学评论、文化产业、网络文艺等领域都有建树，这为他这些年来跨学科研究的大学术追求提供了坚实基础。

某种意义上，跨学科研究如同多兵种联合作战的现代化军队，能够以强大的战斗力重塑文化研究的新格局。特别是在大文科建设的时代背景下，从理论和实践层面推动跨学科融合，充分运用各学科之间的特色和优势，关注中国现实，回应大众关切，用新的角度，从新的切口，进入研究对象，这样的跨学科研究必将为当前的学术研究带来新的变化，获得新的收获。文化研究的价值体系一方面以审美的方式发现和阐释世界，一方面又以意识形态的角度评析和研判世界，两者都面临着深刻转型，而转型中的巨大困惑和危机也越来越多地激发学人的思考，一系列现象与本质问题亟须从理论上做出清理与反思。

聂茂跨学科研究不是一时的心血来潮，更不是赶时髦、趋时尚、追热点，而是从进入学术生涯的那一天起，就自觉沉潜其中，一以贯之地坚持着自己的学术理想，守护着自己的学术良知。早在2005年，聂茂进入到中南大学任教不到一年，当年9月8日《文艺报》双周刊的头版头条《学科带头人特别报道》栏目里，就醒目地记录了他所追求的“跑马人生”。他清醒地意识到，学术研究要有独特的方法和视角，强调“不拘一格，立异标新，要有拓荒者的勇气和高屋建瓴的气魄”。他呼唤一种“大学术”，追求开放性、包容性和新锐性，认为学术应当走出“象牙之塔”，“学术成果应当转化为生产力，及时为社会、为国家建设服务”。

三

“21世纪都市文化跨学科研究书系”就是聂茂带领自己的弟子(其中4名博士、1名硕士)历经数年，默默耕耘，呕心沥血，努力践行“跨学科研究”和“大学术”追求的集中奉献。该书系包括5本著作、170余万字，聚焦都市文化的方方面面，致力于各学科之间的融合贯通，将个性空间与社会场景、大众思潮与小众肌理、抽象理念与具象审美有机结合起来，透过纷繁复杂的表象，深入到事物的本质，让学术绽放力量，让审美重拾尊严，让文化回归现实。这种跨学科研究不仅面对过去、现在，更面向未来。聂茂希冀在更多的融合中，真正打破学科界线，去除学科藩篱，用哪怕是尚未成熟的冒险精神，充分展示学术的内在力量和直面当下的责任与担当，以“自反而缩，虽千万人吾往矣”的勇气，确立跨学科研究的立场、观点、方法和范式。

正是基于以上考虑，摆在面前的这摞沉甸甸的书系便有了叙写一般城市文化研究读物“不一样的风景”：《时间之恋：都市文化的审美传播》一书以高速公路和高速铁路作为切入点，见证了“高速时代”社会心理、大众生活和时间观念的深刻变化，并对中国的现代性、文化身份的认同与反省、媒介意义的生成与阐释，以及都市与乡村的流动空间做出了全面而深刻的分析。《空间之美：转型社会的文化镜像》紧紧抓住“空间”二字，细致剖析了速度、空间等变化对人们的思想、心理和精神产生的震撼，兼具思想性、哲理性和文学性，颇像一本韵味十足的文化散文。《文学之光：多维视野下的精神命途》运用优秀文化传统和中华美学精神，对21世纪中国文学的发展状态、内在结构、作家心态、书写特点和价值重构等做出深入细致的解读和阐释。《虚拟之虹：网络文艺的符号世界》结合互联网的时代语境，与传统文艺符号进行比较，阐明了网络文艺符号的本质特征和网络文艺符号的生产机理，在网络文艺学理层面上具有一定的开拓性。《地域之魅：新世纪常德文学发展研究》聚焦湖南常德市改革开放以来在书写中国经验和社会转型方面的文学实绩，努力彰显新时期常德文学的精神命途、责任担当、道路选择与家国情怀等，为文学湘军的发展提供了可资借鉴的地域资源与文化自信，为气象万千的中国其他地方文学的发展提供了实证研究和新的学术范式。

毫无疑问，“21世纪都市文化跨学科研究书系”打开了都市文化研究的新天地，为日后学术同行的相关研究提供了重要的学术资源。整个书系至少在以下三个方面体现了作者的积极探索和不懈努力：

其一，夯实了都市文化研究的学理基础，彰显了跨学科研究融合创新的时代意义。该书系涵盖了文学、艺术、哲学、美学、社会学、传播学、心理学、空间设计、道路、桥梁、工程等跨学科知识，真实反映了21世纪新科技所带来的社会变革的强大力量。随着社会心理的深层变革，人工智能的快速迭代，科技革命朝着纵深发展，社会问题日益综合化、复杂化、模糊化，应对这种现实变化亟须学科专业的整合应用，推动跨学科融合发展是新文科建设的必然选择。同时，该书系中的每一部著作都是团队合作的结果，各书之间既有较强的系统性，又有各自的独立性，努力打破学科专业的壁垒，积极尝试跨专业之间深度融通、文科与理工农医交叉融合，充分融入现代信息技术赋能文科教育，从时间到空间，从城市到乡村，从传统到现代，对接社会和各个行业，革故鼎新，而这，也正是新文科建设和跨学科研究的题中之义和价值所在。

其二，新文科建设和跨学科研究的前提和归宿是重新认识和发掘中国文化与都市文明的丰富资源，以实际行动进入学术现场，兼容并蓄，有容乃大。该书系强调拓展研究对象，打通学科分野，直面社会当下的学术主旨。作者的研究对象非常广泛，包括广告牌、服务区、高架桥、报警亭，话题包括视频、综艺、旅程等等，整个书系以审美文化、文艺评论、大众传播相结合的方式，重新检视人们司空见惯的事物，找到那些因为习以为常而失去了审美直觉的存在，以陌生化的体验重建学术研究的观念、范畴和谱系，反思传统学科思维在当代语境中的问题，探讨审美实践、文艺评论和大众传播实践在城市变革中面对高科技力量所带来的种种变化和发展，分析当下社会的审美焦点、文学实绩，以及网络符号生产的状况、传播和变迁。作者还试图挑战横亘于学科与学科之间、理论与实践之间、网络与现实之间的二元对立，从审美和批判的角度直面城市新变，重构城市形象。

其三，作者用纵横交织、自上而下、由里而外的方式，生动阐释城市文化与乡村文化共生共融的关系，充分展示了21世纪跨学科研究对于继往开来、积极拓展新文科建设的重大价值。从这个意义上说，本书系的出现可谓恰逢其时。聂茂和他的弟子们带给我们的启发是，学术研究不可耽于眼前的自足，而忘却未来的挑战。真正的大学术既要有“究天人之际，通古今之变，成一家之言”的抱负，又要有“为天地立心，为生民立命，为往圣继绝学，为万世开太平”的雄心，更要走出“象牙之塔”，将学术之根深深扎进脚下的这片土地，尽情书写充满泥味、汗味和烟火味的时代华章。

1837年，爱默生在哈佛大学举办的“美国大学优等生联谊会”年会上发表了一个著名的演讲，他郑重其事地提醒台下的美国青年，希望他们日后不要成为“在美国”的德国学者、英国学者或法国学者，而要成为立足于美国生活的“美国学者”。爱默生语重心长地说：“我们依赖的日子，我们向外国学习的漫长学徒期，就要结束。我们周遭那千百万冲向生活的人不可能总是靠外国果实的干枯残核来喂养。”他认为美国人倾听欧洲的时间已经太久了，以致美国人已经被人看成是“缺乏自信心的，只会模仿的，俯首帖耳的”。爱默生的这个演讲，对今天的中国人，特别是中国学者来说，不仅是一个警醒，更是一种启示、一种鞭策。相信聂茂及其弟子们的这套书系，能够成为都市文化研究新的学术亮点，积极推动新文科建设和跨学科研究的创新发展；也衷心祝愿聂茂和他的弟子们为发展既有世界视野又有中国风骨、中国精神、中国气派的学术研究继续新的探索，做出新的贡献。

是为书系总序。

（作者系中南大学原文学院院长、二级教授、博士生导师，国家教学名师，国家社科基金学科评审组专家，享受国务院政府特殊津贴，中国作家协会网络文学研究基地首席专家，澳门文化产业研究所所长，茅盾文学奖评委，鲁迅文学奖获得者。）

目　录

第一章　大地的韵致

一、浮华背后的心灵凹镜

道路，平静地躺在那里，古老、浑重而又凝练。

千金散尽，繁华尽失，像杜拉斯和张爱玲，以及这两个人的作品。一条路，坦荡地展露身体和灵魂，展露历史的沧桑，民族的记忆，个人的伤痛和文化的镜像。

道路（road），最为原始的叙事是：从古至今人类为从事各项活动而在陆地上开辟或建设的不铺设轨道的路。英国《牛津现代高级词典》对道路的解释是："Specially prepared way, publicly or privately owned, between places for the use of pedestrians, riders, vehicles etc."将它译成中文，便是："道路就是专门在两地之间，为步行人、骑乘者（指骑马、骑自行车等——译者）和车辆等的通行而修建的公共所有或私有的通道。"[①]

由此可见，road既包括各种形式的陆上道路，也包括仅供行人或骑马之用的小路（trail）；既包括行驶马车的大道（cart way，中国古代称驰道或官道等），也包括近一百多年来为行驶汽车或其他机动车而修建的公路

① Ashby M G, Turnbull J. Oxford Advanced Learner's Dictionary of Current English[M]. Oxford: Oxford University Press, 1974.

(highway)；当然，更包括张扬着现代科技文明的全封闭、全立交的高速公路(freeway, expressway or motorway)。

道路是一个广而泛之的概念。鲁迅先生有一句名言："其实世界上本没有路，走的人多了，也就成了路。"尼采也曾说过："笔直的路是前进之路，而弯曲的路是天才之路。"道路，既是现实之路、生存之路，更是精神之路、心灵之路。

我国的相关法规也规定了道路的定义。1989 年国务院颁布的行政法规《中华人民共和国道路交通安全管理条例》对道路的定义是"道路是指公路、城市街道和胡同(里巷)以及公共广场、公共停车场等供车辆、行人通行的地方"。换言之，我国政府对道路规定的内涵也包括了陆地上所有的可以通行机动车、非机动车、骑乘者和步行人的各类道路和场所，它与国际上对道路概念的认识是一致的。

眼下，高速公路四通八达。作为现代社会的标志性建筑，它承载着实用主义的价值理念，促使市场经济通达每一座城市、每一个村庄，构成了一张全球化的大网。但是，无论对高速公路所要去往的未来进行多么丰富的想象和憧憬，我们始终无法脱离其在文化意义上的母像——高速公路，这一现代性的表征——在扬起人们对理想激情的同时，也总不免在心头泛起对易逝的怀缅和伤感。前方的视野在奔腾的速度中扑面而来，后视镜里不断被抛诸脑后的来路却让人频频回顾。高速公路，连接着过去和未来，唯独没有此时此刻的现存。蜿蜒的地表被现代文明抹得平整笔直，历史的沧桑、民族的记忆、个人的伤痛，在无声的奔腾中逐渐消解，成为路上的一颗颗尘埃。高速公路，就这样坦荡荡地向每一个身在其中疾驰的人展示着赤裸裸的现实。这样的坦荡，这样的撕裂，让人不由自主地想起两个女人：杜拉斯和张爱玲。在地球的两端、在时代的夹缝，这两个敢爱敢恨的女人，在各自的人生道路上，以大起大跌、大悲大喜的情节，演绎了一个个真实得近乎虚幻的故事。

这是两张潋滟的脸，两个华丽动人的名字：张爱玲，杜拉斯。一个写尽了上海的浮华，一个写透了巴黎的喧嚣。在高速公路上，浮华与喧嚣交织，读这两张脸，有些激动，也有些忧伤。

关于杜拉斯，有人这么说过：作为一个女人，你可以爱她，也可以恨她；

而作为一个作家，她的艺术魅力则无可抵挡，是不朽的。她的文字本身，就是一个谜——是关于记忆与遗忘，距离与背弃，苍凉与激情，以及在黑暗中阅读与爱恋的各种姿势。她告诉我们迷恋是一种吞食，而她在燃烧后化为灰烬。冷静像一把刀，它在切割自己的同时，也切割那些爱她或者恨她的人。

情感充满激动，但往往需要“冷静”。经历沧桑的人，对“冷静”有着独特的把握，至少这个词在杜拉斯身上，能够表现为一种从容不迫的叙述。她充分展示了“冷静”之中文字的华贵。比如说，在《情人》中，她以这样的文字唤醒我们内心潜藏的欲念和泪水——

我已经老了。有一天，在一处公共场所的大厅里，有一个男人向我走来。他主动介绍自己后，对我说：“我认识你，永远记得你。那时候，你还很年轻，人人都说你美。现在，我是特地来告诉你，对我来说，我觉得现在你比年轻的时候更美。那时你是年轻女人，与你那时的容貌相比，我更爱你现在备受摧残的容颜。”

这个形象，我是时常想到的，这个形象，只有我一个人能看到，这个形象，我却从来不曾说起。它就在那里，在无声无息之中，永远使人为之惊叹。在所有的形象之中，只有它让我感到自悦自喜，只有在它那里，我才认识自己，感到心醉神迷。

太晚了，太晚了，在我这一生中，这未免来得太早，也过于匆匆。才十八岁，就已经是太迟了。在十八岁和二十五岁之间，我原来的容貌早已不知去向。我在十八岁的时候就变老了。我不知道所有的人都这样，我从来不曾问过什么人。好像有谁对我说讲过时间转瞬即逝，在一生最年轻的岁月、最可赞叹的年华，在这样的时候，那时间来去匆匆，有时会突然让你感到震惊。衰老的过程是冷酷无情的。我眼看着衰老在我容颜上步步紧逼，一点点侵蚀，我的容颜上有关部位也发生了变化，两眼变得越来越大，目光变得凄切无神，嘴变得更加固定僵化，额上刻满了深深的裂痕。我倒并没有被这一切吓倒，相反，我注意看那衰老如何在我的容颜上肆虐践踏，就好像我很有兴趣读一本书一样。我没有搞错，我知道；我知道衰老有一天也会减缓下来，按它通常的步伐徐徐前进。在我十七岁回到法国时认识我的人，两年后在我十九岁又见到我，一定会大为惊奇。这样的容貌，虽然已经成了新的模样，但我毕竟还是把它保持下来了。它毕竟曾经是我的容貌。它已经变老了，肯定是老了，不过，比起它本来应该变成的样子，相对来说，毕竟也没有变得老到那种地步。我的容颜已经被深深的干枯的皱纹撕得四分五裂，皮肤也支离破碎了。它不像某些娟秀纤细的容颜那样，从此便告毁去，它原有轮廓依然存在，不过，实质已经被摧毁了。我的容颜是被摧毁了。①

写出这样文字的女人你无法做到不爱她。可是，当你真正试图去爱的时候，你又始终看不清她，更不要说找到她了。风声嗖嗖，你看到的只有湄公河畔的邂逅，低矮房子里的厮守，中国北方来的情人的哭泣，以及，母亲的清白、不幸和希望……一旦要捕捉，所有的故事便逃之夭夭，忽然变成了一种幻象，踏浪而去。

剩下的只有神秘的湄公河三角洲风情和总在闪烁不定的女人。在时间之内，在空间之上，你捕捉的就是这样的破碎，这样的景观，这样的浮光掠影。事实上，对你来说，这已经足够。

黑塞说过："我已经成为一个作家，但是，我还没有成为一个人。"与杜拉斯相似，张爱玲的人生也有这种倾向。她俩在人生的高速公路驾车狂奔，一生下就知道世俗的险恶，却从来不知道道路的走向。这样的反差，使她俩总是找不到自己，找到的只有灵魂的残片。

杜拉斯有过数次崩溃的经历，她试图用酗酒的方式逃避，但终至连身体也垮了下来，好多次不得不住进医院。逃避的结果是自戕自残，精神的或心灵的，而肉体仍然像浮萍，在人世间漂荡。这样的情状有如一辆车，在高速公路上行驶，猝然的爆裂，车身停了下来，车轮还在滚动。

张爱玲虽然没有像杜拉斯那样完全崩溃，但她的精神始终处在一种病态般的敏感和高度紧张状态中，歇斯底里，平静的外表下掩饰不住内心的滔天浊浪，连早年听交响乐时，她都"感到模糊的恐怖"；晚年她总是怀疑、怨愤室内爬满的小虫，以至多次搬家。那些烦人的小虫使她痛苦而无奈地感叹：

---

① 杜拉斯. 情人[M]. 孙建军，译. 广州：广州出版社，2007.

“人生是一袭华丽的旗袍，上面爬满了虱子。”

这两个女人始终无法和周围的人打成一片，与大家建立一种和谐、平稳的人际关系，总是充满了冲突、龃龉、隔绝，关系或紧张或疏离。仿佛在高速公路上，提防，隔阂，若无其事却又紧张异常。无论是《广岛之恋》还是《倾城之恋》，都是殊途同归的情感变奏。

杜拉斯深知自己“费尽力气制定许多系统方法以便能像别人一样去为人处事”，但“还是处处落后于人，很是沮丧”。对于张爱玲来说，又何尝不是如此？记路、邮信、讨价还价……诸如此类琐事，对她来说全是“咬啮性的小烦恼”，令她感到茫然无措、心理失衡。

杜拉斯说过：“女人就是欲望，女人不能男人写什么便跟着写什么，女人若不在欲望的地方下笔，那她不是在写，而是在剽窃。”①张爱玲对此表示赞同，认为“不写灵魂之痛，那样的作品最多不过是典当私欲或邪念”。②

现在，几乎所有阅读者，在早晨或黄昏，在人生进行中，都承认自己对她们的爱，旋转、跳动、冲撞，以各种方式证明，爱在路上流淌。被扭曲的语法，跌跌撞撞的短句，冷漠，透出金属般的冷，泛着晦暗的光。绝望，被肉体爱欲驱动的疾驶，无边无际的残梦和道路两旁的风景，都滞留在人世沉浮的无尽涟漪之中。

杜拉斯的病毒，得到了酒精的滋养，她驾驶着自己的车，在湄公河上，逢店必停，每停必饮，每饮必醉。但酒醉人不醉，人醉心不醉。她仍在开车，虽然搞不懂方向，虽然可以在任何地方倒下。在道德的边缘，这为了营救丈夫而与入侵的德国军官睡觉的女人，把悲剧的体验推向极致，她再一次原谅了自己，以母爱的名义。

每个女人的灵魂深处，魔鬼和天使比邻而居。那个地火般闪烁的潜意识，属于杜拉斯。每条路都张开，等待情人的到来。皮肤之上，凄楚华美的外在形式，属于张爱玲。或者说，阴性的汁液，势不可挡，它的原始本能，精神病理学的痛苦优美地淌入了文字的丛林，在那里等候我们的，必然遭遇的

---

① 杜拉斯. 广岛之恋[M]. 谭立德，译. 上海：上海译文出版社，2005.

② 张文东. “自己的文章”的背后——张爱玲《传奇》的政治叙事[J]. 文艺争鸣，2010(13).

正是公路加油店里正在喝酒的杜拉斯。

晶莹的眼泪，无声的啜泣，因为孤傲，因为自尊，刻意地遗忘，刻意地沉默，那样坚不可摧，又那样的不可理喻。烟花的宿命不得不搁放在理智的层面，实际上，在透彻无边的虚无世界，大悲亦是大喜。这样的智慧，以一种无畏而浪漫的姿势，悲也要悲成极点，也要悲成经典。在夕阳西下的路口，张爱玲披着文字的面纱，飘然而至。

这是根本无法混为一谈的两个女人，却同时被我们追忆，被我们言说，被我们倾慕，在公路上，在饭桌上，在文学杂志或者学术研讨会上。复杂荒谬，星云般暧昧不清，语言的表情是衰弱无力的，就像那车窗边擦得发响的风。

风景就在前头，在记忆的额头上，在时间的肌纹里，杜拉斯展示生命的过程，真实的生命过程。美艳的笑容，双目亮若星辰，宽边草帽上的玫瑰花永远在绽放，永远地芬芳。少女杜拉斯刚从印度回到巴黎，社交界就一片哗然，这惊若天人的女子，让全巴黎为之怦然心动。性感早熟的少女，像所有庸俗的故事那样，自然有富家子弟到场、追逐，情难自制、始乱终弃，喜剧开始、悲剧收场。一个人在医院悄悄堕胎，一个人吞下青涩的苦果，然后，这个故事就和她无关了，她仿佛走到了道路的尽头。

而实际上，道路不过是拐了一个弯，生活还在继续。心跳仍然搏动，呼吸也很明晰，甚至欲望依然如故。这样，接下来便是平稳的行驶，有母亲，有兄长，有丈夫，有情人，所有生命中最为普通的悲欢离合在记忆中也都一一呈现。

相爱有期，美丽无罪。杜拉斯说过，爱一个人就是对他有所欲求，无尽的欲求，欲望在哪里，爱就一直在哪里。这是有血有肉的人，有血有肉的路，有血有肉的行驶。一次只能爱一个人，若是不爱了，不再欲求，身体的反应会告诉你。一条路也是一样，每一次只能走一条路。每走上一条路，便无法走另一条路。这是一种没有选择的选择。法兰西式的放纵，这里的文化，这里的公路造就了消费主义的欲望。在奔跑的过程中，没有遗漏任何一个细节。皱纹出现了，身段不再窈窕，容颜正被时光雕刻，变得粗糙斑驳，像浮雕，视觉效果被提升到另一个层面，美的标准脱离了感官，更加精神化。此时的道路变得陈旧，却仍然有高度，仍然有效地运输着爱情和肉体，从此地到彼地，从城市到乡村。

杜拉斯说，她从来没有虚构，她全部的写作，全部的生活，哪怕是一个副词，都没有虚构。所以，她为人们提供了最美的艺术形式，最高的生活范本，她从来没有撒谎。人们真的爱她，名副其实的爱；包括她的放纵——如果有的话——比如酗酒。

非常不真实的真实，由杜拉斯和张爱玲共同完成了，像一枚吸纳时光后骤然凝聚的琥珀，奇异，珍贵。然而，更多的时候，更多的人，手里捏着的，可以告慰的却是碎片，那发光的瞬间，到了近乎迷信的程度。

旅途中有一种氛围，带着旧时的印痕，是由张爱玲呈现出来的，她将最低限度的幸福，化到最小，化到窃窃私语，化到望着落日余晖的恍惚刹那。奔腾的野马，在俗世中身不由己。她走着，想着，看着，路在脚下，心在天上。她飘忽，伤怀感时，沉醉于古典诗词的境界。她的内心永远只有瞬间，只有火光的闪现，过程被有意隐去了。站在道路中央的，只有一个人，始终是一个人，并且始终年轻着。一条又一条路，就像一幢又一幢房子，赶趟儿似的延伸、矗立，以梦的形式盘桓在时间的甬道上。

当青春韶华从道路两端一寸一寸剥落的时候，当无尽的记忆被绵绵不断地折磨的时候，速度成了生命唯一的救赎。生命的过客，来去匆匆，城市的发条比以往任何时候都旋转得更快。天堂的杜拉斯，马背上的张爱玲，从人间最原始的道路走过。仿佛一炷蜡烛，一旦点燃，就不再熄灭，但一旦熄灭，便是道路的终结。

二、记忆与现实的文本错位

记忆是一条神秘的走廊，里面长满了花花草草。

现实永远是一条河流，以逼真的姿势向前挺进。

时间置于记忆与现实的中间。在行进途中，它所经过的成为记忆，它未经过的则是现实。前者总是带着伤感，对逝去的一切进行凭吊；后者总是带着诱惑，对将来的东西充满期待。经过的事情，留下的是经验，是教训；未到的时间，隐含着陷阱和热情。

生命，在记忆与现实的文本错位中延伸。在思维的另一面，在文化的沧海桑田里，岁月如歌，风声含血。一幕又一幕，或悲或喜，或快或慢，总是如此意味深长。

谁也无法否认，在历史的长河中，道路的出现与发展，是与人类文明的出现与发展相一致的。从洪荒时代最简陋的供行人和牲畜通行的小路，到眼下可供各种机动车通行的全封闭、全立交的现代化高速公路，它经历了从落后到先进，从原始到现代化的漫长发展历程。一部道路发展史就是一条人类文明进步史。人类的运输活动最早产生于原始先民猎取生活资料的征程中。很久很久以前，当原始先民将狩猎和捕鱼后的收获连同粗糙的心情运到自己生活的山洞或巢穴的时候；当原始先民将自己消费不完的物品连同他们的欢笑与其他先民交换的时候；当原始先民为猎虎射雕而聚在一起举行疯狂的仪式时候，交通运输以及相关活动就这样产生了。

随着原始社会的第三次社会大分工，即商业出现的时候，社会群体中的一部分人开始专门从事货物的运输，真正意义上的运输业便应运而生了。当原始先民用牛马及其他兽类驮运货物或拖运车辆运送货物时，古老的道路便形成了。

道路或可以瘦小，或可以粗糙，或可以弯曲，或可以坑坑洼洼，或可以长满杂草，但是，有道路的地方就会有人群，有道路的地方就会有文明，有道路的地方就会有历史，有风声雨声、有漫漫记忆。

昆德拉在《笑忘书》中写道：“那些人物在遥远的布拉格，但我看见他们了。我是透过什么看见他们的呢？是透过我的眼睛里的一滴泪。这滴泪就像放大镜一样让我看见他们了。”这是昆德拉式的记忆，昆德拉式的现实，昆德拉式的文本。昆德拉透过自己的一滴泪看清了遥远的布拉格，看清了诡异多变的历史，那么，我们至少可以透过道路联结历史和未来。

但有些人，似乎一生下来便只有记忆没有现实，只有历史没有明天。特别是对那些漂泊一族来说，对那些从此国迁移彼国之人，像杜拉斯从印度返回法国，像张爱玲从中国迁移美国。这样的人对现实的认识很零碎，对过去的记忆很完整，即使充满伤痛，也愿意沉湎其间。

这种状态对于 2001 年诺贝尔文学奖获得者 V. S. 奈保尔而言，简直就是一场梦幻，一场从高速公路飞临而来的事故，使他总是觉得自己居住的英国并不真实。他想象着，这个把手脚到处伸张的国家，这个把文明和枪炮到处输送的国家，这个把大不列颠皇家旗帜到处插遍的国家，这个诞生过吉卜林、罗素和丘吉尔的国家怎么会跟自己联系在一起。他感觉自己生存的一切都不真实，但是生活却又是那么真切可触地展现在他的眼前，于是他感觉一阵阵心悸，一阵阵困惑："难道这个国家真的是英格兰和印度的混合？难道是因为我的偏见——我那出身特立尼达殖民地、操英语、深受美国影响的偏见——使我无法接受这种欠缺互动和竞争、任由一个文化凌驾在另一个文化之上的关系？"

奈保尔觉得，对他的文化母国印度来说，这样的结合不只是一种亵渎和侵犯，而且荒谬可笑，因为它制造了一些非常滑稽、诡异的效果。譬如，服装的混合搭配以及对一种外来语言大量的、一知半解的使用。还有一个现象让他感到深深的不安，而反映这种现象的，正是英国殖民政府遗留下的建筑物：贮藏着历代测量官耗尽心血搜罗来的各种地籍资料的档案局、俱乐部、戏院、警署、火车站甚至车厢候车室。他总是觉得，这些建筑物地基太宽敞，天花板太高，廊柱、拱门和山形墙装饰太过华丽，这样的建筑物既不是英国式也不是印度式，不伦不类，摆在印度这个贫穷残破的国家，显得过于虚浮。它们反映的是忍耐观念，而不是真正的积极进取的行为。事实上，比起殖民地初期的英国式建筑（乍看之下，简直就像是原封不动地从英国直接搬到印度来的），它们的异国风味更加浓烈。对殖民者及其走狗而言，他们明明知道，这样的建筑风格肯定会招来嘲讽和讪笑，但他们不在乎，因为他们有信心，身为统治者，他们经得起任何人的嘲讽。置身于这些建筑物中，你会感到莫名的尴尬。直到今天，它们还试图宰制周遭的人群，不论是在屋内还是在屋外。①

这样的认识是不是比昆德拉的《笑忘书》更触目惊心？在杜拉斯频繁的酗酒和张爱玲剧烈的咳嗽中，记忆与现实的界限模糊了。而我们，在高速公

---

① 奈保尔. 幽黯国度：记忆与现实交错的印度之旅[M]. 李永平，译. 北京：三联书店，2003.

路上奔走，在人生的名利场上激烈角逐的又是什么呢？一掷千金的豪情，各种矫情的放纵，流动的欲望，跑马的情愫，只有奔走，只有速度，却没有抓住，没有内容，麻木像一株干死的木棉，被无形的力量推着前进，机械而又固执地前进。

奈保尔仅仅通过一次旅行就看清了自己的文化母国是一个幽暗国度。在那次痛苦的旅行中，他经历了一场心灵震撼与思想麻痹的大搏斗。是尖锐的文化碎片划破他的血管，是文化落后国的陋习和父老乡亲的麻木引起他的警醒。他清楚地认识到，在印度，所有的创造活动都带着一种迫切感：它随时都会中断、随时都会被摧毁。建设是人类的本能，就如同吃饭睡觉是一种“在世界之中存在”的本能冲动。为盖房子而盖房子，为创造而创造，为修路而修路，每一项创造都是独立的存在——它本身就是一个开始和终结。印度历史就像“建造在荒凉沙滩上的城堡”。这个意象虽然不十分精确，但在奈保尔眼里，在海边荒凉的沙滩上，却分明矗立着一座荒废的“海岸庙”。经过一千两百年的风吹雨打，它的雕刻装饰早已经被盐分侵蚀得荡然无存。①

现实需要进步，文化需要保存。进步要在文明中实现，保存的文化要在现实中深化。古老的文化要不断地更新，但文化的根脉不能断裂，文化的传统不能撕毁。文化犹如一壶茶，我们不仅品味，而且要创造，要给这壶茶增加香馥和内蕴。

可眼下，我们的城市在一天天变化，我们的文化在一天天减少。日新月异，这个成语反映了现实发展的速度，却也增加了我们的忧郁。当高速公路强大的铲刀切入地层的时候，我们是否听到了地层深处文明的哀鸣？有人听到了，我们宁愿相信是这样子的。但更多的人并没有听到，他们太忙碌了，匆匆而来，匆匆而去，根本无法倾听大地的声音。他们的身体从一个地方运到了另一个地方，他们的听觉或者说思想却在匆匆的行进中被风声淹没了。他们的身体成了商品本身，他们忘记了自己旅行的目的，只是执着地行进，像绝大多数人一样。他们唯一知道的是：不能落后，不能慢下来。

爱情，在搬运的过程中破裂又缝合，缝合又破碎；

---

① 奈保尔. 幽黯国度：记忆与现实交错的印度之旅[M]. 李永平，译. 北京：三联书店，2003.

家庭，在搬运的过程中破裂又缝合，缝合又破碎。

夕阳西下，倦鸟归巢。

搬家，搬家，每一次搬家，就等于一次流亡，尽管更多是一种出于自发的行为。这里的真实情况是，家乡和对家乡的热爱并未消失，消失的是存在本身固有的东西。流亡的伦理原则是开发一种“审慎的”主体性，这种主体性不会破坏对它自己软弱性的敏锐认识，而是寻求从幻觉或教义提供的替代中获得满足。

问题是，家在哪里呢？家就在出发的地方。这是美国人说的。美国的高速公路最长，质量最好。因此，搬家对美国人来说，是家常便饭。他们有一个公司叫“U-HAUL”（你来拉），把家具连同身体都搁在一辆车上，被拖运到另一个城市。车子就还在老地方，新到的地方就是家。再一次搬家，到达的目的又是一个家。为什么要搬家呢，美国人认为，因为历史上那些重要的人物，据说在他们12岁的时候，都经历了频繁的搬家，这些当时并不出色而后来变得伟大的人物，从一个相对比较小的地方搬到一个文化的中心，思想和境界立即变了。

换言之，“不搬家，家里就出不了伟人”。[①] 这就是美国文化，是美国高速公路滋生的文化。目前，这样的文化正朝着全球化方向发展。

比如，美国学者杰姆逊在描述全球性文化时，指出的一个重要景观便是“高速公路两旁的快餐店风景”。高速公路和快餐店风景构成了我们当今这个时代的重要特征。如果我们再要列举全球化的表象系统的话，我们一定要说可口可乐，进而说到好莱坞电影，然后是休闲运动服，再是美国流行音乐，最后是国际互联网。类似这样宏大的全球化风景带给我们的是一个并不令人振奋的事实。伴随这个事实的是全球范围内的世界大都市的无名化。慢慢地，我们可能很难去辨识每一个不同的国别，每一个不同的历史民族文化传统中形成的都市究竟有什么样的特点，甚至那些凝固在空间中的历史感也开始消失并遭到改写。

有人据此认为：除非你进入天安门广场你才知道到了北京，否则在东四

---

① 文池．思想的境界：在北大听讲座［M］．北京：新世界出版社，2002.

十条森林般繁杂的高楼中你无从判明自己置身何处。世界变得越来越近，越来越规范化、制度化。世界在以美国为范本所形成的一套快餐文化中改写着自己传统的生活方式。①

而这些，恰恰是昆德拉和奈保尔们所担心的事情，也是杜拉斯和张爱玲们没有想到的事情：今天的高速公路所造就的美国搬家文化早已进入了中国这片古老的土壤。搬家，搬走的是记忆，搬来的是现实。如果记忆与现实在幽暗中错位，人们可以想象撞车的响声将是多么的震耳欲聋，带来怎样的入骨之痛！

三、奔腾的视野

心存信念，我们就能上路。

巍峨的群山和奔腾的激流忽隐忽显地出现在我们的视野里。刚才汽车还行驶在平坦的高速公路上，两旁还是望不到边的平原；但时隔不久，速度降下来，透过车窗，我们看到的却是一座一座光秃秃的山头和脚下崎岖的山路。景色变化得如此唐突，我们一时不能适应这样的节奏，不由得心头一紧，担心汽车会一不小心掉下山崖。但是窗外的风景是如此的迷人，就是掉下去，也无所谓。有位“皇帝老子”曾经说过，要上吊，也要吊死在一棵最好的树上。

的确，眼下这地方，以前从未见过，我们的家乡是有山的，但没有如此的巍峨连绵；我们的家乡也是有水的，但没有如此的清澈见底。这里的一切都很和谐，山的刚毅和水的柔美结合得恰到好处，山因水的流动多了几分灵气，水因山的稳重多了几分活力。一路上的风景变幻不定，汽车每转一个弯就会有另一幅图画呈于眼前。无论是一个羌族的村落还是藏族的游民出现在视线里，都显得那么美丽和独特……

一次完美的旅行总会有一个完美的结束。到达目的地往往已是黄昏时分，经过一天的颠簸我们都很疲倦了，但是上天似乎还不想让我们休息，它

---

① 文池．思想的魅力：在北大听讲座［M］．北京：新世界出版社，2001.

给我们准备了一份更大的惊喜。这里的山和其他的山一样挺拔而不失秀美，但是它却比别的更多了几分神秘，因为山头上总是缠绕着或浓或淡的雾气，让人联想起童话里的仙境。我们的旅行在神秘的群山和醇香的青稞酒中结束了，但心的旅行却从此起锚。

迷人的月光拥抱着我的眼睛，眼界以外的色彩都在一瞬间变得斑斓，骄纵的河流奔腾在视野与心灵的边线上……无法按捺的欲动、喧闹而飞扬的色彩飞霞，在高山大海旖旎变幻的霞光中诱人心跳。我们寻找每一处线条，每一个色块，每一条纹理都拼接着简单与奢华，仿佛鬼斧神工，天地造化。

道路张开，为每一个人服务。奔走在厚实的大地之上并没有想象的那般沉重。舞台上的华服在灯光的照耀下，显得有些古典，像亚麻，高贵的亚麻，带着素朴的质感韧度。而许多精致的细节，自然的手工，漂亮的首饰，每每让人无法忘怀。但人生的舞台并不局限于T形台，我们并不完全在别人的羡慕与品味中追逐自己的梦想。

一条道路就是一次人化的经历。大自然并没有路，却又处处是路。即便是吃，即时下的食文化，也是有着漫长的心途。普罗米修斯，这个伟大的盗火者，为神话找到了支撑的骨架。有人据此把食物的烧煮程序视为从原始自然过渡到日常生活的文化历险。“生”的意思可以与未加工的、自然的、野生的同义，“生食”经由火的烹饪成为熟食，所以自从湮远的古代以来，人类已经利用火把食物从自然生存状态转变为熟的状态。火的功用是把不可吃的自然产物转变为可吃的文化产物。火光在前，道路成为一个隐喻。

可以说，道路是人类文化的表征之一，高速公路所代表的则是中国道路文化数千年来发展的极致与智慧结晶，是形式趋于完美的一种流畅的、活的历史文化，它是一个神圣的、崇高的、被凝视的空间，它的审美走向所代表的正是当下正在发展的、鲜活的、极具开放性的、可以对话的文化想象空间。

在这样一个文化想象空间，我们有一种欲望，那就是找回神话中的乐园，也就是找回属于人类本身的生存状态。由生食到熟食，是以“火”为中介；从此地到彼地，从诗歌到神话，也将以“公路圣火”为中介，回到原初的生命能量。人类由原始而“烧出”文明，由混沌而开辟道路，文明之发展，人文之化成，由道路而文字，由文字而审美，塑造出中国公路文化的高度形式美，使道路的文明还原出粗壮坦荡的自然力量。

有时，我们能够想象，在这样的地境天界，人其实有如蝼蚁般渺小，却极其富有。比如，我们轻易就拥有了瓦蓝的天，洁白的云，巍峨的山，奔腾的江河大海。大自然的一切尽收眼底，文明的造化尽在不言之中。

多少次，飓风把我们吹了起来，人在天空中随着落叶飞舞，翻滚、旋转、奔腾。整个视野是一片朦胧，不知道是人在笑，还是天在哭。只听见耳边阵阵轰鸣，那是风的呐喊还是天在啜泣？直到风停云散，那朦胧的声音还久久不去。

多少次，我们陷入黑暗，沉重得像死水一般的黑暗。寂静，空山清灵般无息。伸开五指，不见了五指；张开瞳仁，迷失了瞳仁。没有路，路在山重水复之外。望眼欲穿的是倚门而立的妇人，断肠洲里，斜晖脉脉。而熟悉的人影就是不见，因为道路遥遥，因为关山重重。

但所有这一切，眼下又是如此容易。在网上结识了什么人，驾车或搭车，沿着高速公路飞速而来。道路，把人的接触距离拉短，却把人的情感距离延长了。肌肤相交的人并不一定是彼此熟悉的人。这是文明的进步还是人类的悲哀呢？

奔腾的视野在异化完成。

异化的人们进入了困境。

而道路一延再延、一伸再伸，没有尽头。而源头蒙上了厚厚的灰尘，在破损脆弱的黄皮书中，我们读到了先人的智慧。在我国古代传说中，即有黄帝造车之说，《汉书·地理志》记载："昔在黄帝，作舟车以济不通。"车的发明距今至少有四千年了。

有车就有人，有人就有路。在舜帝时代，道路被称作"康衢"。到西周时期，人们对道路定了身份，分了等级：把可并行三辆马车的称作"路"，把可并行两辆马车的称作"道"，把仅通行一辆马车的称作"途"，而把农村仅通行老牛车的支线称作"轸"，如果不能通行畜力车，只供人行、骑马道行的小道，则作为"径"。

那时还没有高速公路，聪明的先祖是否想到了后人会将道路造得像宽宽的缎面一样？

时代的发展像诗一样跳跃，人们刚刚走出“温饱”的隧道，眼前突然一亮，正所谓柳暗花明，豁然开朗——高速公路为经济的腾飞插上了翅膀，路途上的繁忙为百姓生活作了注解：北京冬天吃的新鲜西瓜是海南岛运来的；人们吃的是季节差，是反季节水果蔬菜。先吃海南的，然后是河南、山东的，再后便是北京自己的，再往后则是新疆、宁夏的，直到秋天。西部农业产品只要取得季节差，就可以大量在东部销售。生活在不同地方的人只要有钱，可以享受到各个地方的劳动成果。正因为此，在边远地区，一些新的牧民，如放羊的，他们不是骑着马放羊，而是骑着摩托车、拿着手机放，嘴里哼着歌曲：“蓝蓝的天上白云飘，白云下面马儿跑。”

高速公路使村民走出了小农意识的偏狭，奔腾的视野更具开拓性和创新性，脱贫致富的方式层出不穷。比如，广西百色地区有一个办法叫“借地脱贫”。当地有一条大河，叫右江河，贯穿全境，两岸是平原。平原不远的地方是丘陵地带，再往远处就是高山了。以前，那里的平原一般只种两季水稻，到了冬天，土地闲置下来就不管了。高速公路修通后，思维打开了，百色地区政府采取了有力措施。冬天，让平原的人把闲下来的土地入股，让山上的劳动力下山、入股，政府资助资金，把劳动力带下山来，买种子、化肥、塑料薄膜，在土地上种菜，有豌豆、黄瓜、蚕豆、西红柿等。成熟以后，他们将新鲜蔬菜连夜拉到广州、武汉等大城市，一个冬天下来，下山劳动的农民平均每人可分红 1500 块钱左右，一开春他们又回到山上，土地还给当地农民种。几个冬天下来，那里的农民真的脱贫致富，以前那种“一根扁担，一口锅，一个铺盖”的境况不见了。

一条路的修建牵涉到周围的方方面面，一条高速公路的修建涉及的问题就更多了。搭桥修路，作为一种公益活动，原是一种积德的行为，受到人们的普遍欢迎。但现在高速公路的修建除了考虑到民俗民风、文物、资本、利益和发展等问题外，环境和资源也应当予以认真考虑。我们的视野应当着眼于未来，超前发展不能建立在毁坏环境和子孙利益的基础之上，因为，环境不是我们当代人独有的，而是与我们子孙后代共享的。资源也一样，也不是我们所独有的。有人说，现在已经顾不了那么多了，先把落后地区发展起来再说。这是东部发展所走过的“先污染后治理”的道路，然而它付出的代价太大。有些损失是不能弥补的，比如说，人的身体坏了，寿命缩短了，生出的孩子是怪胎，怎么弥补？

有人说，前代人没有注意环境保护，我们继承的就是这样一种遗产，我们为什么要如此这般地保护环境呢？这个想法显然不对。前代人没有注意这个问题有多种原因，它与当时处于兵荒马乱的社会环境有关，也同前代人知识不足、不了解环境有关。还有人说，从人均 GDP 角度来看，一代比一代富裕，既然这样，当代人为什么要为后代富裕的人省吃俭用呢？这个想法显然也是错误的、荒谬的。任何发展，如果变成了不可持续的，后代人是不可能富裕的。还有一种看法，认为一代人有一代人的价值观念，当代人所重视的或许后代人就不重视了，所以我们不必过分重视环境。这也是不对的，因为不管人的价值观如何不同，人总要活下去。没有可以依存的环境，能活下去吗？①

因此，面对发展与保护、资源与环境等问题时，我们应当统筹兼顾，不能单向度地思考一个问题。事实上，高速公路的出现不仅使眼睛拉长，而且使视野更加多维化、全视化。汽车成了奔腾的眼睛，成了会拐弯的眼睛，它在流动的视野里拓展人们的思维。

这种拓展十分必要。因为，当今社会已经变成了一个格式化的社会。它带来了秩序，也带来了冷漠。拥挤的城市住宅楼用更多的空间分割以保证身心居所的独立和私密，这就决定了它的最大特征只能是封闭。从一幢楼里望出去，对面的楼甚至不具有一张表格的意义。原因在于，尽管那些窗户组成了格子，但格子里的内容你又知道多少呢？你当然无须去弄一张明细表，那会侵犯别人的隐私权。偷窥的经验并不是人人愿意拥有的。

另一方面，每个人作为一具被动降下的生命体，我们对这种被动的最初反抗形式是第一声啼哭，尽管这声啼哭带来了母亲的微笑，但丝毫也掩盖不了一个血淋淋的现实：一条生命被活生生抛到了子宫外面的世界。从被动主动的关系来看，人的成长其实是一个变被动为主动的过程。当对被动的反抗不是指向外物，而是指向自身，并且以一种极端的形式表现出来的时候，一

---

① 文池．思想的魅力：在北大听讲座[M]．北京：新世界出版社，2001.

个被著名作家加缪称之为“唯一哲学”的问题便摆了出来，那便是对自身生命采取最后的主动：自杀——当环境的污染和资源的损耗成为你生命不能承受之轻的时候。

一个人主动放弃生命的主动权，还有比这更大的人生问题吗？而没有足够的理由，自杀的人又怎能对人生自圆其说？①

高速公路使城乡距离缩短，使经济腾飞，旅途愉快，同时使人浓缩和释放情感，使人从时间和空间里解脱出来。与此同时，它使生命像纸一样轻薄与脆弱。无论你是否能够正视一幕幕悲剧，大风吹来的时候，吹进眼里的沙粒也会让你揉出泪来。

四、符号输出的资本隐喻

这是一道道符咒和旗语，这是无法破解的天书。在高空，当你俯视棋盘般的大地时，那龙腾虎跃的一条条高速公路又岂止是道路而已？力量，信念，广告，喧闹，都以他者的方式出现了，符号连接着符号，力量涌动力量，信念叠加着信念，而广告与喧闹更是无孔不入。在滚滚的潮流中，只有资本的隐喻带着文化因子从古老的陌塬上悄然而至。

从溯源来看，资本的隐喻总是被道路的表象淹没在历史深处。人们容易忽略资本的力量，却容易看到资本引发的结果。比如，《诗经·小雅·大东》有“周道如砥，其直如矢”的描写，说明了西周道路交通运输达到了很高的水平。人们至多认为当时中国的经济状况不错，但对于如何修建这些道路，花了多少人力、物力并无相应的记录。倒是修筑长城，死了多少人，埋了多少幽魂，耗了多长的时间，有多少妇女成了寡妇。这样的细节既生动，又传神，在不少史书上都有记载。但对于修建一条路，当时的修书人似乎并不关注。

实际上，自从秦统一六国后，当时的统治者有过统一规划修筑全国道路的宏伟蓝图。比如，秦强调“车同轨，书同文”(《史记》)，即把过去六国错杂的交通线路加以整修和连接，“为驰道于天下”(《汉书》)，从而建成以咸阳

---

① 子曰，24ge. 现代人精神病历本：以电影为例[M]. 长沙：湖南文艺出版社，2004.

为中心遍及全国的驰道。

隋唐时期，道路交通线路畅通全国各地。著名文学家柳宗元在《馆驿使壁记》中记载，唐时以首都长安为中心，有七条重要的放射状道路（驿道）通往全国各地，全长有五万里。在宽敞的道路上，“十里一走马，五里一扬鞭”，“一驿过一驿，驿骑如星流”。这样的道路大约可算得上是当时的高速公路了。

而到了宋元时期，由于道路与军事需要紧密相连，道路交通更为发达。宋朝对道路交通实行军事化或半军事化管理，管理邮驿事务的中央机构直接由兵部负责。元朝建立了疆域辽阔的帝国，道路从元大都（今北京）修到蒙古，并一直通到欧洲，形成连接欧亚大陆长长的通道。意大利旅行家马可·波罗在他的游记中记载道：“从汗八里城（大都，今北京），有通往各省四通八达的道路。每条路上，也就是说每一条大路上，按照市镇坐落的位置，每隔四十或五十公里之间，都设有驿站，筑有馆舍，接待过往商旅住宿。”①道路的发达由此可见一斑。但对于修建这些道路所耗费的资本仍是略而不谈。

于是，资本成为一个隐喻。这种隐喻对于道路本身来说，又带有文化上的意味。今天，人们坐在世界上的任何一个角落，都可以享受资本带来的便利。一定程度上，人们变成了一个流动的符号，沿着道路、特别是高速公路不断地输出自己的身体、精神和思想。而这些符号比起资本来更具有隐蔽性。

比如，米勒早在1986年美国当代语言学会主席致辞中就明确指出，文学批评都已经成了一种美国的出口产品：“尽管文学理论的源头也许在欧洲，我们却以新的形式把它出口到全世界——就像我们将很多科学技术的发明出口到世界各地一样，比如说原子弹技术的出口。”他当时也许是在开玩笑，但却指出在后殖民主义批评中，帝国主义的中心从欧洲转到美国的这种可怕的阴影。不管怎么说，是美国大学的钱让这些批评家的著作成了经典，而且将它们以可消化的形式作为“自助的批评”重新输出到后殖民世界。这一情况酷似农业中的绿色革命。在这场革命中，世界上遭受饥饿的人们采取了从美

① 郗恩崇．高速公路概论［M］．北京：人民交通出版社，2005.

国购买技术革新成果的形式，使得自己不得不依赖美国的农业贸易来改善处境：将后殖民主义销往第三世界，这在意识形态上恰似将马赛·弗格森农业技术出售给某地的农业资本家——这是压迫者对反抗的垄断化。①

换句话说，资本之所以成为一个隐喻，是因为它的输出总是伴随着文化入侵的真实动因。一条路修到了什么地方，这个地方的人们生活立即发生了改变，这个地方原来的风俗、习惯和文化都因此发生变化，而且这种变化总是跟道路修建者的隐喻意识联系在一起的。

所以用詹姆逊的话来说，旅行也可以看作是一种寓言，一种暗含着民族性格的文化寓言。多数情况下，这种寓言以“真实”的方式进行“虚拟”的叙事：其中的非理性的情节、无生命的主体，是为了道德教化的目的而被虚构出来，带着人类的情感和特征去说话和行动。

许多世纪以来，道路一再翻新，通过不断重建，使自身变得日益宽广和发达，同时开始传达明显的和隐藏的含义——像童话一样，它可以同时对各种层次的人说话，其传达方式不仅将信息传达给了未受过教育的孩子，而且也传达给了世故的成人。

旅行中的童话应用人类性格的精神分析模式，将重要信息传达给意识、潜意识和无意识，无论当时它们在哪个层面上起作用。通过探讨普遍的人类问题，尤其是萦绕在儿童脑际的问题，这些故事对他们正在萌芽的自我说话起着鼓励和诱导作用，同时释放潜意识和无意识的压力。

随着情节的展开，故事赋予的“本我”压力以可见的形式，使主体的意识相信它们的存在，并且显示出与满足自我和超我的要求相一致的方式来满足释放这些压力的途径。②

在这里，文字变成了一个个符号，人们的思想和行为也变成了一个个符号，有时这些符号还变成了商品，可以实行交换，或者出卖。人们对高速公路的资本隐喻的实质认识得并不多，但人们能够心照不宣地享受资本之树所结出的硕果。

---

① 柯里. 后现代叙事理论[M]. 宁一中，译. 北京：北京大学出版社，2003.

② 柏格. 通俗文化、媒介和日常生活中的叙事[M]. 姚媛，译. 南京：南京大学出版社，2000.

原因在于，正如鲍德里亚所认为的那样：在消费体制的引导下，人们对物品的符号性追求已经远远地超过了对物品本身的功能性要求，传统的马克思主义生产和经济结构的研究应转向于由符号组成的文化研究层面。他直接追问人的本质和人的意义，摒弃了意识形态等诸多社会因素，把传媒技术和人的最终迷失与堕落作为一对因果关系来思考。

此时，高速公路只是一个物流链条上的载体，人们不需要太多的智慧就能够感受，特别是当这种感受不从文化的视角进行阐释的时候，人们可以在高速公路上畅快地行驶，听着音乐，与朋友亲切交谈，或者是在公交车上悠然入睡，或者在大型货车里做着发财梦。这样的事情构成了时下的日常生活，它与时尚娱乐、摩天大楼、发达的大众传媒和飞机、轮船一起主宰了世界的时间与空间。它们是消费而不是生产，却主导了货币主义整个体系的运转，这样的社会是一个消费社会，而不是一个生产社会。

在此情境下，社会的发展不仅仅是消费推动的结果，而且有着更为深层的原因。符号产品过剩，文化失序与分层的消解的倾向已指明了文化问题地位的提升，也不断激发了人们根据消费的体验，而不再是根据一些精神分析学或心理学操作的逻辑，去对欲望与快感、情感及审美的满足等问题加以概念化的阐释。对过去那种对消费快感持消极态度的评价，是到了需要予以超越和认真清理的时候了。

高速公路像一条影子，使人们急切地想知道世界究竟发生了什么，在不断的追问和对现场的体验中产生了一种从未有过的孤独症。电话、传真、E-mail 等通信技术使人们实现了远距离的对话，但它们却与高速公路一起构成了孤独厚厚的外壳。要摆脱这种孤独就不能放弃自然的情感交流，无须刻意营造感情，只要保留传统的朴实和纯真即可实现。

但这一点并未为身居其间的人们所注意。相反，人们习惯于在无形无序的世界中为自己定位，把自己划归入某个阶层，又千方百计摆脱这一阶层进入更高的阶层，不断缩小着自己的交往范围，在自己的身边划上一个看不见的、拒绝亲近的隔离圈。人们苦苦追寻，希望找到一个可以归属和认同的人群，但往往发出相同的感慨：茫茫人海，知音难觅。

当通过高速公路急急地找到需要相见的陌生人、半陌生人甚至干脆就是熟人之后，却因话不投机而陷入更深的孤独。也许可以有片刻的放纵，但放纵之后得到的却是空虚与迷惘。于是，生活陷入了恶性循环，人们用“抖音”的喧闹、“微博”的鼓噪一起打发无聊，网上聊天、网络游戏、网络综艺虽暂时消除了孤寂和落寞，却麻木了人们的情感，虚构了时间和空间。更真实的是，人们还在等待消除孤独的新手段。科技再发达也不能发明感情，技术再先进也不能创造知音。人们似乎已进化得很远，但似乎也在原地踏步。

人们别无选择。你可以选择一件物品，但你不能选择出生的时间、地点，就像你不能选择自己的父母一样。古老而富有诗意的马车在一阵紧似一阵的鞭击声中渐渐远去了，留下缓缓的风落在泥泞的路上，这条无数人走过的路越过资本的隐喻抵达今天。

今天，是一个消费社会，更是一个广告社会。举目望去，广告成为一种全新的图腾形式，它构造着无数神话让消费者对之俯首膜拜。无论是在大众媒体上，还是在各式建筑上、汽车上，只要是能承载符号的空间，广告就无所不在。

值得注意的是，以广告形式融合在商品上的符号价值是被抽取所指的能指价值，这是符号能指的“漂浮”，是符号的膨胀。无数意义可以自由组合，毫无约束地展现各种意象。在公路上，这些意象可与嘈杂的声音和车流相混杂，朝着符号价值的审美走向挺进。

然而，在符号价值得以实现时，衡量它们的却是这些价值所带来的声誉以及它们展现的社会地位和权力。鲍德里亚指出，“消费时代的社会逻辑根本不是对服务和商品的使用价值的占有……它不是一种满足逻辑，而是社会能指的生产和操纵的逻辑”。①

比如，银色外表的劳斯莱斯汽车所体现的身份属性恐怕是同是银色外表的日产、丰田所不能相比的，手工制造和大工业制造的区别并不是这种位差感的唯一原因。而穿上一双 NIKE 限量跑鞋与穿上一双普通的运动鞋在脚上的感受似乎没有多大区别，而心里的感受呢？NIKE 限量跑鞋的裹足感能使人联想起 NIKE 电视广告中“飞人”乔丹在篮球场上的洒脱以及“外星人”罗

① 鲍德里亚．消费社会［M］．刘成富，全志钢，译．南京：南京大学出版社，2000.

纳尔多在足球场上令人眩目的技巧，而更有可能的，是明星风姿和技巧会给人带来某种程度的自我幻觉，把乔丹的篮球技艺转化图像符号，然后再与消费者脚上的鞋联系起来，这便是 NIKE 公司所赚取的那几十亿美元的秘密所在。

因此，有人说，广告最大的作用在于让消费者产生某种“自恋情结”，以个性化区别于他者，而这恰恰落于同一的标准化的窠臼中。例如，所有的 NIKE 都是一样的符号表达。高速公路的设施标准也逐步规范和完善，沿途的时速牌与加油站等都是经过周密的计算得出的，人们只要按照要求去做，就能安全地到达目的地。此时，人们不再考虑资本、广告、符号，大家放松了精神，温馨的家、家中的亲人以及在目的地等候的某个人便是注意力的全部。

这是一个消遣的时代，也是匆匆逝去的时代。人们追求速度，争分夺秒，因为一切是那样易逝。过去的时间显得过剩，现在的时间总是稀缺。人们看似消遣，实在忙碌；看似享受，实是忍受；看似自助，实是无助；看似轻松，实是轻飘……总之，是紧张，是落寞，是资本里的符号，是隐喻里的吊诡，是莫名的不安与怅然。

五、超级链接上的城市失重

城市何以失重？大约仅仅因为高速公路这条超级链条。车流滚滚，从城市里蜗牛一样爬出，向着乡村，向着自然，向着古老的梦。城市变得虚空了，城市变得稀疏了，城市变得苍凉了，在繁华的背后，在潮水一样的商品里，酒吧依然在，霓虹灯光闪烁，带着诡变的颜色，昭示一种命运。

自古以来，每一个国家都十分重视公路的建设。中国明清两朝，虽然皇室腐败昏暗，但在交通的问题上也不敢不重视，当时政府拨出专款，修建了通往我国边界少数民族地区的交通要道，为城市和乡村以及民族大融合架起了一座沟通的桥梁。

值得指出的是，现代公路是随着汽车的发明和使用而兴起的。内燃机汽车是在 1886 年由德国的戈特利布·戴姆勒发明的。1902 年，我国才从国外引进汽车，起初只在清朝宫廷和上海等大城市街道行驶。古老的大地上，四个轮子在历史深处碾出了一道道艰难的印痕。

我国第一条有据可查的公路，是1896年竣工的龙州到镇南关的公路。1913年，湖南兴建了长约50公里，从长沙到湘潭的公路。现代公路开通了封闭已久的世界，巨龙醒来了，它要发出嘶哑的吼声。

谁能想到，世界上最早的高速公路起源于20世纪30年代初德国纳粹为战争修建的auto path。当时，希特勒为了发动战争，以闪电战袭击周边国家，修建了多车道立体交叉的3900公里的高速公路。在德军进攻法国时，法军统帅都低估了德军进军速度，以为德军最快三日才可抵达，不料他们竟然在一天之内就赶到前线，并绕道至马其诺防线之后，法军顷刻土崩瓦解。

速度似剑，它能建筑一个城市，也能毁灭一个城市。

二战期间，德军凭着高速公路，攻城略地，使一座座城池失去重量，成千上万的人葬身火海，或流离失所。与此同时，为德军赢得胜利立下汗马功劳的高速公路，因为不义之战，也同时成为法西斯帝国加速灭亡的助推器。盟军沿着高速公路进行全面大反击，苏联红军更是以闪电般的速度将旗帜插到了象征法西斯政权的柏林国会大厦。失重的城市布满了尸体、血迹、污泥和泪水。

今天，在高速公路上奔走的人们又怎能想起昨天血腥的历史？人们想得更多的是现实，是无法舒张的现实，是沉重得近乎压抑的现实。失重的概念从个人的字典里轻巧地抹去，仿佛历史不曾发生，或者，发生的都是别人的故事，与自己无关。

事实上，在超级链条的叙事文本里，或者在更为真实的拥挤的城市里，必然有人得势，有人失意，有人暴发，有人落魄。一辆又一辆车进来了，卸下一箱箱货物，像失去灵魂的人，拖着疲惫的空壳出去。连空气中都充满了喧嚣、浮躁、痛苦、无奈。这些因素所指向的唯一目标即是——金钱。

在现实与目标的夹缝中我们看到成千上万的居民，特别是那些农民，他们放弃了曾视为生命的土地，宁可忍受屈辱与歧视而拥进城市。但城市的道道防线又把他们确定在城市的边缘或者最底层。他们的后代将受到怎样的教育？他们有什么样的社会保障？他们怎样满足自己的欲望？他们在城市有什么样的权利？他们的青春和体力奉献给了城市，城市回报给他们的又是什么？

每一天的高速公路上都有着大包小包的东西装在长途客运车上，横七竖八的人挤在小小的空间里做着发家的梦，在粗重的喘息中，他们的前方却是一片迷茫。这些受现代化影响而背井离乡的农民，在经济发展和城镇化的浪潮中，自然会饱尝心灵漂泊和失落之苦，难道他们必须要付出这个代价吗？他们在一个陌生之地、在那个叫“城市”的地方，遇到传统道德与现代化竞争的挑战，他们为失重的城市增加了沉重。

让我们关注“车站”吧，关注高速公路的终点站或始发站吧。这里是农村和城市的切换点。这是一个承载不同命运，短暂停留的地方，这也是一个转轨、转制、转变命运的地方，它成了千千万万个农民奔向城市去实现梦想的中转站。我们应当听听中国农民的声音。他们一旦从田园迈进城市这张巨网，就会像粘在网上的蚊子，等待城市蜘蛛的吞噬。①

然而，城市并不像农民工想象的那样，甚至不像许多自以为对中国国情很了解的知识分子所想象的那样，商品社会加快了城市陌生化的过程。这个过程的加快与吃麦当劳或肯德基长大的新新人类的失血有关。

在理性的审视中，你无法想象年纪轻轻的人，其心态却如树皮般苍老。

这样的情景每天都在各个城市上演：午夜12点的酒吧，充斥着嘈杂和更深寂寞的躯壳。年轻的红男绿女们企图在酒精中寻找生命的痕迹，疯狂地扭动着细嫩的腰肢，摆弄着性感无知的嘴唇，眼神同样妩媚醉人。于是，许许多多的人醉了，醉倒在这片用欲望堆砌的温柔之乡。那些曾经猖獗的烦恼和痛苦也只能随着酒精在空气中慢慢蒸发，蒸发……喧闹，嘈杂，堕落，扩散成微尘，迷醉了更多失去了生活重心的人。

在凌晨一两点的城市中，无数不相识的男女拥抱在一起，用身体温暖彼此的寒冷。不用感情支配的欲望发泄，不用责任承担的奉献与索取。在天亮之后，紧抱的四肢决然地离开，头也不回地走了。

的确，他们原本就谁也不欠谁，只因为太累了，需要一个人陪着到天亮，

---

① 张念. 失重：张念的艺术文本[M]. 长沙：湖南美术出版社，2004.

哪怕仅用性爱消耗青春。至于以后，谁都不愿意用承诺束缚了对方，谁都不甘心被深情吞噬。他们麻木，却庆幸还有一丝清醒，不想继续在虚幻中寻找遥不可及的希望和舒畅。

就这样，生活像一场追逐游戏，一生下来就不停地奔跑。在重重的压力之下，他们死不悔改地追逐金钱，地位，爱情和名气。谁都知道累，谁都知道结果会是什么，可是那双习惯了奔跑的双腿却无力停下来，因为一停下来便会受伤，或许是再也没有勇气站起来。所以当一种生活状态成为惯性，人们只能别无选择地选择它，尽管知道是错，也会一错到底。那种无奈就好像眼睁睁地看见——仇人用尖刀活活杀死了自己心爱的人，任鲜红的血液流淌了一地，任她吐出最后一口呼吸，任她死去之后仍然用哀怨的眼神看着你。你也知道自己并不是铁石心肠，却在同时，你没有勇气和力量去解救她。你甚至觉得那杀她的尖刀就是自己提供的，你将疼痛留在了城市的夜空中……

但城市并没有消失，也没有改变自己的惯性，它们与远方的城市达成联盟，将自己置于超级链条上的一个节点。就像一张网，如果你要撼动其中一个节结，你就得有撼动整个链条的力量和勇气。

高速公路使这个链条铆得更紧，也使这张网结得更牢固。人们的生活在顷刻之间发生了巨变。

刘易斯·芒福德在《城市发展史》一书中描绘了发生在 17 世纪的“家庭与工作场所逐渐分离”的情景。而现在，我们看到的似乎是一个逆转。工作、学习、休闲、娱乐、交往、购物与医疗保健这些曾经依赖特定空间场所进行的活动，如今全部可以通过网络在数字化空间中进行，物理空间在虚拟空间中被重叠、压缩甚至取代。当工作时间与自由时间、生产场所和消费场所不再能够截然分开，城市整体空间被压缩成了单个独立的数字小屋。

同时，随着数字化身的增强与无限延展，越来越多的商务和社会交往移至互联网空间中进行，商业、娱乐、教育和保健机构将使用这些新的传送系统和虚拟场所在全球规模上进行运营、合作与竞争，这个史无前例、超级延伸的栖息地将超越国家的界限，它所提供的日益密集和广泛的连接将使人类历史上第一次拥有创造和设计一个真正世界性社区的机会。民族国家、地区和城市的边界失去了原有的意义，权力可能不以空间疆界来衡量，财产无法用传统的方式来保护，大多数经济、社会和文化活动被吸引到骤然崛起的互联网空间场所中，而那些掌控了网络传递纽带的阶级与群体则扼住了信息时代的咽喉。数字网络通过对时空的压缩与延展重塑了信息化时代的城市空间社会结构。

城市一再失重，但失重的城市却一再被没有重量的信息填满。

城市被挤压了，最触目惊心的事实是：而今，办公与商业活动的空间扩散趋势从大都市发展到小城市和乡村，从家庭办公的空间、到成千上万个电商直播间便是这种趋势的真实表现。这是信息裹挟着资本在空间急速流动的结果。

换言之，全球城市不是孤立的个体，而是由信息技术与流动空间构筑的全球城市体系。全球城市体系在空间结构上集中与分散的二元特性从根本上是由全球城市体系在社会结构上的二元特性决定的。全球化趋势的结果是"所谓精英阶层是寰宇主义的（cosmopolitan），而人民则是地域性的（local）。权力与财富的空间投射到全世界，民众的生活和经验则根植于地方，根植于他们的文化和历史之中。因此，社会组织越是奠基于非历史性的流动而超越任何特定的地方逻辑，那么全球权力的逻辑就越能够脱离具有历史特殊性的地域—国家社会的社会控制"。[①] 这种超越了具体地域/国家的全球权力的物质载体是全球城市和汇聚于其中的"世界精英"。

这里的辩证关系是，如果没有全球资源的高度集中，就不可能有权力与财富向全世界的空间投射。在权力与财富集中这一面，实际上是想把整个世界装进全球城市当中，掌控财富与权力的世界精英对城市的建筑空间要求扩大，又必然会使地方居民的生活空间向城市边缘退却。

从这个角度讲，全球城市空间结构的变化是社会阶层之间的资源分化与占有不可比拟的结果，换句话说，全球城市体系日益属于世界与地方"精英"，而普通民众则被日益排斥与隔离。与此相对应的是信息、资本、技术与人力资源的两极分化，最高级的向全球城市集中，次一级的则向地区资源配

---

① 卡斯特．信息时代三部曲：经济、社会与文化［M］．夏铸九，王志弘，译．北京：社会科学文献出版社，2003.

置中心或更小的城市分散……

高速公路使这样的城市链条越延越长，城市失重的同时被越来越多的信息流所充斥。农民进城的彷徨，年轻一代的迷茫，连同城市街道的灯光、酒吧和黑洞般无法满足的欲望都成为了信息的一部分。正因为此，黎明时分的一声喊叫，就会让城市为之战栗。

六、技术嫁接与历史拼图

一种又一种先进的技术，像电脑中的芯片，嵌进道路中央，托起潮水般涌过的车流；

一张又一张泛黄的图片，像蚌壳里的珍珠，藏进大海底层，过滤拼图般历史的寂静。

道路，河流，高山，大海，一切都在变化中。寂静里有着古老的喧嚣，一只只森林般的巨手在空中挥舞。在最初的火焰里，时间和空间并不存在，存在的只有人类的意识。因为意识，因为叙事，因为秩序，时间和空间便如经度与纬度一样制约着人们，规范着人们，也使事件的叙述更加清楚和明了。

这是一种生态，一种文化意义上的生态。事实上，文化生态学在人的感官系统中具有相当稳固的根基，由于技术膨胀而引起的这个系统的任何延伸，都要在各个感官的比例中产生相当明显的影响，语言就是视觉感官膨胀或外化所产生的技术形态。就像高速公路影响社会的肌体、经济的发展和民族的风俗一样，文字直接影响言语，不仅影响词法和句法，而且影响言语的发音和社会习惯用法。当高速公路将触须伸向大地的每一个角落，当板结的时间捆绑后又释放，当格式化的空间凝固后又松开，技术嫁接以非语言的方式将历史的断片串联起来。

在文明的世界里，语言的力量十分强大，而在教育程度不够或自然环境没有被文而化之的地方，原生态的情感更多地通过调动全身的感官来表达。这与公路文化很相似，如果没有高速公路，或者一个原始村落没有被高速公路穿越，这里的村民就继续按照传统的方式“日出而作，日落而息”。尤其重要的是，他们对外来文明表现的将是一种盲视，或者以自己固有的思维观察事物。

这种情形在传媒大师麦克卢汉的笔下显得十分生动。他举了一个例子：在非洲，一个卫生检察官拍了一个宣传短片，用的是慢镜头。这个短片表现的是一个非洲原始村落的普通人家如何消灭臭水坑。画面是一个人捡起空罐头盒，放到另一个地方等等。但当卫生检察官放电影给当地人看，问他们看见了什么时，当地人竟然回答说看见了一只鸡。卫生检察官等制片人大吃一惊，他们不知道里面有一只鸡！于是，他们非常细心地搜寻这只鸡，一格一格地搜。果然，在画面的右下角，有一只鸡，闪了一秒钟，惊慌而逃。当地人看见的就这么多，制片人想让他们看的，他们什么也没有看见；他们看见的，是制片人没有注意的东西，直到仔细搜寻才看见。为什么？因为制片人掌握了各种理论，与没有受到教育的人的着眼点截然不同。只有突然逃走的那只鸡，才引起了当地人的注意。其余的一切都是慢镜头——有人慢慢走向前，慢慢捡起罐头盒，演示一番，如此等等。对当地人而言，那只鸡才是唯一真实的东西，而对于捡走空罐头盒，他们视而不见，因为他们生活中压根儿就没有这种东西。同时，当地人还有另一种说法，鸡有宗教意义，但这一点却被制片人完全忽视了。

由此可见，识文断字的能力使人能够在形象面前聚焦，同时对捕捉到的形象进行符号化的分解。正如麦克卢汉所指出的：我们能够将整个形象或画面一览无余，并进行约定俗成的阐释。但非文字的民族没有养成这种习惯，他们看客体的方式与我们不同。他们扫描客体的图像时，就像我们扫描印刷书页一样，一段一段地扫描，没有目标。所以，他们没有与客体拉开距离的观点，他们与客体浑然一体，他们很强烈地融进去，眼睛也用，但不是用来透视，而是仿佛用来触摸。欧几里得空间在很大程度上要依靠视觉、触觉和声觉的分离来把握，他们没有欧几里得空间的生活经历。①

因此，无论技术多么发达，对于没有接受过教育的人群，所有的努力都是空白，他们并不买你的账。某种程度上，历史的拼图也是因为教育或文化的熏陶才显得真实而有意义。高速公路刺激或改变了一部分人，但还有一部

---

① 麦克卢汉，秦格龙. 麦克卢汉精粹[M]. 何道宽，译. 南京：南京大学出版社，2000.

分人，特别是那些落后的国家或族群，他们仍然在农耕社会里过着落后而现实的生活，他们的物质生活也许有些贫乏，但他们的精神生活并不见得比现代都市里的人苍白。所以，教皇庇护二世曾经说过："现代社会的未来及精神生活是否安定，在很大程度上取决于在传播技术和个人的回应能力之间，是否能维持平衡。"因为每一种媒介同时又是一件强大的武器，它可以用来打垮别的媒介，也可以用来打垮别的群体，结果就使当代成为内战频仍的时代。①

高速公路的修建原是与战争有关，但在和平年代里，经济的发展对高速公路的依赖性更强。人们忽略了它的原始意义，着眼于它的新时代意义，这是文明战胜野蛮的结果，是教育和文化的进步。人们不需要子弹、鲜血和废墟，而是需要鸽子、鲜花和富裕。于是，在20世纪60年代，世界发达国家掀起了修建高速公路的热潮；到20世纪70年代，这些国家公路运输方式所完成的客、货运输量，在全社会的客、货运输总量中，已超过铁路成为完成比例最高的运输方式；20世纪90年代以后，公路运输成为美、日、英、法等发达国家的客运和货运市场的主要方式。这种方式改变了一个多世纪以来以铁路运输为中心的局面，公路运输成了主要的运输方式，成了现代化综合运输体系中的核心。

但是，另一个忧郁的事实是，经济的发展，文明的进步，科学技术的突飞猛进，是否彻底改变了人们心灵深处某些根深蒂固的陋习？比如，我们经常会在十字路口，看到一些漂亮小车在趾高气扬地争抢车道甚至闯红灯。其实他们真的不是因为日理万机而抢时间，他们只是为了表现自己可怜的优越感。虽然钱多了，腰包鼓了，我们也应该多花一些心思去考虑金钱之外的事，比如学会排队、学会尊重他人，比如诚信友爱、爱国敬业等。富人比穷人更有义务与能力完成一个国际化的天职：推动社会前进的方向。这才是问题的根本，是高速公路帮助人们致富后出现的新境况。

有一种明显的感觉是，高速公路带给人以梦幻的状态，让人在飘飘欲仙的速度叙事中，觉得当下体验是真实的，而回忆不是真实的。但回忆具有持

---

① 麦克卢汉，秦格龙．麦克卢汉精粹［M］．何道宽，译．南京：南京大学出版社，2000.

久的属性，可以提供飞逝的当下所缺失的重量：他们耐久并让人移居于精神世界。按照一位作家的说法："一个叙述就是一串当下瞬间的排列，但当下并不存在"。风的翻飞、车轮的滚动都是瞬间的体验，就像雄辩的诉词中关于理念、总效用和目的性快乐的中心一样，表达出一种共同的黑格尔式的直觉：所有瞬间都是可以定格的，而有意义的瞬间必须是可回忆的。这一关于意义的论辩是基于回忆的：回忆肯定不相信所有瞬间相等，而有意义的瞬间肯定是可回忆的。确实，"我将永远记住它"这种声明经常在有意义的瞬间被人提起，虽然并不总是恰当的，但事实毕竟就是事实，无法改变。

当 E-mail 代替了书信，当电脑键盘代替了纸和笔，当高速公路把人们从农耕社会推入都市喧嚣的时候，技术进步将瞬间体验进行魔幻般的嫁接，人们的惊悚或不适的感受有如在《柏林纪事》中，本雅明对电话的使用产生的痛苦感觉一样——虽然便捷但却删去了情感因素。

事实上，电话在本雅明的眼中代表着新技术的发展。"童年时电话开始被使用……当它在黑暗中尖叫时，柏林那所公寓可真叫人恐怖，从半夜亮灯的餐厅经无尽的过道到里间卧室都能被它惊起。当我的同学朋友在两点到四点的违禁时间里打电话来时，这部电话成了炼狱的机器"。看来，本雅明对这项新技术并不十分喜欢。有人理解本雅明对电话的态度时说："电话在公寓里发出恐惧的铃声不仅惊醒了父母们的小睡，更惊醒了正在小睡的世界。"本雅明一直在思考为现代化而付出的代价。技术的发展在他看来不可避免地导致传统体验的丧失，现代社会显然使以传统体验为核心的"韵味"无法安身。传统以原作为核心的绘画，古老的讲故事艺术逐渐式微，使本雅明惋惜不已。这种情绪在他考察莫斯科时，看到俄罗斯手工制作的玩具后，也不由自主地流露出来——"谁知道在当今技术进步的雄风席卷俄罗斯的情况下，这种乡村艺术能维持多久。对这些东西的需求据说已经消失，至少在城市里。"①

高速公路也使马车、步行、站牌等诗意的意象蒙上灰尘，历史的拼图在某个链条上断裂，但人们在溯源时甚至感觉不到这种变化。因为，在一个高

---

① 本雅明. 巴黎，19 世纪的首都[M]. 刘北成，译. 北京：商务印书馆，2013.

度工业化的时代，传统的权力与权威都已转移到工业流水线之中。精美的绘画艺术进入了广告，建筑的表现方式进入了工程技术，手工业与雕塑成了工业美术。世界各地的大都市成了一个新技术全景的视觉范例。有人对此做出这样的评价：“现代城市不是别的，只是这样一些事物的大量繁衍。建筑物的模拟景观大量密集，消费品目如同早些时候那样将城市紧紧包围，整个城市如同一个统一的自然形态。……对本雅明来说，工业生产的物质对象如建筑，宽阔的林荫大道，从旅游手册到厕所卫生纸等所产生的虚幻效应，也成了《拱廊街》所关心的核心问题。”①

就这样，精英主义者认为在现代都市的规划和官僚主义之下，潜伏着一个物质极大丰富然而充满混乱的世界，新的消费品开始产生新的象征意义，使得整个都市变成了一系列图画式的象征符号。“超现实主义者们把日常生活的平凡物体和大众文化的优秀产品，一起融汇在于他们独特的梦想世界里。精英分子则试图用这些瞬息即逝的物体和图像来振聋发聩，把大众从这种梦想世界中唤醒。”②都市的形象是艺术家们所记录下来都市生活的典型。他们利用“辩证意象”(dialectical image)的概念，把现代化的城市视为一个多层次的现实。在这种辩证的意象中，用都市生活的碎片表达着人们被压抑的愿望和他们乌托邦的理想。

这是一种把理论、历史和哲学压缩到散文中的叙事手法，它很好地体现了精英主义者的意图：“每个时代不仅梦想着下一个时代，而且还在梦想时推动它的觉醒。它在自身内孕育了它的结果。”城市被描述为一个“小世界”，在那里，历史的各种意义被微缩成一幅物体的拼贴画。“它描述了城市世俗生活的革命含义，把街谈巷议转变成激烈的格言，破解了每一个事实真相中潜藏的意义。”③

因此，高速公路的发展仍在进行中，城市拥挤的空间和忙碌奔波的人群为这种发展提供了契机。技术的换代和历史的拼图在泥泞的风中重叠又分

① 本雅明. 巴黎，19 世纪的首都[M]. 刘北成，译. 北京：商务印书馆，2013.

② 本雅明. 巴黎，19 世纪的首都[M]. 刘北成，译. 北京：商务印书馆，2013.

③ 本雅明. 巴黎，19 世纪的首都[M]. 刘北成，译. 北京：商务印书馆，2013.

离，每一次都闪烁着若隐若现的光芒。

七、永远的寂静之响

寂静，无法拒绝的手语，森林的道路如此漫长。

长年奔走在高速公路上的司乘人员没有谁不曾体验过寂静的呼吸是怎样地深入内心。在一座又一座高山穿越而过的时候，你不知道前面的出口还有多远；在一座又一座大桥穿越而过的时候，你不知道前面还会有多少座大桥等待你去跨越。像永无止境的人生之旅，你在奔走，不管你是乐意不乐意、喜欢不喜欢，只要生命没有停止，你的道路就在前面，你的寂静就在骨骼里响起。

特别是在眼下这个计算机与电子通信技术无所不在的世界里，个人的身体能力借助技术手段而大大增强，高速公路时代的人流以及超大规模的楼群、社区、商场和种种创高纪录日日翻新，在这样一个时代，人们的认识受到挑战，城市的概念也受到挑战。计算机网络像街道一样成为都市生活的基本，内存容量和屏幕空间成为宝贵的、倍受欢迎的“房地产”，大多数经济、社会、政治和文化活动转移到了互联网空间。这个新的互联网空间和高速公路拓展的空间将塑造一个不依附于地球上任一确定地点而存在的城市，其格局不取决于交通的便利性和土地的有用性，而受互联网带宽的制约。它的运作在很大程度上是异步的，居民由脱离现实的、分裂的主体组成，他们以化名或代理人的集合形式出现。城中的场所将由软件以虚拟方式组建，而不是用石头和木材以物理方式造就，他们通过逻辑关系而不是门、走廊和大街彼此连接。但另一方面，高速公路把最新的空间带给人们，把城市与农村、乃至异国人群与本土文化快速有效地结合在一起，形成一种复调叙事。

于是，信息高速公路与高速公路合奏了一曲时代颂歌。它解放了人类却又束缚了人们，它让人们释放了多余的力比多，却也使人们在政治、经济和文化诸层面有了更多的想法和精神诉求。这种寂静对话中的非寂静现实使工业革命产生了不和谐的界面。一方面，非部落化在落后地区被赋予文明进步的首要位置，无论其地理位置和意识形态怎么样。另一方面，又有一个与之互补和隐蔽的重新部落化进程，这个进程与策划者和规划者无关，与意识形态和地理位置无关。最古老的社会开始利用我们最新的科技，他们绕过了西方社会几千年之久的文明阶段，而且更深地扎进了自己的“部落传统”中。在这种氛围里，每个人都生活在一种“非监视的监视”的原生状态，形成尖锐的寂静之响。

福尔摩斯在跟踪他的猎物时，对方说：“我没有发现有人跟踪我。”福尔摩斯回答说：“那是你受到我跟踪时，你希望看见我。”

的确，今天，世界的这一半“监视”另一半。实际上，这是高速公路和“软件”时代的担忧。在过去的羊肠小道和“硬件”时代，世界上的富人“监视”穷人。现在，警察昔日的巡逻任务已经交给了大众娱乐世界。警察国家没有一点艺术品位，它是此起彼伏的警报构成的官僚主义芭蕾。①

这种状况在古老的中国表现得尤为明显。正如前面所分析的那样，在公路文化方面，中国比世界上任何其他国家都更有发言权。自明清以降，由于政治落后、经济自封和文化停滞，原本引领世界潮流的古老帝国越来越丧失了活力，越来越远离世界中心而日益沦为受发达国家歧视的野蛮之地。

赖德烈在《中国人，他们的历史与文化》一书中曾经指出：“我们假设的火星人，完全可能指望工业革命和现代科学方法首先在中国出现，而不是在西方出现。中国人非常勤劳，在发明中表现出非常出色的天才，而且在经验科学方法上比西方人更胜一筹。他们获得了非常之多的农学和医学知识。在了解自然环境的奥秘上，人们完全可能指望他们而不是西方国家成为科学方法的先驱和领袖。这个率先发明造纸术、印刷术、火药和罗盘的国家——只指他们少许几个最有名的发明就足以说明问题。但是，在设计十八、十九世纪的动力纺织机、蒸汽机和其他革命性机器中，这个民族没有走在前面，这实在是令人惊诧。”②

当西方人都在为古老帝国没有在世界舞台上发挥其更多更大的影响而感到惊诧的时候，作为这片古老土地上的主人，并非所有的人都有这种深刻认

---

① 麦克卢汉，秦格龙．麦克卢汉精粹[M]．何道宽，译．南京：南京大学出版社，2000.

② 麦克卢汉，秦格龙．麦克卢汉精粹[M]．何道宽，译．南京：南京大学出版社，2000.

识，更奢谈反省何以出现这种“老子英雄儿孬种”的现象了。究其然，中国对“龟兔赛跑”的寓言耳熟能详，而且大家总能从正面的视角去认识乌龟坚忍不拔的精神，却鲜有人去责备与乌龟比赛的对象的选择的错误。最具讽刺意义的是，乌龟跟兔子比赛最后竟然是以老态龙钟、慢慢行走的乌龟获胜而告终。应该说，这是一种精神自慰，在现实中是永远不可能实现的。

应该说，这是教育的失败，更是媒介传播意义的失职。

因为媒介对个人和社会的任何影响，都是由新的尺度产生的；我们的任何一种延伸或任何一种新的技术，都要在我们的事务中引进一种新的尺度。任何媒介的“内容”都是另一种媒介。文字的内容是言语，正如文字是印刷的内容，印刷又是电报的内容一样。比如，公路或铁路的作用，并不是单纯把运动、运输、轮子或道路引入人类社会，而是加速提升人们的动能，创造新型的城市、新型的工作、新型的闲暇。正是在这种意义上，媒介即是信息，因为对人的组合与行动的尺度和形态，媒介正是发挥着塑造和控制的作用。①

世界永远都不会寂静，寂静的是我们的内心，是我们对事物认识所站定的高度。在高速公路将人的身体延伸到地球村的每一个角落的时候，重新认识“龟兔赛跑”的寓言也许有助于我们对信息化和城市化社会中个人自身境遇产生更深的了解。

托夫勒在《第三次浪潮》中描绘了未来的信息劳动者在深山密林中建造一座“电子小屋”，把他的信息产品通过卫星天线销售出去，又把需要的信息原料购买进来，这是一幅非常诱人的图画。托夫勒还把这个设想作为未来经济朝分散化、个体经营方向发展的技术基础。此时，任何个人的监视或被监视都是另一种监视或被监视的重复，在心理上、精神上或智能上，都是意义的失效。任何先进的理念只能更先进，先进的部落无意与落后的部落进行寓言式的“龟兔赛跑”，他们更多地从政治、经济和文化上进行殖民。在一场没有硝烟的战争中，获胜者总是准备最充分、武器最先进、人心更凝聚。

高速公路使人们的视野更为开阔，寂静之响留在心灵深处。当城市的钢筋水泥阻碍人们思维流畅性的时候，大家渴望返回自然，返回最初走出的原

① 麦克卢汉，秦格龙．麦克卢汉精粹［M］．何道宽，译．南京：南京大学出版社，2000.

始村庄，但最初的村庄早已消失。

事实上，人类想方设法离开田园向现代文明和都市社区迁徙，浑然不觉中，此时的境况已经切断了许多感受社会情感的神经。当人们不再“日出而作，日落而息”，而把自己绑定在精确的时针上，似乎从未觉察到与家人说话的机会已经渐少。当亲情通过电波去传播时，我们看不到彼此的眼神；当生活的语言变成了短信，带来的可不仅仅是一些错别字和文字的苍白、干涩，情感被现代文明过滤了。

换言之，人们逃离了“鸡犬相闻”的传统，钻进了钢筋水泥的都市文明，实际上已经心甘情愿地选择了孤独。注重保护自我、保护隐私的现代人也关闭了相互了解的窗户。人们警惕地注视(监视)着一个向你发话的陌生人，亲自重重地关上了信任的大门，也关上了走出孤独的大门。

因此，重要的是心灵的生动和舒展。比如，采摘一朵小菊，放在鼻孔下嗅一嗅；躺在大地上，感受晚岚是怎样缓缓从身边升起；挥一挥膀子，向着来来去去的忙碌者行注目礼；对浣衣少女甘守清贫的乡村致以敬意；与一只流浪老狗进行一次无言的诉说……无论你是否在真正意义上的高速公路上行驶，当心与心的交通不再隔膜，即使你是一个人身处大漠孤烟、长河落日，即使前不见古人、后不见来者，你拥有的“孤独”也不再是悲剧性的，相反，“孤独”已经成为一种习惯，一种享受，一种永远的寂静之响。

第二章　文化的物语

一、高速公路的空间美学

全封闭

呼呼尖叫的风像一把利刃，划破空气。只有方向，笔直的公路只有一个向前的方向。四周的视线浓缩在最窄的范围内，你只能集中精力。栅栏，伴随着方向，形影不离，寸步不让。这是速度叙事中常见的一种表述模式：封闭。没有声音，只有鲜花在奔驰中歌唱。

高速公路就像一个大写的字母呈现在世人面前。你不仅感受到时间的皱纹、历史的沧桑、道路的变迁以及人间的繁华与无奈，许多记忆以封闭的方式让你独有。

你无法逃避，也无须逃避。这是生活，是变化中的现实生活。

“那种觉得自己祖国亲切的人仍然是一个幼稚的初学者；如果他觉得每一寸土地都是他自己的本土，那他就已经强大起来；但如果他觉得整个世界都是外国国土，那他就臻于完美。幼稚的思想把他的爱固定于世界的一个点；强大的人把他的爱扩展到所有地方；完美的人彻底消除了他自己的国土感。”①

这是美国著名犹太籍学者、《东方主义》作者萨伊德说的一段话。他强调了个人自由的空间感，也撕开了作为个体的自我封闭的伪装。很少有人从文化的高度将诗与远方看得如此深邃，描绘得如此清晰。

因为，封闭的世界比开放的世界速度更快；

因为，符号的世界比现实的世界魅力更大。

在各地的世界之窗，你可以看到以国家符号表征的世界上大多数国家的类象，而由高速公路激活的大众旅游则是在周游世界的同时努力呈示为旅游业所启用的民族文化的符号，它以封闭的结构进行资本的理性叙事。人们不必以累人的旅游业为例，世界之窗同样以经验的符号方式，通过速记式文化符号将深度叙事转换为形象表现。

商品作为能指符号及关于空间/时间的压缩的思想是文化理论中激烈争论的内容。空间/时间的压缩似乎就是在述说关于叙事被去掉了的事情——或者是说叙事消解于空间，或者是说关于身份的叙事已经因商品的加盟而转变成了身份本身。在高速公路文化中有将故事简化成形象的趋势，或者说，叙事成了长期遭受攻击的对象。② 这种攻击不仅来自各种新的文化时间性，而且还有来自车辆、道路和交通指示灯的各类信息编码。

莎士比亚在《李尔王》中说：“他在黑暗淫邪的地方生下了你，结果使他丧失了他的眼睛。”但高速公路的全封闭并没有让使用者丧失眼睛，相反，它以可预见性和全透视性将“安全”基因深深地种进了道路的秩序中。

它深情地说：“我相信我的爱比我的展示更富有”。全封闭模式使现代性烙上了爱情专一的印记。可是在商品豪华的包装袋里，裹着的却是一颗受伤的心。

无论白天还是黑夜，无论春夏还是秋冬，它总是用天籁般的声音反复诉说着：“光荣的路是狭窄的，一个人只能前进，不能后退；你应该继续在这一

① 爱德华·W·萨伊德. 东方主义[M]. 王志弘，游美德，庄雅仲，译. 台北：立绪，1999.

② 柯里. 后现代叙事理论[M]. 宁一中，译. 北京：北京大学出版社，2003.

条狭窄路上迈步前进，因为无数竞争的人都在你的背后，一个紧追一个；要是你略事退让，或者闪在路旁，他们就会像汹涌的怒潮一样直冲过来，把你遗弃在最后……”

高速公路，展示着一个不同于现实的世界，似乎只要在路上，梦想便可以追逐，欲望便可以实现。封闭的是记忆，打开的是人心。全封闭，却直达灵魂。

全立交

比秋天更远的是抒情。一首诗贴在汽车的玻璃上，像一条虫，发出立体的喊叫。

秋风吹来了记忆。很久很久了，在干涸的河床，土地呈网状展开。就像在蓝天下的叶簇，每一条道路都有无数的方向，每一个方向都能通向一种理想。你可以枝繁叶茂，当然也可以是光秃秃的树桠，像剑柄直指消费主义的旷野。

在这里，道路与道路结成同盟，道路与车辆达成默契，道路与秩序握手言欢，像一幅后现代主义的拼贴画。一些散碎的风景点缀在路旁，却又是那样井然有序。躺在安静的车厢在高速公路上疾驰，内心也像镜子般透明，与四周的风景构成了和谐的协奏曲。

一条又一条的车龙翻飞舞动，一座又一座的立交桥拔地而起。托起钢筋水泥的高速森林，是无数双紧紧绞着的手。走在路上，你也加入了寂寞的千军万马；站在空中，你看到的却只是凝固的雕像。

最复杂的诗，用最简洁的语言写出；

最动人的画，用最感性的线条绘成。

明朗，干练，果决。尽管层层叠叠，尽管七弯八拐，但每一个方向都有出口，每一个出口都有方向。出口，方向；方向，出口。全立体，用三维的方式大声说话。

汽车从我的头顶疾过，又从我的脚下奔来。你、我、他，或者说我们，像每一个行驶者一样，置身于全立交，就是置身于风暴的中心，彩虹闪过我们的眼睛。

涵洞

涵洞，就像是一副落寞的脸孔，带着潮湿的表情。它深情地注视，长久地坚守，以空洞的躯体疏通地表的精神走势。有马奔驰而来，有风逍遥而去，有雨从山顶落下，汇成大水，咆哮着，敲击着记忆的大门。而山稳稳地坐着，满意地看着高速公路井然有序的模样。

进入涵洞，就像进入电影中的长镜头。将入口和出口置于不同的地方，缝补得如此完美，让大地找不到一处伤口。大多数时间，人们更多地利用你，但是习惯于忘记你。这并不是人们对你的忽视，而是因为你的隐秘，你的身份被野草和泥土覆盖着，不发出任何声音。连从你身体上飞过去的蝙蝠都忘记你的存在，以为那就是它们的家。

然而，你的性格无意中成了电影叙事的生动形象，成为有远见的学者分析的文本。

马尔维说，涵洞的出现使电影出现了突转。因为，与大多数电影叙事分析不同的是，高速公路的涵洞意象进入了拟态的叙事环境，经过内爆，它分裂成男性主人公的主动角色和女性的被动形象。男性主人公的积极面包含两层意思：首先，他是叙事行为的中心，在叙事中，他是引发事件的人；其次，他是注视的积极承担者，主动地俯视着激起性欲的女性形象。因此，对男性观众来说，除了与观看的承担者认同外，还认同于叙事行为本身，这与女性的被动形象截然相反。

因此，涵洞意象对一个男人来说具有双重愉悦——视觉愉悦和叙事愉悦。而对一个女人来说，它提供了一个由摄像机框定的形象，以及对作为男人注视对象的认同。在观看电影的过程中，那些注视着女性的男性目光由电影中的男性角色化为转达。它似乎对有女性主人公的叙事或某个客观表现男性人物的叙事没有什么帮助；但是，它使认同成了一个简单的决定性的过程：在这个过程中，男人将自己看成是主体，女人将自己看成客体。

精神分析学也为上述这一说法提供了支持。比如，弗洛伊德就声称，在前俄狄浦斯阶段，女性的雄性特点支配了雌性特点，使得对男性主体的认同在她后来的生命中变成了对自身主体性的怀念。这种男性与女性主体性之间的转变，随着主动与被动的换位，观看与图像、叙事行为与视觉图像等角色的改变而成了对叙事主体与叙事客体的认同的转换。对女性观众来说，认同的快乐成了一个两面的过程，在这个过程中，观看与被看的身份立场发生了冲突。

如果说，涵洞是一种结果，那么，叙事就是一个过程，它展示出一种对立现象，使男性充满幻想的激情，产生一种原始的野性力量；而女性主体性又是在与这种激情和力量的对质中建立起来的。在这个意义上，女性的主体性在叙事中就遇到了危险。① 涵洞使女性想起了自己的生命周期，一种隐隐约约的疼痛，始终潜伏在内心与外界的对话之中。

隧道

隧道，高速公路的出气筒。速度飞快的车辆，像射出的子弹，带着闷响穿体而过。有水珠从穹顶落下，以弧形的姿态扑向大地。汽车穿过的时候，水珠碎成了粉末，将一地的思念撒在炽热的地表上。

大多数时候，隧道满满的阴影，仿佛充斥着一连串的危险，令人防不胜防。但隧道使人乱心，却不会教人乱性，它有自己的秩序、规范和道德，最终把人们心头的迷惘和惆怅驱散，形成稳定、有序的车流。这一过程所蕴含的叙事意义，一如那部古老而富有诗意的《小城之春》——

“我住在一个小城里，每天过着没有变化的日子。早晨买完菜，总喜欢到城墙上走一趟，这对于我已成了习惯。人在城头上走着，就好像离开了这个世界。眼睛不看着什么，心里也不想着什么，要不是手里拿着菜篮子和我先生吃的药，也许就整天不回家。”

在小城，在初春，少妇玉纹就这样开始了她的内心独白：“谁想到会有一个人来。”

谁想到会有一个人来？

这个叫志忱的人是她以前的男友，也是她丈夫礼言的老朋友。这注定要出现的人在缘分的牵引下来到了这个家。

---

① 柯里．后现代叙事理论[M]．宁一中，译．北京：北京大学出版社，2003.

于是，包括礼言的妹妹戴秀在内的一家人的平静生活都被打破了。夫妻之间、情人之间，各种情感都在暗暗地、默默地酝酿，逼近一个临界点，就像一根手指逼近一层纸，一捅就破。

高潮发生在戴秀十六岁生日的晚上。

酒，点燃了一个少女的初恋；酒，点燃了一个少妇的闺怨；酒，点燃了一个男人的激情。只有一家之主礼言，因病没有喝酒，他的生命之火却差点熄灭于安眠药。然而，乱了心，而没见乱性，打破平静的来客最终又离开了小城，留下的还是一颗少妇的寂寞芳心。

“发乎情，止乎礼”，中国的伦理观在银幕上得到了艺术的图解。传统遭遇现代，禁锢遭遇放纵，就像一阵乍起的风，吹乱了小城之春。欲说还休的独白，欲言又止的对话，舒展长卷似的画面，轻抚心弦般的音乐以及败墙、野草、远处的汽笛等种种缱绻的意象构成了关于情感与理智的主题。

这是中国电影大师费穆在1948年就拍出来的电影。费穆曾说：“孔子的人生哲学、伦理原则，一切做人的道德形成了一种无形的宗教，支配着几千年中国人的精神生活。”①

就像穿山而过的隧道，无形中也建立了自己的信仰。即便连接了两端不一样的风景，但对人世间真情的认可与追求始终是天地运化的旨归脉络。

隧道，见证了人类的智慧，浓缩了人类的渴望：山与山的距离，心与心的隔膜，只要隧道出现，只要道路修通，还有什么不能交流？

渡口

古老的渡口，不知为何总让我联想到一个深闺里的怨妇形象。这个形象与负心的男人联系在一起，怨妇守在渡口，日复一日，年复一年，那个负心男人却再也不会出现。只留下渡口的苔藓一天天变厚，只留下渡口的女子一天天变老，最后连同渡口本身都消失在人们的记忆之中。连风都不愿意留下来，为一个悲剧唱一支挽歌。

可是，今天，渡口早已变了。不再是小船摇落夕阳的风景，不再是怨妇

① 子曰，24ge. 现代人精神病历本：以电影为例[M]. 长沙：湖南文艺出版社，2004.

望眼欲穿的等待。来到这里的人也不再手握铁缆，引颈张望，汽车早已把欢呼和快乐一同送到对岸。新生的渡口走出了历史的阴影，更走出了学者们用陈旧的思维写出的结满伤痂的苍老的文本。

这是渡口真诚的声音："用我的肩膀将你与光明的土壤连接在一起。"

渡口对野蛮的昨天提出了强烈的控诉。那是家族宗法和封建礼教合谋的结果，把人们的本能、愿望和个性深深地埋葬了起来。渡口模仿着人类的语调，以审视者的目光对历史加以清晰的书写——

这片乐土既满足而又不熄灭人的欲望；事实上，每一次满足都更激起了新的欲望。这是一片从艺术作品中解放出来的土地。我蔑视那些只有当美被记录下来并被加以解释之后才承认它的人。一件关于漂泊旅人的可敬慕的事情是：他们的生活就是艺术。他们一天天地歌唱、传播着艺术。他们不抱着它不放，不在作品中使美永恒化。这就是他们中缺少伟大的艺术家的原因与后果……正当我要回旅馆的时候，我记起了看见过一群漂泊旅人在露天躺在一个小咖啡馆门外的席子上。我走过去在他们当中睡下。回来时，我发现身上沾满了虱子。①

渡口，不管漂泊的旅人是否来到，它原本就在那儿，日复一日地记录着真实的生活。漂泊的旅人没有沉积到作品中的艺术或历史可言，但假如不是那么多的旅人带着忧伤的情绪一再凸显它的存在，它就不会有什么重要性。置身于那些旅人中间是件快事，但是与他们一起，你需要有接受他们带来的危险（比如说虱子）的准备。虽说，正如张爱玲所言，人生是一袭华丽的衣裳，上面长满了虱子，但今天的路人并不喜欢这样的颓废。他们宁愿这样感叹：经过渡口，看见大海；经过大海，看见蓝天；经过蓝天，一切不再看见。所以，古老的渡口如今更新换代，只负责输送快乐，不负责凭栏怅惘。

失去了往日的喧哗和沉重，渡口，今天的诗情依然灿烂。当凤凰的篝火、大理的扎染、藏域的嘹歌随着一路向西的高速公路呈现在游客的视野中

---

① 爱德华·W·萨伊德. 文化与帝国主义［M］. 李琨，译. 北京：三联书店，2003.

时，古老仪式、图腾和记忆在消费主义的大旗下与现代文明至少在表面上各安其所。

匝道

这是从主干生长的枝叶，像手臂般护卫躯体。一道又一道，只有时间，没有年轮。

风不动，心动。心不动，禅动。禅不动，云动。云不动，风动。

如此循环，从起点到终点，从终点到起点。

安宁并不是安静。各种流动沿着既有的轨道减速、提速。要进入事物的核心，这是必经的入口；要淡出事件的漩涡，这也是必经的出口。密密麻麻，一条又一条。每一条相接的地方都是梦想与激情，每一处相交的地点都是记忆与憧憬。

这就是匝道，这就是高速公路长长的手臂。它用安全抒情，用温情叙事。它将日常生活带进城市的大街小巷，又将城市的叙事带进生活的每一个空隙。它成为主旋律上的一个活跃的音符，并以恰到好处的速度向四周扩散。

从早晨到夜晚，各种叙事穿过匝道，不断在街道上和楼房里出现，在高速公路和乡村的田塍上出现。它们不断地诉说它们应该是什么，以此努力地表明它们的存在。它们“涉及事件”，也就是说，它们从中制造出我们的传说。听者一醒就被收音机所俘获，他一整天都在叙事的森林中穿行，这些叙事来自新闻报道、广告和赶在他准备上床睡觉时从睡眠的门下悄悄塞进最后一条信息的手机。这些叙事像法律一样规定着我们的生活，它们预先组织我们的工作、行程、甚至我们的梦。打上叙事印记的行为、姿态成倍地增加，它用循环的方式复制和积累故事“版本”。我们的社会在三层意义上变成了一个叙述的社会：故事（即由广告和信息媒体组成的寓言）、对故事的引用以及被无休无止的故事叙述定义了的我们这个社会。

就这样，我们的一生都被圆形叙事所包围，尽管我们很少想到这一点。我们听到、读到或看到（或兼而有之）各种传闻和故事，我们就在这些传闻和故事的海洋之中漂游，从生到死，日日如此，连死亡也被记录在叙事之中——讣告不就是一种叙事吗？但是匝道使死亡尽可能远离事件的中心。正如有人所指出的那样：“我们的生活不停地和叙事、和讲述的故事交织在一起，所有这些都在我们向自己叙述的有关我们自己生活的故事中重述一遍……我们被包围在叙事之中。”①

匝道，重复着自己的工作，在既定的流程和规则中，一圈又一圈，环绕城市和乡村，环绕湖泊与山脉，环绕高速公路的主线和每一个旅人的心灵。

二、高速公路的主题音符

路基

不是每一次诉说都有激情；不是每一次坚持都有理由。

路基，像质朴的农民。穿着灰色的棉衣，厚厚的灰尘沾满往事。尽管儿孙满堂，却总是闲不住，以一贯的姿势，举起一种执着。

信念，沉甸甸，像向日葵一样饱满。

没有路基，便没有眼前的一切。这是语言所无法表达的，所有的赞美或者讴歌都显得苍白，并且力不从心。

只有路基，像祖父一样，看护着流动的世界。

能指在漂移，带着速度的狂热。当我们迫不及待地对事件进行录制、转述，将之作为纪念物而不是去经历它们，使用过去时态而不用现在时态去构筑它们的时候，与语言学和叙事意识相关的理论问题就不可控制地衍生出来了。道路之外，意味着一种反向模仿，人们的生活在模仿故事，而不是故事模仿生活。

但模仿离不开生活，犹如道路离不开路基。

路基没有形容词，无论压抑或昂扬；路基也没有动词，无论前进或后退；路基只有名词，只有叙事的主调，只有真实的生活，与装饰无关，与虚构无关。

---

① 柏格．通俗文化、媒介和日常生活中的叙事［M］．姚媛，译．南京：南京大学出版社，2000.

曾经，讲述故事的权威是要把现在尽快地付与过去，而这种权威眼下却被当代其他种类的叙事所颠覆。那些叙事迫不及待地要复活过去，并将它重新置放在现在之中。路基矗立在时间的节点，联结过去与未来，对昨天也保持鲜活的回忆。

在滚滚车轮下，路基忍辱负重。叙述或重写，这一循环速度的日益加快，实际上是一种时间的压缩。这一循环将现在发生的时间匆匆付给过去，然后又将它们重新置入当下的语境，构成奇特的后现代拼贴画。当许多人忽略的时候，路基记下了这一切。

路面

路面袒露着坚实的胸脯，任风暴锻打。它沉默着，表情依然坚定，一如既往。

路面，低调叙事的典范。不为名利，不为得失，把方便让给每一个人。向左，或者向右，每一次经历，都是一次开花的过程。

黝黑的脸孔，在烈日下曝晒，皲裂的皮肤，记录着人间沧桑。

时间过去很久了，写书的人忘记了出版。路面被时间压得破损，每一处裂痕都有野菊生长。在风中，车辆的一次次颠簸，被闪电记住。

城里的歌声以遥远的腔调勾起了伤心的往事，路面在暮色中伫立。一次次事故发生在那里，一个个墓碑没有雕刻。珍惜或者挥洒，有酒的地方就有欢乐，有欢乐的地方就有悲伤——

告诉那窃窃私笑的出版社和城里的店主们，把那个悲惨的实情告诉他们。太太的小恙成了恶臭的旋律。她，孤独的太太。他，太太心爱的流浪汉……一切都在水晶一样透明的范围之内。

有轨电车上一排排的铸铁与行人相似，与印刷品的一行行铅字也相似。但是，如果说那棵树和那根石柱提供了英雄崇拜的话，那么，树叶中吹动的风却是谁也听不懂的天书。[①]

---

① 麦克卢汉，秦格龙. 麦克卢汉精粹[M]. 何道宽，译. 南京：南京大学出版社，2000.

但路面懂了。“因为懂得，所以慈悲”，张爱玲的话像沙粒从指缝溜走。沉静的路面像个老人。日子一天天向前，时间一天天陈旧，路面不卑不亢，任风雨冲洗，任车辆碾压。当乌云散去，阳光出来的时候，一只又一只蜻蜓在海面上飞翔。

桥梁

桥梁的叙事总是带有散文般的色彩。它的手臂长长，联结着森林与湖泊。穿空而过的雁阵，将一串阴影涂抹在大地的月辉上。

作为寂寞的消解者，桥梁总是以温暖的情怀紧握友谊。当误解从腐烂的落叶里抬起头，当隔膜从喧嚣的闹市里升起来，当距离把彼此的心越拉越开的时候，桥梁出现在哪里，阳光就会照到哪里，爱意和暖意就会播散到哪里。

没有桥梁的地方，拜物主义十分盛行。它不仅仅满足于控制一个民族并从一切形式和内容上挖空当地人民的头脑，而且借助于一种歪曲的逻辑使这个民族的过去扭曲、变形与摧毁！在这样的情况下，本土知识分子与诗人的诉求在任何共同事业中就不是奢侈品而是一种必需了。一个真正的知识分子不仅勇于拿起武器保卫民族的尊严，也情愿脱掉自己的衣服检视自己身体的历史，并且敢于拿起文字的手术刀去解剖他人民的心脏。如果这个民族患了什么重病，他就有责任在这个民族的心脏上搭桥，让这个民族血脉通畅，并重新健康起来。

叶芝是这样敦促爱尔兰知识分子的——

嘲笑那些年轻的一代，
从头到脚都变了样，
失去了心和头脑，
低劣的温床上长起来的低劣品。①

由于地域的封闭性，当地人常常被控制在某种智力与道德的水准上，尽

① 爱德华·W·萨伊德. 文化与帝国主义[M]. 李琨，译. 北京：三联书店，2003.

管他们人数众多，在政治上他们却不如一块金条值钱。这些边缘人被议论、被虐待、被迫做苦工，被供给腐败的食物和鸦片，被迫离开他们的家园，听到的是些目的在于使他或她心甘情愿处于附属地位的话语。就这样，赌博、鸦片、非人道的劳动条件、单方面的立法、强迫劳动，全都以不同的方式被编织进西方资本主义和帝国主义的话语机器，并被戴上荣耀的光环。那些在这个意识形态之外的东西都受到嘲弄。①

呼唤桥梁。呼唤心灵上的桥梁，文化上的桥梁，民族与民族之间沟通的桥梁。因为，桥梁既是共鸣的场所，又是连接的手段。桥梁使其接触的两个地域发生变化，从空间到时间，从身体到心灵。

现代化的发展使桥梁如雨后春笋的涌现。而都市郊区兴起的时候，传统的村落也逐渐消失，每一个乡村俚语都面临着被取代、被遗忘的命运。麦克卢汉指出，桥梁是一种延伸的隐喻，而这种延伸的动力来自力量的“共鸣”与“涡流”②。所以，我们呼唤桥梁，呼唤一条连接现代与传统的桥梁。通过这一桥梁，人们在步入现代化的过程中不至于感到突然和断裂。

从都市到乡村，从山川到平原，从车流到人海，没有桥梁，就没有速度、力量和秩序。桥梁，是木头和水泥书写的对话。在失眠的天花板上，每个人都急切地阅读。

行人

每一天都有路要走，无论远足或休闲。行人，真实生活的体验者。一个人走在步道上，看来来去去的车辆，看风景之外的风景，看城市的暮色和乡村的黄昏。或者，是一群人，嘻嘻哈哈，三三两两地游晃在道路两旁。无论诗人或酒徒，无论圣者或愚汉，无论穷鬼或富翁，每个人都要在人生的道路上成为行人，成为自我的行人，他者的行人，徘徊于精神和物质之间的行人。

谁都不会例外。

没有失败，只有橙色的回忆。没有言辞，只有话语的独白。在城市的肩

---

① 爱德华·W·萨伊德. 文化与帝国主义[M]. 李琨，译. 北京：三联书店，2003.

② 麦克卢汉，秦格龙. 麦克卢汉精粹[M]. 何道宽，译. 南京：南京大学出版社，2000.

膀，在乡村的臂弯，在公路的视域之内。行人，表情复杂，行走在公路与管线的交叉。在制度层内，各种管线如电线、电缆、管道等均不得侵入公路建筑的通行范围，也不得妨害公路交通安全，不得损害公路的构造和设施。

这样理性的陈述，只存在于事物的表面。许多时候，电线、电缆和管道，都深深地埋在地表之下，在沉默中坚守，在沉默中感受车辆和行人从上面经过。书本打开的时候，读到醒目而朴素的话语，那就是：为保证行车与行人的安全和充分发挥公路的作用，各级公路应按规定设置必要的交通安全设施。在天空下，大路变得异常清晰。

行人，也许只是短暂的游客，在加油站的安全区内，你静静地看着四周的阳光，看到被水洗过后的车玻璃将阳光反射出去，迸发出耀眼的火花。

行人，也许是一对幸福的恋人，在蜜月的途中，手握着手，欣赏沿途的美景，以及美景中的真诚提醒。

行人，在无法离弃的城市，曾经的梦想是多么的真实：仗剑走天涯，看一看世界的繁华。这移动的城市，这静静的生活，一如涓涓细流，静静流淌。

行人，看冬去春来，芳草白雪，梅兰竹菊，一切变幻，于无形中有形。在年轻的时候，在路上，奔波或者思考，又何尝不是另一种寻找？

只是在徜徉之时，必须时刻关心身边突然急速驶过的车辆。放松永远都是暂时的，否则一不小心，就会被溅上一身的黑水，像是提醒现实生活总是存在诸多无奈。

机动车

机动车至少有两张脸。一张是阳光爬满了皱纹的老人的脸，另一张则是在酒吧边上笑得花枝招展的脸。机动车满载着沉重的心事，驶入热闹的暮色之中，疲惫地踏上归途。

在新翻修的凹凸不平的乡间大道，机动车带着穷人们的梦想，在乐颠颠地奔跑。据说这是行者的天堂，他们背起行囊千里迢迢而来，想的只不过是一段尘世外的休憩。寂寞深处，机动车可以安静地晒着太阳，也可以看人家在酒吧买醉，也可以看人家在河边与鱼儿一起发呆，也可以看人家边喝边摘下路边的野花在掌心轻揉，直揉到心事都成了淡绿的过往。

而此刻，机动车连同它的主人都忘记了一切大事小事，忘记了烦恼甚至快乐。机动车连同它的主人都只需要一杯水酒或者一杯果汁，就可以在疲惫的夕阳里坐到天荒地老。

有一个声音在耳边响起：朋友，要看得穿光阴，挥霍得起生命，忘记“时间”这个宝贵的名字，才有资格在这里享受青春时光，包括心酸和忧伤。

风乍起，心依旧。

那么，作为被大城市排斥的异乡人，作为当今沸腾生活的他者，机动车在城市的叙事中意味着什么？《道路交通安全法》上面清楚地写道：拖拉机、轮式专用机械车、铰接式客车、全挂拖斗车以及其他设计最高时速低于70公里的机动车辆均不能进入高速公路，一同不能进入的当然还有行人。

当然，这是高速发展的时代的需要，尤其是安全序列的需要。事实上，除了排斥像老弱病残一样的上述机动车以外，高速公路的安全序列还有一系列制度规范，以保证整体意义上的速度和力量叙事能够持续有效地进行。

这些安全序列主要包括——

遇特大暴雨，车辆不要贸然行驶，而应选安全位置把车停好，并点亮示宽灯和尾灯，以引起来往车辆的注意；

要注意不稳定边坡的滑塌和山区填挖路段的落石；

下雪时，飞舞的雪花阻碍了驾驶员的视线；雪后天晴时，由于积雪对阳光的强烈反射作用，光线十分耀眼，会产生眩目，使驾驶员的视力下降，即“雪盲”现象，对行车安全极为不利，此时最好休车；

高速公路都设有反光装置，以帮助驾驶员看清道路轮廓。夜幕降临后，若驾车行驶在高速公路上，打开车灯便会看见路上的栏杆标志、路面标线在车灯照射下格外明亮，因此应注意保持时刻关注；

汽车行驶中若突遇“爆胎”，会使车辆发生严重的偏行或倾斜，若处理不当会造成严重的后果，因此在踏上高速公路前要认真细致地对车辆检查一番。

……

开了多年的机动车，像旧时的照片。它并没有过时，过时的只是人们的心境。它仍然在工作，有着“退休不退志”的豪情。

因此，虽说时过境迁，但心永远都在寻找。曾几何时，寻寻觅觅地走了一大圈，深深浅浅地看了一些人一些景，碰到不少突发的事或意外的事。原本想着带着行走的心情出发，原本想着要背着行走的心情回家，而如今这一切却还在奔波的路途中。这样永不停歇的“行走”对机动车和机动车的主人来说究竟意味什么，有时候觉得是习惯，有时候又觉得是逃避。不过，无论命运如何，机动车总会以感恩的心情，握紧“行走”二字所带来的沉甸甸的收获。

驾驶者

生命从自己的哭声中开始，又在别人的泪水中结束，这中间的过程就是幸福。

驾驶者对这个过程体会得尤其深刻。在这个消费主义时代里，许多珍贵的东西都已经物化了，诸如爱情和友情，都可以量化成金钱。人们不是经常听到“友谊值多少钱”或者“爱情几块钱一斤”的打趣吗？

物化的社会，人们变得冷漠；冷漠的社会，人们变得寂寞。

有人说，寂寞是一种流行病，都市里的人群在矛盾的夹缝中左右为难：一方面，夜半无语时主动投入寂寞的怀抱楚楚自怜；另一方面，时刻想着逃离寂寞，把自己放在陌生的人群和环境中寻找家园和温暖。莫文蔚唱道：“这盛夏的果实，回忆里寂寞的香气。我要试着离开你，不要再想你。”离开意即远行，结束则是下一个全新的开始。君不识我，我不识君，但我们都有一颗寂寞的心。从惊鸿一瞥的相识到蜻蜓点水式的相爱，完全遵循这个时代“快乐至上”的娱乐法则。

这是一个可以任意肢解感官的年代，这是一个可以任意制造神话的年代，这也是一个娱乐至死的年代。就像在旅途中发生的一个个故事，那些人们一直秘而不宣的隐私，一旦打开，便如潘多拉的魔盒。

驾驶者在高速公路上行驶，有多少寂寞捆绑他，又有多少寂寞让他真正缓解。一站又一站，一关又一关，一个隧道连着另一个隧道。眼睛在紧张地扫描，心在寂寂地思索。外面的风声、雨声一概听不见；外面的沸腾或死沉也一点感觉不到。能够感觉的只是已经麻木的手，握着的是生命的扶柄。转向还是不转向，前进还是停下，一切都在自己手中。

可是，一切真的都在自己手中吗？超载，罚款，事故，老板的威严，上司的冷笑，家人的担心，想起这一切，手难免不颤抖，心难免不寂寞。逆反心理，烦躁情绪，以及致命的疲惫，野草般在心底生长。

从心理学上分析，情绪、情感是心理活动的重要过程，与驾驶安全有着密切的关系。高速公路作为一个特殊的环境，对驾驶员情绪、情感的变化有较大影响，并且有其自身的特点。这主要表现在：生活中当用一定的准则和规范对人们的行为进行引导、控制或对偏离目标的行为进行纠正、限制时，有的人就会从心底产生一种内发的反向力，并在心理上构成障碍，形成一种对抗情绪，这就是逆反心理。

与此同时，对驾驶者而言，道路催眠是十分可怕的隐形杀手。高速公路车道宽阔笔直，视线好、干扰少、车速快。而正是由于车速较快，驾驶员必须全神贯注，所以许多人在高速公路上行车十分钟即有疲劳感觉。同时，高速行车对驾驶员视野也产生影响。车速越高，注视点越向前方，视野越狭窄，使驾驶员仿佛处于被催眠状态，很容易疲劳甚至打瞌睡。

一声巨响，鲜血迸溅，生命随风飘逝。寂寞不再，烦恼不再，瞌睡不再。只留下忧伤在幸存者脸上，只留下悲痛在驾驶者的家人眼里。

珍惜啊！虽说：生命从自己的哭声中开始，又在别人的泪水中结束，这中间的过程就是幸福。既然如此，何不小心、小心、再小心，让幸福过程拉长、拉长、再拉长呢？让家人一次次拥抱你疲惫而幸福的身躯归来吧，让生命的轮回在人世间持续得更久些吧。

乘客

乘客不是生命的过客，而是生命过程中的一个临时身份。

其实，所有人的人生都是一样的，有圆有缺，有满有空，这是你不能选择的。但你可以选择看待人生的角度，多看看人生的圆满，然后带着一颗快乐感恩的心去面对人生的不圆满。

旅途，是生命的过程，但如果排除人生意义上的旅途，生活中的旅途更多则是跟旅游联系在一起的。这样一来，事情就变得轻松多了。

不妨设想一份艳遇——无论是谁，在寂寞的旅途，对这样的浪漫总是充满合情合理的美好想象：在踏上旅途的那一刻，故事就开始了。你不知道你会和谁邂逅，而这恰好是艳遇最大的诱惑力，即它并非来自异性本身，而是来自异性的不确定性。哲人说，每一天的太阳都是新的。每一天的我们所遇到的异性，同样也可能是全新的。因为有了幻想，在某个路口向左走或向右走，都可以成为故事的开始。

如果说，寂寞让女人更加美丽，那么，幻想则让男人更有希望。

看吧，天空很蓝，划窗而过的是一道道美丽的风景。你想抽烟，但忘了带火机；她手上拿了一本书，恰恰你也喜欢；甚至一个苹果或者一个不经意的动作，都可以成为艳遇的导火索。不管蓄意还是无意，男女之间的故事总是可以轻易地划到切入点。就像电影《爱在黎明破晓前》那样，只要保持真诚，陌生男女的相识、相知和相爱也可以是一天之内的事。

有人认为：在有限的旅途中，要接触到让你心仪已久的异性着实很难，但艳遇的标准只要够得上“欣赏”就够了。男人欣赏美丽的女性这是天性；女性也很容易从陌生人身上发掘出优点。大部分人在陌生人面前表现出来的往往是自己优秀的一面，口若悬河也好，冷酷到底也罢，关键的是，不经意间你已经成为他人旅途中一道口味宜人的小菜。接下来就是一段美好的记忆，一道生命中不可磨灭的风景了。①

乘客，碰到这样的艳遇，当是生命中的快事。不管结果如何，有美人相伴，旅途就会生动。此时，你可能最希望成为一个文人，一个古典的有着诗情的文人。

本雅明指出，在今天的世界上，如果你想做文人，成为一个传统意义上的19世纪想象中的人文知识分子的话，你唯一的选择是成为“流浪的波希米亚人”。你只能成为在市场上或市场边缘流浪的、被放逐在世界主流秩序之外的旁观者和漫游者。他接着说：他们——自由而可悲的波希米亚人——在市场上漫游，好像在观望，其实也是在寻找买主，寻找出售自己产品的机会。在这样的时代里，我们不再说思想，不再说作品，不再说潜在的意识浮现，

---

① 萧望. 艳遇交叉的旅途[J]. 旅行，2005(8).

不再说诗人陷于迷狂而写出的不朽诗篇，我们只说产品。一旦买主出现，产品就变成了商品，进入了市场的流通历程。传统、神圣的文化艺术在急剧的全球市场化过程中迅速地被市场化，迅速变为商品，变为流通当中的一个环节。[①]

但这样的文人毕竟是少数。更多的人，特别是高速公路上真正意义的乘客，一般不会选择人文关怀一类的宏大词汇，他们更关注自身和处境和周遭的笑话。如果有什么笑话让他们觉得可以杀死旅途中的寂寞，他们会毫不犹豫地接纳，并且快速传播，其中便不乏大量关于两性关系的边缘叙事。美国叙事学大家柏格分析道："黄色"笑话和许多叙事一样，不仅给人快乐——逗乐我们，而且揭示了关于生活的一些东西——人类的性欲。

他指出，关于笑话，一般来说，笑话是关于他人的事情的表演。大多数人不会创造关于自己的笑话。有时我们可能会即兴说出的风趣话或很妙的双关语，但是我们通常不会创造自己的笑话。讲笑话就是表演文本，这些文本经常出自无名氏之手。[②]

乘客，无论是坐着豪华汽车还是乘坐公共大巴，在高速公路寂静的奔驰里，笑话总是必不可少的，它是生命的彩带，尽管有时带着黑色幽默，仍不失是一道独特的风景。如果没有艳遇，没有笑话，没有浪漫的情怀，人生的旅途将是多么的平淡和乏味！

快车道

如此坦荡，没有任何阴影；

如此便捷，没有任何阻塞。

快车道，超越平庸的跑道，仿佛乘着飞机的翅翼脱缰而舞。窗外是闪动的山水，闪动的雕塑，闪动的云朵与风声。转灯，加速，超越！谁在那深山的尽头殷殷地等待杜鹃花开？谁在那海角天涯日夜等待一份真情？从哪里出去的，又回到哪里。虽然鬓角已衰，但心脏依然激烈跳动，这是一种久违了

① 瓦尔特·本雅明. 巴黎，19世纪的首都[M]. 刘北成，译. 上海：上海人民出版社，2006.

② 柏格. 通俗文化、媒介和日常生活中的叙事[M]. 姚媛，译. 南京：南京大学出版社，2000.

的心情。

很多人都会怀念这一刻：当他们第一次踏上火车，第一次把脸贴在火车冷冷的窗户上，看远处正在倒退的山水，在黑暗中穿过荒芜的旷野和灯火黯淡的郊外小镇……

然而，时代的列车比作为器物的列车跑得更快。火车正在慢慢地被人们所忽略和遗忘，特别是高速公路出现后，这种转变尤其明显。人们不难想象，总有一天，火车就像今天的人们在博物馆里看到的蒸汽机一样，带着它的锈迹默默地躺在那里接受后来者的注目、讨论和评价。年老的人也许还会忆起最后一次抓住它的尾巴，逐渐消失在远处的那一幕。

换句话说，火车给人们留下的，只是斑驳的铁轨和泛黄的记忆。那是属于火车的忧伤，任何东西都无法替代。因为这些东西，现在都要被高速公路及其他的快车道给抛在后头了。人们只有偶尔从怀旧的影片中依稀能够找回当初的记忆，记忆上面一定涂了一层淡淡的忧伤。

快车道将过去和现在划开，将慢热与快速划开，将落后与先进划开，将危险与安全划开。习惯于快车道奔驰的人必定要冒更大的风险，不安于现状的人、性子急躁的人、不是超越自我的人、寻找刺激的人，等等，都统统挤进快车道来。结果，快车道变成了慢车道，真正要办急事的人，比如说救护车或救火车就要拉响警笛，在车轮的森林中左冲右突，嗷嗷怪叫。

就这样，快车道陷入了矛盾，一如这座城市，它也是矛盾的。沉静与浮躁，超脱与功利，纯洁与媚俗，信仰与沉沦，都在这个城市里纠缠、冲突或者融合。许多旅人揣着梦想而来，背负着故事离开。这座城市让人休闲或者浪漫，宁静或者伤感，沉醉或者清醒。快车道将这些矛盾突显得更加醒目。

高速公路穿过了山脉，带着夸张的表情。扭曲的布景、怪异的服装和化妆给快车道带来了强烈的对比效果，使乘客仿佛是在清晨回忆夜里的一个旧梦。南瓜、车轮、钢琴、钢琴上面急速的手指，这些东西被无形的绳索连在一起，由一辆车拖着，向另一辆车逼去。

快车道，将回家的人送进了乡村的马灯里；

快车道，将漂泊的人留在了城市的犬吠中。

三、高速公路的灾难叙事

故障

“上车睡觉，下车撒尿，到了景点拍照，回家什么都不知道。”这样的顺口溜是从“旅游综合征”患者的嘴里以呓语的方式总结出来的，它恰恰击中了人们的神经。

“到了印度，才知道多尊贵的人都得给牛让道；到了丹麦，才知道写个童话其实可以不打草稿；到了撒哈拉，才知道节约用水的重要；到了阿拉伯，才知道做男人是多么的骄傲。”这是地球村的人对不同文化背景的国度进行的戏谑式描绘。

故障，不仅仅是指车辆坏在高速公路上无人理会，更多的时候，它是指人们生理上或精神上出现的不适、麻木和失重感。如果说，头一句顺口溜就是这种故障的生动呈现的话，那么，后一段的戏说则反映了另一种意义上的故障：地理的故障，交流的故障，文化的故障。为什么印度的牛比人还重要，为什么丹麦到处是童话，为什么撒哈拉的水如此珍贵，为什么阿拉伯的男人备受尊崇？假如把这些国家换成其他地方，或许事情就变得不一样了。忽视时空的交流就会产生故障，而故障的产生不仅出于政治和和经济的原因，更由于文化的差异、认同的隔阂。

要想排除故障，首先就是要了解故障。

对在高速公路上出现的故障的了解，需要一个过程。仿佛一座城市，如果你要了解这座城市发展的过程，最好的办法是去阅读一位女人。随着你感情的投入，她会越来越为你显露出本真独特的面容。其实，光从简单的物质外壳来看，所有的城市与一切女人的符号学意义仿佛也是一样的：一种不断扩张和填满的意味。故障就在扩张与填满的矛盾中产生。与此同时，一座城市本真与独特的面容，就像这个世界绝无两个完全相同的女性一样，也是千差万别、泾渭分明的。

一位旅人来了，踏着文化的节拍，在高速公路诞生前，悄然而至。

推土机将长长的路段掀了个七零八落。这位旅人在断垣残壁的罅隙里拾到很多陶器的碎片，上面有破碎的图案和模糊的文字。他试着将碎片拼贴起来，奇迹发生了：他的眸眼中映出一个世界，一个在轻弦上缓缓弹奏的世界，精美到如同神佛头上佩饰的珠玉，灼灼其华。

残阳如血。关于古老文明的支离破碎的记忆立即被唤醒，宛如久未冲洗的黑白底片，在显影液的刺激下，居然呈现出模糊的影像……这位异乡旅人惊异地看着这些仿佛熟悉却又感觉陌生的事物：金黄色的屏纸，考究的族谱，优美的廊桥，神秘的祭祀大典，圆润的瓷器，斑驳的马头墙，雅致的斗拱和雀替……看到痴迷。

忽然，碎片复又裂开，这个华美的世界猝然在他手中消失，没有任何征兆，只剩下瓦当上的青苔和乌黑的封火墙在静静看着他。

旅人这才记起手中的相机。

时间的故障已经排除。旅人于是捧住零落的碎片一块一块堆砌起来，残片终于又让他拼起来了，可不像从前那么严实，留下大大小小的裂缝。恍惚间旅人才仿佛明白：原来这碎片上的图腾，是开启那世界的唯一密匙，但这华美的世界，自己是再不可见了。

于是，借着雕花木窗透出的斑驳的光影，旅人用一台其貌不扬的老式相机，将这些碎片，一一定格……①

不久以后，被推土机掀翻的路段建成了高速公路。车辆如河，日夜喧嚣。那位不知姓名的异乡旅人也带着孤独的背影悄悄地去了，只留下一堆故障，或大或小，以隐蔽的方式，埋藏在道路的正中央，在地球村的俚语里，在远方孤独的心灵中。

撞车

致命的拥抱往往发生在彼此准备不足的时候，在错误的地方，在黄昏的中心或正午的疲倦里，在生命的拐弯处，在记忆的盲点，一声巨响推翻了所有的假设。

---

① 李立. 破碎的文化图腾——浙南印象[J]. 旅行，2005(4).

自从道路修通的那一刻起，撞车的可能就潜伏在道路两旁或者中央。无论你警惕或疏忽，无论你正视或逃避，无论你恐惧或平静，你都得面对血的事实。

关于撞车的悲惨描绘已经发表得太多了，但它的频率却越来越高，与人们对生命的重视不构成正比。撞车后的教训不断地得到总结，可人们又不断地从总结里走进另一个悲剧。这样的悲剧难道真的不可避免吗？

撞车的镜头总是让人勾起对蝙蝠的联想。仿佛蝙蝠是不祥的预兆或者是悲剧后的阴影。蝙蝠是无辜的，只不过撞车之后的阴暗薄暮让人产生这种莫名其妙的联想罢了。

试想吧：无论在都会或乡村，薄暮的景色与蝙蝠都相调和，但热闹嘈杂的地方，其调和之度则较薄。大路不如行人稀少的小路，都市不如寂静的小城，看蝙蝠时的心情，仿佛也要怀着一种萧寂的淡淡的哀愁才好。满腔快乐的人看去，只是皮相的观察，觉得蝙蝠在暮色中飞翔罢了，并没有什么深意，但若是带了什么败残之憾或历史的悲愁那种情调来看，便自然有别种的意趣浮起来了。

撞车发生后，你站在树丫上就能进入这种意趣。不同对象的叙述蜂一般地涌来了：幸存者的叙述，目击者的叙述，警察的叙述，死者家属的叙述，法医的叙述，记者的叙述……各种声音、各种面孔、各种传闻、各种证词合在一起。因为撞车，许多原先被忽略的情节终于放大开来，责任与原因，总结与教训，在同一个点上，撞车使故事达到高潮，一个近乎“吵闹”的高潮。如果用戏谑的方式来看，也许还有人想象出一种极不协调的画面：蝙蝠——你，立于这旁边的枝桠上冷眼看着这一切。一场突如其来的事故，带着不和谐的巨大噪音撞破了凝固的沉静，撞破了坚固的路基和崭新的车皮，也撞破了一个人在他生前所极力隐藏的秘密——

闻讯而来的除了死者的发妻外，还有年轻的情人，顶着隆起的小腹——听说这里孕育着他的亲生骨血——要求把夫妻俩早年白手起家积累的家产一分为二。死者撒手而去，却将一摊子烂事推到生者面前。当撞车的悲剧发生后，这一争吵不休的局面也许比悲剧本身更让人错愕和难堪！

美国电影《公民凯恩》中有一句经典的台词：“凯恩因为富有而孤独”。

这个死者会不会因为富有或者权势而孤独呢？当然，任何一个词都不能解释一个人的一生。猜测永远无法揭示事情的真相。

但我们可以把撞车作为叙事文本的来源。这种情景叙事有着大量不同的样式，其中包括商业广告、新闻报道、纪录片、情节喜剧、动作冒险片、科幻片、肥皂剧、谈话节目、侦探片、医院节目和体育事件等。所有的样式都遵循某种惯例：它们都是程式化的，都具有某种结构。在从童年到成年的社会化的过程中，我们不断理解不同样式的特别惯例的本质。叙事样式有英雄、坏人等角色，也有情节的冲突和解决。它们在特定的时间段和特定的场所发生。情景样式的分类大体上告诉了我们可以指望从中得到什么，尽管我们也许并不确切地知道会发生什么。因为，我们很少想到有多少叙事样式，也很少想到在特定的某一天或某一个星期的电视节目中我们看到多少叙事。①

撞车只是作为一个文本，轻轻地放在高速公路的某个地方。其中惨烈的警示，早已矗立于路旁的墓碑，相信每个驾驶者都已看见。

擦亮眼睛，保持清醒。无论多么急，多么快，手中的方向盘绝不能有任何闪失！

急救

急救是暂时的。任何急救都无法将一个完整的生命复原到最初的水平。生命一旦进入到“补时”阶段，所有的努力都显得苍白——此时的被叙者已完全成为“酣睡巨人”的生命个案。

正如荣格分析的那样：理解“酣睡巨人”所代表的集体无意识状态，具有重要的意义。大作家乔伊斯费尽心思让读者明白《尤利西斯》的章节与人体器官暗含联系的隐喻——正如1844年的美国报界欢呼电报是“真正的世界中枢系统的首次明确无误的搏动”。高速公路的出现又何尝不是如此呢？如果说，报纸是人的世界的“微型”表现，那么，高速公路则是全球交通的潜在叙事。报纸的栏目和高速公路的叙事是体现全人类持久激情和不变兴趣的里程碑，它们的出版、发展是整个社会中枢的手脚和器官都要参与的“戏剧”。

① 柏格．通俗文化、媒介和日常生活中的叙事［M］．姚媛，译．南京：南京大学出版社，2000.

《尤利西斯》表现的日期是1904年6月16日这一天，实际上作者是用一小段时间来表示整个浓缩的空间。乔伊斯的《芬尼根的守灵夜》也一样，它把时间压缩成一小块空间，即“豪斯城堡和都柏林市效”。

这种情形与高速公路的“急救”相类似：受伤者在担架上或者救护车里，在很小的时间和空间里进行生命的博弈。环境、情绪、医生的责任心、医术的高低以及事件本身的严重程度都影响着博弈的结果。

马拉梅却认为，给《尤利西斯》提供大多数“印象派图案”的是报纸。高速公路的“急救”是暴风骤雨式的，鲜血、器械、福尔马林的气味、救护车的哭叫以及相关人员的奔跑，所有这些共同构成了“印象派图案”。如果说，作为人日常活动的样品，报纸是一个无所不包的空间，提供了各种协调组合的可能性；那么，高速公路的“急救”可视为一种象征，一种人类无法克服自身弱点的象征。看一看《斯蒂芬英雄》里的一段暗示吧，乔伊斯对大众报纸这一肤浅的样品做了这样的注解：

> 现代精神是活体解剖。它本身是人可以想象的最现代的过程……一切现代的政治和宗教批评都略去了预设……活体解剖检视行动中的整个社区，重建赎罪的景观。如果你是美学家，你就会注意到我所隐晦的东西，因为你看到美感直觉起作用的景观。哲学界应该给我留下一位侦探。①

那么，对高速公路而言，“急救”隐晦的东西是什么，谁又能给“急救”配备一名侦探呢？人们唯一感觉的便是：当生命需要急救的时候，许多缥缈的符号乌鸦般地涌现，在血刷洗过一般的天穹下，地平线上的家显得异常遥远……

伤亡

当飞驰而来的车辆猝不及防地撞在一起的时候，扭曲和伤亡的不仅仅是

① 詹姆斯·乔伊斯. 斯蒂芬英雄：《艺术家年轻时的写照》初稿的一部分[M]. 冯建明，张亚蕊，等，译. 上海：上海三联书店，2019.

车辆，更是车辆里面的人。此时此刻，一向以“坚强”著称的生命才真正感到脆弱和无望。通常的情况是，夹在两个冷冰冰的钢板之间，腿早已断了，血不断地往外冒。如果你要蛮力拖出，这个生命也许要身首分离。最可靠的办法是，立即叫来切割车，将钢板锯掉，取出还有知觉的处于危险的生命。

伤亡，在高速公路上屡见不鲜。有时一辆车同时连累数辆车，危及数十人甚至上百人，伤亡数字一天天往上积累。在春节前后的繁忙日子里，在节日渐浓或者节日渐去的时刻，那些背井离乡的人怀着一腔热血、一个个美梦，来到城里打工，可是，他们还没有到达目的地，还来不及将家人的祝福和期盼仔细揣摩，他们便连同他们乘坐的车辆，还有他们的热梦跌进了万劫不复的深渊。

节日的时刻，幸福的时刻，却往往使伤心的人更加伤心。高速公路将一连串叙事以蒙太奇的方式逼近人们的视野。

这不是故事最后的答案。伤亡之外，鲜血之内，符号之中，叠加着新的枝枝叶叶——

那条老街早已味入骨髓，即便如老妇一般掩盖不住衰老的痕迹，但在情人的眼中依然风韵万千。随着推土机的轰鸣，老墙被呼啸的机器击穿，一座座百年老店应声而落。那些最热烈最艳俗的老街老味道，被统统压在了废墟之下。顷刻间，柔软的肌肤展露出深处的筋骨，犹如玫瑰的刺，带着最锋利的仇恨，足以刺穿任何手掌。

旧日那些散淡昏乱的影子已经在极高分贝的机器声之下逃得无影无踪，二锅头的口感伴随着撕裂喉咙的号叫瞬间轰塌。

向这条孤苦的老路、残破的老路致敬吧，向这群来来往往的人致敬吧。他们带给城市繁华的过去，成为城市最核心内涵的一部分，无论命运如何，他们什么伤痛的结果都能承受。记住这些忙碌，记住这些熙熙攘攘，记住他们的欢笑与悲痛，这一路，他们委实不容易啊……

是的，无论伤亡有多么严重，出发的人，下海的人，逐梦的人，寻缘的人，仍然要在这条危机四伏的路上奔波。他们成为自己的叙事对象，成为符号里一个个有血有肉、有记忆、有欢笑的生命群体，他们是最普通的人群，也是社会前进的动力层，是最真实、最生动最深刻的文本。

正如米克·巴尔所指出的：文本是由语言符号组成的有限的有结构的整体；叙事文本就是由代理人讲述故事的文本，而故事是以某种方式加以表达的寓言；寓言是由行动者导致或经历的一系列有逻辑关系和时间关系的事件；事件是从一种状态向另一种状态的转变；行动者是实施行动的代理人，他们不一定是人类；这里行动的定义是对事件的经历过程。所以叙事文本即讲述故事的文本，这一假定暗示文本并非故事。①

伤亡不是故事，而是生活，是无法游离高速公路之外的黑色沼泽。伤亡也不是文本，而是文本不可缺失的一部分。伤亡有其内在的逻辑关系，有导致的原因，有痛苦的结果。伤亡的符号往往由鲜血、痛苦以及生与死写成。伤亡的头上站着死神，脚下踩着墓地。

伤亡无可避免，但可以更改。

“路有多长，伤亡的阴影就有多长。”这是高速公路上每个行动者需要记住的真理。

四、“事物的状态”与后视镜立体解读

在高速公路上奔跑时不可能不关心“事物的状态”，不可能不关心后视镜里跳动的风景，不可能不观看四周的动静，不可能不关心视野里的路况。观看，是通过后视镜对事物的状态进行立体解读的最佳方式。

观看本身就是参与与干扰。坐在驾驶室或汽车别的什么地方，安然自在地观看。把前进的观点挑明，把行动的速度调准，把眼前的视界打开，“在场”已经表明了立场和角度。观看的视角总是具有一致性，无论是摄影师对于镜头的深刻理解，还是画家在绘画过程中对事物的描摹，视角总是主观的，视野其实是近大远小的变形，而这种变形却构成了真实的图像，构成了视觉感知，以至于我们的视觉已经不能接受远近等大的真实。因而视角这个概念本身就包含了对事物客观性和观看可信性的怀疑，是对放之四海而皆准的教条的颠覆。

① 柏格. 通俗文化、媒介和日常生活中的叙事[M]. 姚媛，译. 南京：南京大学出版社，2000.

特别是雨雾天或光线阴暗的时候，视角尤其容易受到欺骗。

然而，如果你是一位训练有素的驾驶者，你对生活的理解便会超出对行走速度的单方面的追求。你会注意到事物的“立场”并对视角进行深度“选择”。同时，你也会尽量展现事物的自然状态，希望注意到一些细节，比如努力睁开眼睛看。你只是观看，而不想证明什么。如同孩子的眼睛，回避成见，不把阐释的意义强加在“物”的基础上。

你当然会强调时间的节奏，强调事物在时间中的舒展和生长，使人物对话和行动之间有着自然的喘息。你握着方向盘，采用中景和广角镜头，与被审视的对象保持足够的距离。一般的细节具有象征性，体现文本作者想表现的意图，而你与其说是用速度解释细节，倒不如说用触摸呈现细节，包括触摸自己无法解释的影像。

也许，你坚持认为“观看是一种置身于世界的行为，而思考则是与世界保持距离的手段”。你一边观看，一边不断反思，质疑自己“观看”的可信度。汽车在高速公路上行驶，“视角”总是无处不在的，包括潜伏四处的电子摄像头、路边的印象派绘画广告牌甚至还有一直在捕捉灵感的胶片照相机。电子影像和印象派绘画、胶片摄影的个性化文本合在一起，构成沉甸甸的生活。玻璃窗上的绘画始终散发着光晕，可以有根有据地区分扑面而来的风景之“真品”和“赝品”；但对于电子影像来说，它的所谓原件恰恰是颠倒的“底片”，“真伪”“本末”的区分完全消失，一切都是真品，一切也都是拷贝。

明白了这一点，你就对自己有了宽容。除了虚构的故事，你所喜爱的纪录片（也包括一些以写实风格的故事片）处处显露着对叙述和叙述者的反思。你对自己的驾驶视野、DV 写真、胶片的风格和磁带的功能及限度不断推敲，就像服装设计师对待服装面料一样。在这些厚厚的纪录片中，你和你的合作者（副驾驶及乘客等）交流思想，商量如何抓拍和剪辑生活的场景，而不是仅仅关注悲剧或灾难的发生。

就像农民不断声明自己是庄稼汉一样，你对自己的身份角色有着明确的认识。你所观察的人物除了社会精英外，还有一切入世的小市民，他们都可以成为你叙述的对象。有时，你也会对历史、文化和民族进行反思，但你没有过多地评述“事”，而是描述“事”对人的生活的影响，你坚持认为这才是一种真正意义上具有温和人情味的行动风格。

在这个或长或短的旅途中，高速公路带给你的独特之处便是反思，这种叙事方法被你运用得游刃有余、炉火纯青：你不仅拍摄被拍摄对象，还对事物内部进行深度拍摄；你不仅拍摄故事，还拍摄如何拍摄故事；你不仅用镜头拍摄，还拍摄镜头；你不仅拍摄别人，也拍摄正在拍摄的自己。

换言之，你在高速公路上行走，高速公路也因为你的行走而行走；你在高速公路上奔驰，高速公路也因为你的奔驰而奔驰；你在高速公路上观察风景，高速公路上的风景也因为你的观察而成为包括你在内的风景。

这，就是“事物的状态”；

这，就是后视镜立体解读中的真正含义。

五、半张脸的神话

半张脸从海边缓缓地伸出。起风了，大海发出深蓝色的呼吸。

跨山而过的大桥，把蓝天和大海连接起来。梦中的神话在现实中呈现，带着宁静的颜色和深邃的表情。道路伸进了历史深处，又从历史深处游离出来，像是优美的艺术作品。

曾几何时，大地厚厚的壳打开了。这里曳地走长龙、千里摆战场，却不见那人山人海的场面，只有一路的平地机、压路机、摊铺机和隆隆机声，铝帽、铁锹、皮鼓，和着涛声的隐隐的炮响，在新的时代张扬出一幅现代化建设的壮丽画卷。在湖南某高速公路建设工地，一台两层楼高的卡特皮勒推土机，正在紧张作业。这样的庞然大物，别看它笨头笨脑，却是从国外花了 80 万美元才引进来的设备，作业量相当于 3 台老式推土机。这样的先进设备在工地上数不胜数，龙门吊、大型摊铺机、振动碎石机等等，与过去施工的“人海战术”已经无法相提并论……这简直就是神话，是不可思议的神话，是先进技术、现代文明和人类智慧共同创造的通天神话。

在那鸿蒙初升、茹毛饮血的远古时代，夸父追日，愚公移山，精卫填海，女娲补天……一个又一个激动人心的神话折射出人们敢于与大自然争雄的豪情和勇气，这等浩然之气激励一代又一代仁人志士为国家的富强和人民的幸福竭忠尽智、呕心沥血。

高速公路把一个民族积蓄了几千年的智慧、力量和干劲迸发出来。它不是神话，却像神话那样富有传奇色彩。道路，道路，打开了封闭的门，打开了封闭的窗，打开了封闭的心灵，阳光怀着古老的热情光明正大地涌进来。

这是艺术，是大写的艺术；

这是史诗，英雄的史诗；

这是民主的火炬掀起了长夜的革命；

这使每一位驾驶者都成为读者，成为生活中的艺术家，成为天地间享受音乐合奏的文化传人！

这是一种大展示，大艺术，是生活的升华。这种升华的革命性和民主性的意义表现在：它使每一位读者都成为艺术家。阅读是一个享受孤独的过程，是一场静默的音乐会，大脑从最少的发声里重新捕捉读物的意义。麦克卢汉说，阅读给事物以节奏和协调，从中释放出最多的意义，是让耳朵再次习惯周围的调子。①

这种习惯建立在长期的对外界信息的渴望以及了解远方世界的真诚愿望中。一个非洲人每晚费尽心思收听 BBC 的新闻节目，虽然一句话也听不懂。每晚七点准时听见那些声音，对他是至关重要的。他对言语的态度，正像我们对高速公路的态度——交流似乎是人类的本能。17 世纪时的人们对媒介的形式所抱的态度，仍然与这位非洲土著人的态度相同。②

高速公路将文明的碎片播撒在沿途的乡村和荒野，它将神话变得真实，又将真实纳入神话中。仿佛从海边延伸出来的道路，仿佛是半边脸的神话，是只有手臂没有眼睛的神话，只有舌头没有言语的神话。文明或不文明的碎片就由不同族类的人根据各自的习惯、方式、精神、信仰进行筛选、捡拾以及吸收。

高速公路与乡村道路的交叉可以视为半张脸的神话之缩影。在这个缩影中，作为神话的道路有着自己的内在规律，更有着固定的话语秩序。比如，

---

① 麦克卢汉，秦格龙. 麦克卢汉精粹[M]. 何道宽，译. 南京：南京大学出版社，2000.

② 麦克卢汉，秦格龙. 麦克卢汉精粹[M]. 何道宽，译. 南京：南京大学出版社，2000.

按照公路工程技术标准，“高速公路与乡村道路交叉，必须采用分离式立体交叉。一级公路与乡村道路交叉时，若一级公路作为集散公路，一般采用平面交叉，也可利用辅道合并交叉数量，必要时设置分离式立体交叉；其目的是控制平面交叉的数量和间距，尽量减少横向干扰，增强行车安全和提高道路通行能力；若一级公路作为干线公路，应根据需要严格控制出入，设置分离式立体交叉。二、三、四级公路与乡村道路交叉时，一般采用平面交叉。乡村道路与等级公路平面交叉时，应对其前后一定范围进行改道，使其不低于四级公路标准。”①

在高速公路上放飞速度、想象和思维，但是不能放飞翅膀。人，没有翅膀，只有手臂。你的手握紧方向盘，眼睛紧紧地盯着前方。这是你的神话，你自己的神话，你与你的汽车的神话。这是生活中必须拥有的神话，否则你就封闭在城市的屋子里或乡村的山坳里，一块钓石，一处隐泉，都会成为你的栖身之所。

试想，如果离开了公路，离开了车辆和人群，你将是多么的孤独！在孤独的时候，你是否会怀念外面的世界，怀念曾经有过的或快乐或悲伤的生活？人们常说，人只有与人在一起时，才能享受到作为一个人的全部快乐。

因此，如果想要得到快乐，就把自己展示出来吧。快乐与美好应如风中的花粉，带给了别人一缕愉悦，你自己也会暗香盈袖。高速公路把这种暗香传得更远，而信息高速公路则使暗香传递的速度更快。一种全新的网际生活展现在眼前，一种伦理的原则展现在眼前，一种获得幸福的全新路径展现在眼前。

诚然，网际生活首先是人面对机器独自生活，它应该使自我能够自主地建构自身的生活，即自我生活。尽管存在着网络知识权力结构的宰制性，人仍然有自我实现和获得幸福的责任，故网际自我生活需要一种自我伦理。自我伦理需要依赖于自我反思与自我管理的实践，以使自我的快乐并不会妨碍他人的快乐，同时对当下快乐的获得不会形成对未来快乐的耗损。所以，这种基于网际生活的快乐必须是具有公共性和可持续性的。

---

① JTG B01—2014，公路工程技术标准[S]．北京：人民交通出版社，2014.

你将自己封闭在山洞里与你在高速公路上奔驰，这是两种完全不同的网际生活。前者是没有结局的童话，后者是半张脸的神话。两者的相同之处，正汇于高速公路与乡村小道的时间节点：你无须离开房间，只要坐在你的桌边聆听着；不只是聆听，还要等待；不只是等待，还要保持静默与忍受孤独。世界将会拆下它的假面，坦然无蔽地向你奉献，它毫无选择，它将在你的脚下出神。然后，就起风了，大海发出深蓝色的呼吸。

六、躁动不安的语言

高速公路上的喜剧永远多于悲剧，但是，只要有一个悲剧存在，它就足以杀死喜剧全部的欢乐氛围。正如希腊诗人埃利蒂斯所写的那样：落下一滴雨，夏天便被杀死。

所以，奔走在高速公路上的人们常常会看到各式各样的安全标语。这类标语的存在一方面是为了提醒注意，但另一方面实际上也在无声地宣示：悲剧时刻潜伏在道路两旁。悲剧是如此触目惊心，它带给人们的远远不止眼泪；但悲剧又是如此真实，以至于它所带来的痛苦足以使人肝肠寸断。

然而，人生的境界历来都是从悲剧中升华的。

生命是一袭爬满虱子的华丽长袍。永远没有完美的人生，充其量只有平庸的人生和凄美的人生。我们喜欢看大团圆结局，但又总觉得缺少点什么。充满幻想的美梦毕竟只是梦，睡醒一觉或许就已然支离破碎；而唯有悲剧是那么刻骨铭心，有的还需要花上一辈子才能忘记——只有悲剧，才能引起人们结结实实的共鸣。

每个人都希望自己的人生是一幕圆满的喜剧，但恰恰是悲剧无法避免的存在，才能使喜剧的欢乐显得如此珍贵。佛家常说“无常”，认为变幻才是人生的真相。而悲剧，则是代表了“无常”的“有常”，它时刻提醒人们保持豁达的心态，并对幸福的当下心怀感恩。

因此，从某种层面来说，悲剧是喜剧之母。

诗人瓦雷里在他的诗歌中写道，他心中的神树，“每一部分都在诉说它自己的名字……以混乱的语言，躁动不安的语言……成千上万被摇动的树叶，让深思者借助梦幻的力量，喃喃低语……”①

接着，这棵神树幻化成一座迷宫，它与河流、大海合为一体，但是仍然保存自己的巨树之身。诗人的思想沿着树的臂膀游弋，触摸着每一处干枯和粗糙的树枝，感受着真实的狂喜。

人们沿着高速公路疾驰，何尝不是沿着神树的臂膀细细触摸呢？

一次事故，哪怕是一次小小的事故，都是一次触摸，一次教训，一次悲剧。这样大大小小的事故都由交通警察认认真真记录下来，成为日常生活最为普遍的叙事文本之一。这样的文本有着机械的样式和格式，使用的语言看起来平实，却暗含着躁动不安。交通警察作为悲剧的书写者，任何一点忽略大意都有可能影响对事故的定性。至少，他必须记下这些与事故有关的基本情况——

肇事车辆的车型、牌号、出车事由、行车路线、乘车人数及载物情况；

出事前是否检查过车辆转向、制动器的效能，行车中是否发觉车辆机件有异常现象；

出事前是否疲劳、喝酒、有无思想负担，对接受出车任务有什么想法；

事故发生前的行车方向、路线、车速、档位，发现情况的距离、时间、当时的判断和采取的紧急措施，如是否减速、刹车、鸣号、开灯、呼喊、打方向避让等，对方动态如何；

发生事故的时间、地点、原因、过程、怎样碰撞、碾压、刮擦，相互接触部位和撞击点，以及人、物的损伤情况；

事故发生后的停车位置，抢救伤者及维护现场的情况，什么时间向什么政府部门报告；

驾驶的经历、驾驶执照发证机关和发证时间；

肇事人曾于何时何地肇事，受过何种处罚；

肇事者对事故的认识和看法。

……

接下来，让我们忠实于交通警察的辛勤工作，把以下这份交通事故记录

---

①　瓦雷里. 瓦雷里诗歌全集[M]. 葛雷，梁栋，译. 北京：中国文学出版社，1996.

文档作为一次日常叙事的非常规审美体验，为真诚生活的朋友提供一种枯燥但实在的另类阅读：

讯问记录

第 1 次

讯问地点：市交警支队事故科办公室　　　　时间：2019 年 9 月 13 日

自 9 时 40 分至 10 时 35 分

询问人：姓名：谢波，刘德兴。

　　　　单位：市交警支队事故科

被讯问人：姓名：马生坚；性别：男；年龄：24 岁；职务：司机。

　　　　工作单位及电话：(略)

　　　　家庭住址：(略)

• 讯问内容记录如下——

问：你把 9 月 10 日晚在韶山路肇事的情况说一下。

答：那天我去了一趟长沙市，大约晚上 12 点左右，经过洞井铺地段时，在刚好会车过后启用远光灯时，发现前面约十米远的路中间有一团黑东西。当时我的车速大约 30 多公里，顶多不超过 40 公里。在发现了路上偏右的地方有一团黑影时，我不知是什么，就向左甩了把方向，在打方向后我自认为快挨到那黑东西时汽车一晃，我估计没有挨到，但货车还是颠了一下。路上好像是个人，他当时好像迷迷糊糊，我也没有意识到，就继续开车走了，直到被交警拦住。

问：说说被拦住的情况。

答：车走了好长的时间后，我被拦住。那里有 5 个交警围着我的车，说我发生了事故。我向他们交代了以上所反映的情况，并说明我当时没有看清楚，我打了方向，估计没有压到。我的车当天就扣那里的。我和货主对他们讲要先把东西(辣椒)卸下，他们都不同意，后来将所有证件和货老板身份证等都押在那里才开车去卸了货。卸货后又将车开到交警大队，到了下午，我问他们咋办，他们说已经给长沙市挂了电话，但还没有回信。他们就讲让我先回去，我说，把证件留在你处，以后有事就找我，于是我就回去了。

问：你与相对车会车的行路位置？

答：没占别人的路面。

问：那个黑影的位置？

答：是在我车行驶的路线上，如果不在，我就不会打方向。

问：你看清是什么吗？

答：在通过时，看到是人，面目看不清，不知是男是女。

问：怎么躺的？

答：横躺的，有点斜，脚朝向我前面的右边。

问：你为什么不停车？

答：我估计不是我撞的。如停车，别人说是我，那样就讲不清了。所以我没停。

问：当时你感到汽车颠了一下，为什么不及时停车？

答：（沉默不语）

问：现在从时间、路线和有关证人证实，此事故确系你车所为，你认识怎样？

答：问题是我认为没有压到，如自己认为压到了就会停车报告，我不好回答你们这个问题。如证明是我，我服从处理，再没有别的态度。

问：你什么时候学开车的？

答：两年多了，在是汽车驾驶培训中心学的。

问：开车以来发生过事故吗？

答：没有。

问：你当时所驾驶的车况怎样？

答：灯光齐全，方向正常，制动很好。

问：以上都是事实？

答：我所讲的都是事实。

以上记录我看过，和我讲的相符。

马生坚（指印）

2019 年 9 月 13 日

事实上，这样的事故可以发生在任何一条公路上，任何一次出发都潜藏着事故的可能。这样的日常叙事文本或许不能唤起人们的注意，但通过对事故的放大、人物的丰富、情节的改写，事故的日常叙事转为灾难的艺术叙事，悲剧与喜剧的张力便能获得最大程度的激发。公路电影就是这么做的。一次事故，几个故事，形形色色的人物主动或被动地参与进来，发出无数种躁动不安的语言。跟随着摄像机的全景视角，电影把人与人、人与世界之间的复杂交错的关系一条条、一段段地剥离出来，就像在阳光照射的一瞬间看清楚了枝叶的走向。

不管你有没意识到，个人的喜剧和悲剧始终是与整个时代和环境联系在一起的。人类的悲喜无法共通，但身处这样一个时空压缩的流动时代，人类的遭际越来越趋于同一和同步。因此，单纯个体化的悲剧越来越难撼动人心，通过速度与空间叙事，地域、文化、流动成为当代灾难艺术叙事的核心命题。这类艺术叙事带来的心灵震动不仅在于对大场面的观看与想象，更在于小我个体面对宏大、面对未知的信念坚守和行动抉择。这背后是不同地域、不同民族的文化个性和价值观念，因此每一种灾难叙事都是一种民族寓言。有人认为，这样一个追求速度的时代，只管向前，越快越好；但是，如果忘记我们来时的路，而生生切断连贯的历史，个人的悲喜乃至个人的身份定位，或许都无从谈起。

第三章　冲淡与妙悟

一、城市小调与乡村俚语

不知从什么时候开始，城市下起了忧伤的小雨。这小雨莫不是对乡村俚语的一种怀念？在那草垛和水井交织的梦里，漂泊的人总是把乡愁寄托在乡间小路上。无论高速公路把枫树、稻田和老狗的叫声撕裂得多么彻底，城市边缘人或乡村守望者总是在夜深人静的时候对逝去的一切给予温馨而伤感的回忆。

城市小调是这样开始的：他应该是一个成熟的男人，拥有中年男人所具有的魅力，收入或许不是最高的，但足以让这个城市里大多数工薪阶层艳羡。衣着算不上特别考究，但总是干净得体，一如他从不急躁、按步就班的个性。他话不多，但偶尔发表的时事评论或叙述的旅行见闻，总能让对面的听众流露出欣赏的神色。这是一个普通的城里男人，但他不经意的微笑间浮起来的鱼尾纹，透露出他多少也经历了一些沧桑。

他大致懂一点英文和日文，对各地的土调土腔也有着本能的好奇和良好的模仿能力。多数时候，他不把自己当成固定在某一区域的人，尽管在人生的不同阶段他都在不同的大城市定居过一段时日。他沿着公路一走再走，有着远足的欲望，比任何人都强烈。而内心深处留下的则是这样的想法：漂泊的旅途都是暂时的，而他作为他自己的感受，这才是永远的。

当然，有的时候，他也调侃说自己是一个地球人。世界不是一个地球村了吗？把地球村与自己出生的模糊的乡村连接起来，这种感觉于他来说，简直有点诗意的美丽。

显而易见，他受到过良好的教育。他也喜欢过文学，甚至给心爱的女孩写过几首自以为是的小诗。对绘画艺术也有着一定的爱好，至于音乐，无论是古典的还是现代的，他都有着较好的审美品位。有时，他认为自己就是一个艺术家，一个流行的艺术家。比如，他对流行歌词的理解和认识就不同凡响，他还把古代歌词与现代流行歌词进行过传播学上的比较。这使得他显得有点儿深刻。

不过，最终，他还是意识到，流行艺术家也只是暂时的身份。因为，从精神方面而言，每个意识到自我的人，对他来说，自己和自己所处的世界才是最重要的，哪怕他愿意固执地认为太是从西边出来的，只要他认为这对他而言是有意义且不妨碍到他人，那么这样的想法也是无伤大雅的。

有一个词可以概括这类人的身份：城市望乡人——尽管是城市人，但他们字正腔圆的普通话里一不小心就暴露出潜伏已久的乡村俚语，他们光鲜优雅的外衣下，是一颗饱含乡愁和敏感的心。他们用生来就和城里人的不一样的眼光，打量这个曾一度陌生而今熟悉的城市，用与农民不一样的心态来面对农村和自己的兄弟姐妹。

自从有了高速公路以后，他们回家的愿望便越来越少了，连他们自己都觉得奇怪。以前没有高速公路的时候，他们挤车都要回家，哪怕每次都要转好几次车、筋疲力尽才能回去。而现在，他们以自己太忙为由，丢弃了一些原有的爱好和兴趣。不过，家人来城里的机会也多了。况且双亲一天天变老，皱纹多了，头发少了，而且白了。他们来城里待不了几天就会嚷着要回去，于是，他便感觉有些烦恼。

这种城市小调每天都在弹奏，不同的人，不同的家庭，用不同的方式弹奏，主题大同小异。比起那些一出生就在城里的人，他似乎有一些不平等的感叹。有时候，他甚至天真地想，如果自己出生在城市，通过自己的奋斗，或许他今天的成就还要更大，今天的生活还要更好一些。这真是不平等啊。

写到这里，我们不得不明白一个概念：平等。这是千百年来一直困扰全人类的问题啊。

有人认为，平等的观念是春秋战国时期的思想家反对贵族世袭的产物和武器。孔子认为一个人的出身不是决定他一生社会地位的依凭，他的原则是有教无类，他的学生中不乏出身低贱而通过后天的努力得到社会承认的英才。孟子更强调"圣人与我同类者"(《孟子·告子》)，荀子、墨子、韩非子等都有相似的论述。而道家追求的是朴素的"道法自然"理念，无论善恶尊卑，从道的观点来看都是一样的。从这个角度而言，道家似乎是最彻底的人性的自然平等论者。

他坚持认为一些人的灵魂比另一些人的灵魂更好。他把人的灵魂分为金、银、铜三个等级，分别对应于理性、精神和欲望三个层次，从而划分出统治者、勇士和农工商三个阶级。亚里士多德也认为人性是有等级的，多数人天生就是奴隶。正因为天生有这么多的不平等，所以，我们就要从程序上去保证机会平等。

应该看到，自然的不平等的观念在近代以前的西方一直是占主导地位的。因此，当笛卡尔提出人是自然平等的，因为人都平等地具有理性之光时，他的观点被看成是激进的、革命的。无论是自然平等还是机会平等，对"平等"的诸多讨论体现了人类社会发展的过程，蕴含了调整人与人关系的朴素理想。对"平等"的认识和追求一直存在，而这也离不开对现实世界中种种"不平等"的考量。

城市小调和乡村俚语就是这种不平等的镜像。高速公路把这种镜像放得更大、更透彻。作为现代化进程的产物，高速公路的本质就是"运动着的影像"，所以流动和速度是其基本的构成要素，而"路"是展现这两样东西的最佳场所。

正如上面描绘的那个唱着城市小调的"行者"一样，我们每个人都在人生之路上行走，甚至还扛着个老式照相机，在路上，在异乡，寻找着自己的梦想和"影像"。我们游走在城市与道路之间，操着一口变调的普通话或者干脆就是乡村俚语，讲述自己的公路故事。因为，一切都发生在路上，充满着偶然邂逅的惊喜和失之交臂的遗憾，这里既没有歌德成长小说中那种市民之子的坚实成长，也没有诺瓦利斯的反麦斯特小说中对抗功利和世俗的诗意自我，我们的寻找充满变幻、偶然和徒劳。寻找在“找到”之前都被冠以“歧途”之名，但歧途构成了唯一的道路。路上的生活是逃逸，过渡，又是暂时的寄居，不断面对着未知。置身其中的人无法洞悉自己的前景，而只能从后视镜观看所经过的路途。对固定意义和支点的孜孜以求不是出于偏执和妄想，就是出于懒惰。“在路上”体现在我们的脑海里，早已超出了“高速公路”本身的情感范畴，而上升到一种精神诉求。

这个时候，城市的现实越是让我们觉得杂乱、陌生、充满威胁，甚至充斥着缺乏人情味的苍白影像，我们想象中对那个亲密无间、井然有序的神秘之城的影像就越是鲜明、强烈，而这些想象都来自意义之域或思想之镜。然而，真相常常让人不快——粗制滥造的建筑、生搬硬套的人造风景、露骨轻浮的广告语充斥着这个城市，而这都是互联网时代、后现代社会的表征。人人都说自己爱城市，但有时需要离开它，从远处观望，了解自己为什么喜欢或迷恋它。在自我中寻找他者，在他者身上寻找自我。城市中荒芜的角落，乡野中亢奋的霓虹，这些构成人生旅途中的陌生化手法，一种反思和反讽的语言。

在行走的路上，我们常常以一种微微激动、又微微伤感的情绪来打量着一座城市：高架桥、夜间的车河、满怀心事匆匆走着的行人、大幅广告和招贴画、天空中像梦游一样缓慢飞行的气球飞艇……城市镜头总是显得有一种距离感，这是由一种内心的复杂情愫所造成的，既不能投入，也不能超然，悬置在那里，茫然而凄惶；这就像面对一种情感，不知道如何定义，是喜欢吗？但不像喜欢那么轻松；是爱吗？为什么又没有幸福的感觉；这里面为什么还一直伴随着一种深深的疲倦？

这就是城市小调。因为不停地奔走，像没有脚的鸟一样，从这个城市飞到另一个城市。于是很困惑，总是忍不住自言自语：“我是哪里人？我出生在衡阳，求学在长沙，工作在上海。我喜欢这三个城市。我是衡阳人、长沙人，也是上海人……至于我到过的城市，那就太多太多了。感谢纵横交织的交通网，这些年来，我不停地行走在各个城市之间。但是我对城市的感觉越来越模糊。相反，对儿时乡村的记忆却一天天清晰起来。我曾经羞于谈及自己的乡村，觉得那是一个落后的地方，一个很愚昧的地方。可是，我可以忘记我的出身，但忘不了家乡的井水，忘不了那一只到池塘去捕鱼回来的小狗……”

其实，当城市小调唱得越来越轻松的时候，内心却变得越来越不安，有一种情感从骨子流出来，不小心就湿润了乡村俚语。于是，这样的文字便如此这般地从报纸的副刊悄然无息地走进人们的视野，散发着油菜花一样的馨香——

哦，是的。我爱唱的就是这种乡村俚语。沿着一条条公路，从城里返回到故乡，我的心全部沉浸在乡土的情怀里。家乡那清新亮丽的鸟语，那碧绿丛中飞跃出来的砍桑斧声，妈妈充满亲情的呼唤，一次次在梦中响起。

我不讳言自己就出生在偏僻的乡村，是在捏泥巴、过家家中长大的。虽然如今求学在城里，但我的心一直没有离开乡村。我敢说：不管将来身在冰封雪盖的胶东大地，还是在翠竹摇曳的江南水乡，乡村俚语，山野密林，鸡鸣狗叫，永远是闪亮在我心头的星辰。

难忘清晨袅袅炊烟和着薄雾，松针的香气四溢，鸟儿从一个枝头飞到另一个枝头，梧桐叶在微风中轻摆。落日沉下连绵不断的屋顶时，似乎碰响了夜色，溅起了满天的彩霞。

故乡的一山一水、一草一木、一朵云一尾燕永远是那么亲切、温馨。四季的景色更是美不胜收：春天的青草、夏天的绿荷、秋天的白云、冬天的飞雪，一切都是那么美。特别是冬日的阳光，总是在迷茫的晨雾中铺开，那是一份没有喧哗的光和热，更是一份宁静和淡远。

我站在异乡的土地上，仍然会感到空间的充实，因为有母亲的声音从遥远的地方传来，于是春凝缩为花，秋凝缩为果。村头上，我最亲爱的娘啊，手搭凉棚儿，眯起眼的那束光细腻而坚硬，能穿过城里的墙壁、树木和钢筋水泥，让身在千里之外的女儿的身影印在你心上。

我取一根发丝，借灯光的眼，察看你是怎样在时间的末端，听我的呼唤。窗外是雨雪云烟，远方是浪拍冰山，但总是隔着我的呼声，穿过发根的隧道，猛拍我的心壁，划出血印道道。前一脚鞋已湿了，后一脚还没晒干，用土话俚语堆砌的情字，太多，太滥，我用双臂抱起来，一次次将其拧干。

故乡啊，你是我永恒的梦幻。纵使梦过千年，我仍然为你保存一颗最真挚的心，为你唱响那古老的歌谣。①

这样的乡村小调虽然有些稚嫩，可也令人怦然心动。而最最动人的则是那将城市小调和乡村俚语结合得近乎完美的吉他独奏——

我猜那是一个平常的早晨，一个臃肿的家庭农场主的妻子一觉醒来时，突然发现挤奶的时间过了，她像往常一样来不及梳洗打扮，穿着邋遢不堪满是褶皱的睡衣，睡眼惺忪蓬头垢面，一面用乡村俚语骂着粗话，一面拎着奶桶直奔牛棚而去。

而这一切正好被一个路过的城里的贵族小姐看见了。对于一个一向循规蹈矩的贵族小姐来说，一个衣衫不整云鬓散乱的乡村健妇不但是一种极为动人的乡村风景，更是一种对于她习以为常的规矩反叛的诱惑，特别是农妇身上睡衣的柔软纷乱，成为随后一段时间里她心里的怀念。

于是，几天之后的一个雨后黄昏，一座小城的街道上出现了一个穿着睡衣款款而行的美女，而这个小城的妇人们在穿着打扮上一向是唯美女马首是瞻的，两三天之内，小城的所有女人纷纷把自己的睡衣堂而皇之地穿上了街头。

我是一个在最热的夏天里也不会穿着拖鞋出门的人。所以我一直以为睡衣就是睡衣——如同我不能把中午12点以后吃的饭叫作早餐，即使我的确是刚刚起来，或者即使我的确是按照早餐的标准样式吃的豆浆油条或者面包牛奶。

几年前，一个年轻漂亮的女大学生刚毕业分配到我单位，头儿让我领她熟悉工作环境，我们便约好晚上吃完饭我去找她。大概习惯了当学生的时候女生宿舍楼不会有男生去，我去的时候她的宿舍敞着门，我在门口还是看见了她只穿着最少的睡衣的背影。虽然自始至终我们之间没有发生过任何一点温暖或者暧昧的故事，但是直到我离开那个单位，我都在各种场合对她特别

---

① 王树萍．乡恋[N]．淮阴师院报，2002-5-15(4)．

照顾。

一个让我看见她睡衣的女人，如果不是亲人，至少也该是近似于亲人的关系，一种无形之中的亲近让我居然有了一种厚颜无耻的责无旁贷的错觉，那架势有点像旧时代的女人，一旦与某个男人有了肌肤之亲之后就可以理直气壮地说："我已经是你的人了，你可不能不要我了。"

曾经答应过送给爱人一套红色的内衣，当然是那种纯粹意义上的内衣。可是她说她只在家里穿，只穿给我看，在外面不好意思穿，因为红色会透过其他颜色的外衣，让别人看见的。这句话让我感动了很多年。

郑在说："这话我只对你一个人说了，可千万别告诉别人"——当你知道这句话他还对另一个人甚至更多人这样说过，你还敢把他当朋友吗？[①]

城市小调是那么令人心动，乡村俚语却是那么令人挂肚牵肠。一条条公路将城市小调和乡村俚语友好地串联起来，无论是旅途漂泊的人，还是心灵的流放者，只要你还在人生的途中行走，只要你还对未来的一切抱有信心，城市小调就不会发黄，乡村俚语也不会变色。特别是当你年老的时候，看着夕阳西下，红叶轻落，轻抚自己的满鬓白发，在喧闹的城市，那一碗装满乡愁的老酒将会叫你一醉再醉……

二、欲望链条上的价值悖论

灯光，美酒，红楼，旧梦。欲望猛如虎，在城市的街口，在乡村的山脚旁，在每个人的骨子里，它在咆哮，在嚎叫，在呐喊，在有意无意地冲撞一切。在生产力极速提高的现代社会，人们无止境的欲望一延再延，一伸再伸。一朵玫瑰花，一杯葡萄酒，一枚白金戒指，都是一种欲望的呈现。欲望有低俗的，有高尚的，但却不能用价值来量化，更不能用价值来比较。

现在生活中，我们常常面临这样的困境：钻石极其昂贵，但在过去的很长时间它只能作为装饰品；水很便宜，但却是生活中必不可少的。对于这个

① 老刀. 风月：我的内衣只让你看[N]. 羊城晚报，2003-7-31.

相当困扰的价值悖论，你是怎样解释的呢？

按照丹尼尔·贝尔的观点，人的欲望分为需求(needs)和欲求(wants)两种。前者是为了保证生存和繁衍而产生的生理性要求，后者则是为了满足自我兴趣、癖好等而产生的心理需要。前者是有限度的，后者则是无止境的。①

不过，欲望之链是失衡的，其价值天平常常存在矛盾。比如，那些煽情的、大众化的、有一些甚至是低俗的图书比许多花了一辈子心血写出来的著作要好卖得多。就像多少年前人们听到的“搞原子弹的收入低于卖茶叶蛋的”这样的顺口溜一样，这种价值的失衡在消费社会里无法避免。一个歌星往台上一站，几分钟的收入超过一个教授站在讲台上一辈子收入的总和。这种现实刺激着那些走进烟花巷陌的女子，形成一种恶性循环：既然身体可以让她在短时间内轻松地富裕起来，她还有什么理由拒绝呢？

“我一个小时挣得的钱比我一个月辛辛苦苦给人家刷盘子、受人家的歧视和吆喝所得到的报酬要多得多，我为什么不去做呢？”这是一个卖淫的女孩面对公安人员审讯时坦然说出的内心话。“何况，给人家打工，要是碰上一个坏心眼的老板，他强奸你还叫你把眼泪往肚子里咽。这种事情在我认识的姐妹中就有好几桩。谁去为她们讨回公道？”

的确，这是一个深层次的社会问题。人们很难相信，在公路上繁忙运输的公交车或其他交通工具上，除了正常的货物运输之外，或许还有毒品、罪恶的运输，还有一个个年轻但无助女子梦想的运输。从一个城市到另一个城市，从一个地方到另一个地方，每一天都有欲望膨胀和悲喜交加的故事发生。

正如有学者指出的那样，转型期间的都市里，贪官污吏“权钱勾结”“权色交易”的现象绝不是个别的，而是以不同的方式存在于大大小小的城市里，它像一朵妖媚的“恶之花”，展示了世俗生活病态和奢靡的一幕，也让世人看到了权力、金钱、情色这一环环紧扣的欲望链条，从有形的价值尺度到无形的价值判断，揭示了亟待修补的机制漏洞和人性弊端。

原因在于，在工业化发展和经济转型过程中，物欲至上的观念传遍整个

① 丹尼尔·贝尔. 资本主义文化矛盾[M]. 蒲隆，赵一凡，任晓晋，译. 北京：三联书店，1989.

社会，它通过人对人的不断示范以及大众传媒“和风细雨”般的浸润，将人的欲望纳入循环往复的“生产—消费”体系中，在这种潜移默化的熏陶中，每个个体的心灵都主动自觉地把对物欲的追求当作人生的最高价值，人们陷入普遍的异化状态却还乐此不疲，这就是弗洛伊德所定义的人的“虚假欲望”。[①]

在此基础上，弗洛伊德通过对精神病患者的研究，提出无意识存在的假设(即本能理论)，认为，“本能不仅主宰生命的发展”，而且，“本能是人的一切行为的终极根源”。[②] 精神的职能不过是把本能冲动(欲望)翻译过来，用语言形式连接它们，自觉或不自觉地操纵它们使之适应外部世界的对象。但是，精神并不是本能冲动的忠实仆人，也不是把本能刺激与机体反应联系起来的自动机，它是既实现也改造各种本能的刺激。

根据弗洛伊德的人格结构说，人格组织由本我、自我和超我构成。本我代表人的原始本能和情欲，属于无意识阶段；自我代表人的常识和理性，力求使本我的欲望适应外界的需要。如果说，本我服从“快乐原则”，自我则服从“现实原则”。超我则代表自我理想和内化了的社会伦理原则，它是行为的严格监督者，具有父母般的权威力量。[③]

欲望膨胀是超我能力的丧失。弗洛伊德认为，无意识是原始的、决定性的、盲目的和强有力的，前意识和意识只是对无意识执行不力的监督者和防范者。无意识是各种与生俱来的本能欲望、幼年时期心灵创伤等汇在一起的大杂烩。文明的进步是以人格的压抑和升华得以实现的，历史上的各种文化现象不过是个人神经病症状的集体补充物，比如，宗教就是一种“集体神经官能症”的表现。[④]

同时，文化作为调节个人与社会冲突的手段具有两重性：一方面，文化是对各种本能欲望的压抑和外在的限制；另一方面，它是对原始情欲的发泄(经过伪装)或者是代替的满足(经过升华作用)。文化的双重性决定了它的

---

① 马尔库塞. 爱欲与文明[M]. 黄勇，薛民，译. 上海：上海译文出版社，2005.

② 约翰・斯道雷. 文化理论与大众文化导论[M]. 常江，译. 北京：北京大学出版社，2015.

③ 西格蒙德・弗洛伊德. 自我与本我[M]. 林尘，张唤民，陈伟奇，译. 上海：上海译文出版社，2011.

④ 西格蒙德・弗洛伊德. 文明及其不满[M]. 金学勤，译. 上海：上海外语教育出版社，2003.

四种职能：一、文化作为伦理道德、风俗习惯和法律，它把各种“禁忌”内化于“超我”之中，用良心谴责、忏悔等方法让人接受社会的规范和纪律。二、文化作为文学艺术和人类理想，它为个人提供种种自我陶醉的满足，使人们面对自然和动物时感到一种优越性。三、文化作为宗教神话，它以一种替代性的满足给人找到一处人生的目标，并使人处于对某个庇护力量的依赖状态，从而不能自己拯救自己。四、文化作为科学认识，它力图对各种自然的或超自然的现象作出解释，以证明社会的性压抑和控制本能满足的合理性。①

高速发展的交通工具把潜伏在人们心中压抑已久的潘多拉的盒子打开了，魔鬼一旦出场，就不会乖乖地返回盒内。因此，如果没有信仰，没有文明的熏陶，没有自制力，那么，人们就很容易被欲望左右。一个被欲望左右了的人是十分可怕的。欲望既可以推动人们前进，也可以毁灭一个人的生命。这种状态犹如高速公路本身：一方面，它可以给人们提供方便、速度和捷径，可以让欲望得到一定程度的满足；另一方面它也危机四伏，一不小心就有可能车毁人亡，使欲望连同欲望的主体都成为一片云烟。

这不是危言耸听，而是事实，是消费时代有些尴尬的生存境况。

这种境况有如这个著名的陈述：“如果我告诉你说我是一个说谎者，我就制造了一个永恒的逻辑上的矛盾。如果这是真话，那事实就是假的，我怎么能是说谎者呢？如果这是假话，我不是一个说谎者，那么，我说‘我是一个说谎者’这话又是真的，我是在说谎了。这种尴尬的不可决定性只有当这句关于我自己的话和说这话的时刻在时间上分开来后才会停止，这样，说这句话的时候我才不再是一个说谎者：‘有时候我说谎’或‘我曾经经常说谎’，这在逻辑上是完全讲得通的，因为这两句话把叙述者的可靠性和被叙述内容的不可靠性分开来了，即使这二者就是同一个人也如此。实际的矛盾通过将过去的‘我’与此时的‘我’分离开来而迎刃而解……在心理分析中，叙事的作用之一就是制造这种分裂。心理分析就是对自我的叙述。”②

总之，欲望是火，可以照亮黑夜，也可以焚烧毁灭；欲望是河，可以滋润

① 欧阳谦．人的主体性和人的解放［M］．济南：山东文艺出版社，1986.

② 柯里．后现代叙事理论［M］．宁一中，译．北京：北京大学出版社，2003.

大地，也可以淹没生命；欲望是刀，可以护卫自己，也可以伤害自己。而欲望链条上的价值悖论使精神走向变得模糊而游离，忽上忽下，忽左忽右，难以控制。正因为此，每一个人在人生的道路上一定小心又小心，千万不要成为欲望的俘虏，使自己的人生之途成为充满危险的灰色之旅……

三、双重视域中的文化震撼

人们从一个地方游历到另一个地方，由飞机、渡轮、轻轨电车、高铁和高速公路组成的现代交通网络为出行带来了便捷。一个昨天还在都市里忙于上班的白领，一不小心就从人们熟悉的视线里消失了。但几天之后她又活蹦乱跳地回公司，她告诉你，她去了一趟尼泊尔，在那神秘的国度里，她与当地人过上了几天完全不同于她现在生活的日子。对于她的这种说法，你一点也不要觉得惊奇。

因为，只要你有远行的想法，只要你有足够的钱（这似乎也并不需要太多的钱），你完全可以去越南、韩国或柬埔寨的什么山村，与当地人亲密接触，感受一种深度的文化震撼。

无疑，初到异族他乡，面对语言、食品、服装、宗教、习俗、地貌的不同，你难免不会引起心理上的震撼。对于短期的旅行者来讲，西方人来到东方不免会为这里的寺院庙宇、香火纸钱、古老遗迹和雕梁画栋感到震撼，而东方人到了西方也不禁要为那里肃穆的教堂、雄伟的神庙和四处可见的行为艺术感到震撼。

人之所以有震撼，就是因为人像计算机一样，固有的程序是在一定文化条件和教育背景下，由无数的假设和价值取舍来完成的。文化环境和教育背景改变了，别的族群的价值和自己的不一样，固有的程序就会受到挑战。一个人不可能抹去自己成长的记忆，也不可能改变一个新的文化环境，而只能改变自己。

“文化就像风一样，看不见摸不着，但人们必须在文化中生存。文化决定了人的价值、期望、假设和行为。”这是一位南美人士的话。

正如有人指出的那样，文化震撼不仅体现在饮食、风俗和肢体语言上，也体现在更广泛的认知层面上。比如，时间和效率的概念对“第三世界”的人和“第一世界”世界的人就不大一样。无论是巴西人到了日本、印度人到了英国，还是南美人到了美国，都会感到准确时间所带来的压力。美国人在一个时间里可能只做一件事情，墨西哥人则可能做很多事情；一个美国人到某个亚洲国家工作，可能发现他的时间表完全是一张废纸；严谨的德国人遇到松散的巴西人，也可能一筹莫展；新西兰人到拉丁美洲经商则需要格外地有耐心。

文化震撼的体验有时是愉快的惊讶、有益的冒险。但这种情况毕竟是少数，更多的则是轻度的失望、心理上的不协调，有时则产生严重的挫折感。我们不要因此而走向文化的极端，也不要因此而退回到出生地的“童真”。寻找不同文化间的平衡、保持个人的弹性、不断进行深入的交流——尽管老生常谈，却依然是最有效的方法。

有些人一辈子没有走出过三公里外的地方，比如中国不少的农村老妪，她们从生到死，生活的半径就在方圆几公里的区域，但她们也生活得充实而满足，尽管不乏沉重的体力活和艰难的处境。这是因为人们对幸福观的看法不尽相同。事实上，这些农村老妪对生活的要求特别低，有吃有喝，家人平安，就是最大的幸福了。她们甚至对外面的世界怀着某种恐惧心理。一些跳出农门的大学生在城里安家立命后，总希望把自己的老父老母接进城里来住些日子，以尽孝道，但老人家们对城里的生活压根儿就不习惯。他们愿意在自己的家乡自由自在地生活，说着浓浓的家乡话，跟周围三公里内的任何人都能自由地交流、沟通，这样多好。

因此，从双重视域来看，文化震撼不仅表现在异国他乡者的感受上，也产生在城乡之间的居民生活里。城里人认为乡村生活是一个童话，哪怕是一个有点灰色的童话；乡里人也认为城市生活是一个童话，尽管这个童话也夹杂了他们对城里人虚荣心和格式化生活的鄙视。

说到童话，我们可以从文化研究的角度来开展进一步的分析。在童话里，外部事件通过童话故事的情节被内化了，以故事中的人物和事件映射特定的现实现象，因而变得通俗易懂。佛教禅宗的经书中就有许多这样的典故，面对俗世生活中出现的种种抉择难题，大师以构造各种形式的童话的方式为迷惘的人提供方向。人们希望，通过对故事和隐喻的仔细思考，受到困扰的人既能够看到他正身处的困境的本质，又可以看到解决问题的可能性。

不过，城市作为乡下人眼中的童话，或者乡村作为城里人眼中的童话，在目前的形势下，我们还没有看到破解童话中所造成的文化震撼的可能性。这种状况在美国也存在。一个典型的例子是，当年《星球大战》改编成广播剧在全美播出后造成了巨大的恐慌："在广播远未结束之前，许多美国人就已经在祈祷、哭叫、紧张万分地四处奔逃，以逃避火星人带来的死亡。有些人跑去救心爱的人。其他人打电话道别或发出警告，匆匆通知邻居，从报纸或广播寻求信息，叫来救护车和警车。至少有六百万人收听了这一广播。至少有一百万人受到了惊吓，或感到了不安。"

为什么会这样，为什么一向以个人英雄主义为激情叙事的国度里的公民变得如此脆弱了？原因在于，这出广播剧所造成的恐慌与"大众之中潜在的"焦虑和恐惧有密切联系；广播剧只是激活了这种潜在的焦虑，就像一根火柴引爆了待爆的炸弹一样。①

换句话说，对美国人而言，他们明白广播剧表现的虽然只是一个童话，但如果政治疯子头脑发热的话，童话里的世界立刻就能变成现实。特别是经历了"9・11"恐怖事件后的美国人，在他们看来，世界上任何事情都有可能发生，星球大战也不例外。

相反，这样的情景在中国不会出现。中国没有美国人的生活体验，没有美国人那样的文化背景。中国人也喜欢看《星球大战》，但人们看这部电视剧或电影时，不会像美国人那样惊恐不安，他们就像看《西游记》里的孙悟空大闹天宫一样，觉得不过是逗大家开开心罢了，事情不会真的发生。他们更羡慕的是美国人的富足，就像今天的北京少数人的富足一样，这才是实实在在发生在生活中的。

比如，北京的会所就是这样。这些会所可真正称得上是富人云集的地方。会所在功能和设施标准上类似五星级酒店，但它与酒店最大的区别有两点：第一，酒店的客人对象是开放式的，而会所的客人必须取得会员资格，

---

① 柏格. 通俗文化、媒介和日常生活中的叙事[M]. 姚媛，译. 南京：南京大学出版社，2000.

所以相对限定；第二，酒店为客人提供的是标准化的服务，而会所给会员带来的更多的是个性化的服务和强烈的圈子归属感。

说到北京的会所，就不能不提到京城著名的长安俱乐部，这家俱乐部毗邻天安门广场、王府井商业街，占地面积8000平方米。长安俱乐部成立于1996年，由亚洲联谊国际股份有限公司监督管理，亚洲联谊国际股份有限公司的总部设在香港，旗下拥有多家尊贵豪华的私人会所。

但是，这些豪华的地方，对于中国农村的不少人来说，又觉得是不可思议的，是现实生活中难以存在的事实。至少，一辈子的生活半径在三公里范围的老妪就是这么看的。可见，同一件事，同一个叙事对象，只要认识程度不同，只要文化背景不同，只要教育差异存在，心里的震撼就会发生。任何试图将两者整齐划一的想法和做法都是徒劳的，也是无益的。

事实上，在全球化语境下，在更为广泛的文化领域里，我们应当用“双重时间”或“双重视域”来对人民的生活进行思考。“人民”二字是一个民族主义教学的历史“客体”，它们赋予基于事前给予的或构成性的历史本源或事件的话语以权威；“人民”二字同时也是意义产生过程中的“主体”，在赋予意义的过程中必须抹去有关民族/人民的一切先验的、原初的存在痕迹，以显示出作为那个连续过程的关于“人民”的奇妙而活生生的原则，凭借这一原则，民族生活得以履行，并表示为一个重复的与再生的过程。日常生活中的碎布破片必须要一次次地转变为民族文化的符号，而叙事行为本身则对民族主体不断扩大的圈子提出质疑。

詹明信指出，我们整个社会的体系已经开始渐渐丧失保留它的过去的能力，开始生存在一个永恒的当下和一个永恒的转变之中。这种变化是会把从前各种社会动态保存下来的传统抹掉的。后现代社会把双重视域的文化震撼用无形之手拉长放大，犹如媒体效应一样。事实上，新闻媒体的作用就是把新近的历史经验迅速放大，并使之成为过去，越快越好。因此，他认为新闻媒体功能就是“帮助我们忘记现在”以及建立一个“永恒的现在”①，这是一个事情的两个方面，或双重视域。

---

① 詹明信. 晚期资本主义的文化逻辑[M]. 陈清桥，等，译. 北京：三联书店，1997.

进而言之：将事件迅速沦为过去的现象——或对当前事件的迫不及待的叙述，或是将一切匆匆赶向过去，哪怕这些事件正在发生着——分析为逃离现在，也许更令人信服。这样做倒也成了一种记忆与收集存档的方式。它实际上以历史的自我意识取代了经验的现在时态。它意味着一个人就是一种叙事，或者说一个人就是历史叙事的一部分，因此对现在的体验就像它是早已在回顾中被叙述了似的。这一叙事意识就是“选择性遗忘”而不是“记忆缺失”，这在媒体资本主义时代尤其显而易见：新闻选择的故事是那些值得讲述的，而别的故事则弃之不用，这些故事的集体意识就以叙事的形式集合了社会的生活经验。这些经验又会在媒体中以叙事的形式得以表现。①

文化震撼很大程度上依赖于这些新闻事件给人们心灵所造成的影响。全球化从商业上、文化上、精神上和社会习俗上把东部和西部连接起来，而在高速公路出现之前，地理上的连接原本就是在一起的，东部和西部这两者是一个整体。但是，有了高速公路，东部和西部的社区变得更为活跃，其文化震撼也比以往任何时候都更为显著。但中国的西部与美国的西部又有着明显的不同，电影中的美国与现实中的美国又有较大的差别。

没有谁能够忘记自己的身份，无论你去了东京、纽约，还是上海、巴黎，你表面上的身份也许随时都在变化，比如，你以学者身份访问纽约，以作家身份讲学东京，以商人身份游走上海，以游人身份饱览巴黎，但是你骨子里和血液里，有一样东西是永久不会改变的，那就是你是一个黄皮肤、黑头发的中国人。

如果是风，你会向往森林；如果是水，你会向往大海。全球化时代，双重视域中的文化震撼不在别的时候、别的地方，而是在夜深人静、在你的灵魂深处。

---

① 柯里. 后现代叙事理论[M]. 宁一中，译. 北京：北京大学出版社，2003.

四、文化与技术握手言欢

如果把文化比作一壶茶，那么技术便是煮茶、饮茶的器皿。在互联网时代，文化与技术从未像今天一样水乳交融、密不可分：品茶可能也是品茶器，品茶器也是在品茶。

有人从文化研究的视角提出技术也具有文化那样的层次结构，包括器物层、制度层和观念层。其中，由工具、机器、手段组成的“物化技术”属于器物层，体现技术生产关系的技术发展模式属于制度层，而由特定技术展现出来的意识形态则属于观念层。器物层是技术的基础，制度层和观念层显示出一个民族的知识水准、风俗习惯、价值观念和伦理特征。

因此，技术和文化相辅相成，密不可分。文化器物几乎就是物化了的技术或技术的产物；现代意义上的文化制度与价值理念则在一定意义上是以技术手段或技术关系和技术理性为基础衍生及升华的结果。

从这个意义上，海德格尔所说的现代技术构造与支配文化的观点以及前文所述的关于“文化与技术同构”的观点倒是可以理解的。在技术视野中，现代乃至后现代社会的文化在很大程度上是依靠技术塑造出来的，离开了技术，文化就失去了坚硬的骨骼(表现在器物、制度层上)，失去了“理性之光”(表现在观念层上)。

器物层上的技术，作为人类认识与改造自然的物质手段，具有效用性、中立性等自然属性，因此它几乎被一切时代、一切民族所认同、追求和应用，也即具有超时代性、超区域性和超民族性的特征。但制度层和观念层上的技术，会因为时代背景、区域与民族发展阶段的不同而表现出社会属性的差异，因此它也具有时代性、区域性和民族性。这一看似矛盾的观点实际上体现了技术与社会的辩证关系。

同理，作为器物的文化也具备自身的自然属性，表现为凝结在人类生产过程中的物化精神结晶，根源于生存、繁衍等的自然属性使文化具备超时代性、超区域性和超民族性的特征，所以我们看到生殖崇拜几乎存在于每一个原始部落。而文化在制度层和观念层上表现出来的社会属性，则更是不言而喻的。文化本身便是社会的产物，自然会受限于特定时代、社会而表现出不同的文化制度和文化意识形态。近几十年来，关于文化地理学的研究方兴未艾，越来越多的学者认为文化不可避免地受到所在区域的地理环境所影响，就好比北人以面食为主食、南人以米饭为主食，华裔学者段义孚把这个现象亲切地比喻为“恋地情结”①。总而言之，文化也具有时代性、区域性和民族性的特征。

不过，无论技术理性达到怎样的高度，人文精神所张扬的自我意识和自主精神总是在黑夜中发出闪耀的光芒。高速公路的路面技术含量越来越高，在高速公路上行驶的车辆的技术指数也越来越高，然而，主宰着这一切的还是人。作为文而化之的人这一集合名词，他们对世界的观照总是因自己内心的情感波动、因自己内心的江河大海的变化而变化。给出一种精神气质，给出一个行事的动力，给出一个相爱的理由，给出一个赖以生存的意义之根，这不是单凭技术所能做到的。技术是身体的延伸，说到底，无论技术还是文化，都是人的主体性的反映。

事实上，要给这些精神气质以歌唱的勇气和安静的空间却并不是一件容易的事情。生活中总是有太多的困难阻止着它们的到来。而在这其中，最大的困难莫过于我们自己的冥顽不灵。在很多时候，我们总是面临着一个与我们自身相分离而异在的世界，我们把握不住它们的情感的颤抖，在我们的内心，有许多钢筋水泥的凝块，它们已太久地忘记了如何与大自然的一个声响握手。那盏在童年的夜晚捉蛐蛐用的油灯已然熄灭，我们的灵魂总是在夜晚盲目地睡去。这样，即使我们拼尽了自己的才智与精力，安慰的到来也总是犹犹豫豫，好像一个在你面前虚假应酬的恋人，让你的热情陡然地生出一丝绝望。外在世界的行走总是既复杂又困难，而内在世界却又日益麻木与狭窄，疲惫的肉体端坐在尘世的角落，没有安抚的手，没有文化的脚，没有思想的头脑，人生定然会显得黯淡无光。

我们的尴尬在于，技术越来越发达，而文化越来越浅薄。在机械时代，我们完成了躯体在空间范围内的延伸。今天，经过了一个世纪的网络技术发

---

① 段义孚. 恋地情结：对环境感知、态度与价值[M]. 志丞，刘苏，译. 北京：商务印书馆，2018.

展之后，我们的中枢神经系统又得到了延伸，以至于能拥抱全球，可我们的文化正在走向畸形。爱美之心人皆有之，美容固然无可厚非，但若为了一味迎合恋人的兴趣或追赶时尚潮流而不惜抛弃自己的个性彻底改头换面，传统意义上“出水芙蓉”“惠质兰心”的审美取向就要受到质疑和挑战。

现代旅游业早已将发现新大陆的惊喜延伸到地球的大部分角落，这当然少不了四通八达的高速公路和网络技术的功劳，然而欣欣向荣的业态发展之下却掩盖不了传统文化不断遭受现代化冲击的诸多例证。早年风靡一时的民俗风情园即是当中的典型个案，园区雇佣演员扮演当地的部落居民，每天重复上演神秘、夸张但实际上可能并不存在的节日、仪式、舞蹈，以此满足游客对当地的异质性想象。或许这些节日、仪式、舞蹈多多少少还是与当地的民俗文化有一点联系，但这种表演的举动实质上就是被消费主义收编了的商业行为。在这商业化的过程中，当地居民的生活变成了舞台，民族个性成为表演的戏码，传统文化的神圣与崇高被世俗化了。而真实的生活、个性和文化反而被悬置起来，那是被消费主义故意忽略的东西。

不知道是游客过于聪明以至于一眼就看穿了这种夸张的表演，还是过于善变以至于千篇一律的原始仪式已无法满足旅游的乐趣，民俗风情园的生意一落千丈，取而代之的是各地开始轰轰烈烈投资兴建的文旅小镇等大型文旅综合体。这些文旅综合体把“一条龙服务”做到极致，囊括主题乐园、休闲服务、酒店设施、商业中心等项目，背后均有大型上市公司为其背书。它们不再重复雇佣演员、表演仪式的套路，而是采取“以顾客为中心”的营销理念，提供一应俱全的休闲娱乐活动和各种人性化服务。在杭州，在三亚，在深圳，在中国的许多大城市，这样的文旅综合体比比皆是，而在澳门特别行政区，这样的休闲度假村就有七八个(且还在陆续建设增长中)，简直是遍布了整个小城。站在威尼斯人酒店购物中心人造的蓝天白云之下，人们早已经忘记了时间观念，因为在这一空间里永远都充满早上和煦的阳光、服务小姐甜美的笑容以及 24 小时不打烊的赌场和商铺。

这样赤裸裸的休闲旅游业除了放松人们在高节奏生活里疲惫的肉体，根本上没有什么抚慰心灵的文化可言，而一些以文化为主题的文旅小镇实际上也是对民俗风情园“换汤不换药”的继承。一个相当明显的趋势是，许多文旅小镇都掀起了一股“仿古”的热潮，热衷于把中国传统的审美意象以杂糅式的手法熔于一炉，密集地拼贴出汇集徽派民居、佛教古塔、玻璃吊桥等建筑的符号奇观。而社交媒体的普遍流行也带动了这些文旅小镇刻意营造出奇观的氛围，一个个“网红”景点的推出无非是为了给人们提供拍照的布景。这种文化旅游的浅薄之处在于，这些假古迹、假布景可以被任意复制挪用到任何一个地方，无须顾及建筑整体布局的逻辑和地方历史文化的个性。实际上，这是一种相当公式化、程序化的文化工业手法。这种文化工业手法的可恐性在于，它不仅掏空了地方本身的文化内涵，还硬生生创设了一个完全浮于真实生活之外的虚假时空，这种“无时间的时间”“无空间的空间”之下，是一种没有根基、没有连贯的文化真空。

技术被消费主义俘虏，被人的欲望俘虏，使得文化越品越不是味儿。所以我们看到，技术不断发展的同时，城市的异化也越来越触目惊心！

应当看到，城市异化的原因之一，是人类对于如何利用财富为人类自身服务的认识和研究不够；原因之二，是对建设城市的目的不明确。人类创造城市只是手段，目的是使人更好地生存。但在实践中往往发生这样的情况，城市成为目的，人却成为手段。城市成为一个与人类自身无关系的水泥构筑物，人游离于城市之外。不是人改变城市，而是人去适应城市。

讽刺的是，人建造了城市，反而要受到城市的束缚和制约。人是最习惯和喜爱贴近自然界的动物，可大城市的楼层越来越高，绿地和森林离人越来越远，人与自然的接触机会也越来越少。① 人们走向各个文旅小镇，也只是走进技术森林，文化不过只是其中招徕顾客的标签，其中的含量究竟有多少，只有天知道。

高速公路使机械时代正在退出历史舞台。在机械时代中，许多行动（特别是出行）都会显得瞻前顾后——因而相见的困难刺激了书信的发展，而书信与文化是紧密相连的。当年慢速的运动保准会使行动推迟相当长的时间。可是今天，行动及其反应几乎同时发生。只要想到跟什么朋友相见，买一张车票或者亲自驾车，经过高速公路，立即就能实现。此时，在感觉上，我们

① 纪晓岚．论城市本质[M]．北京：中国社会科学出版社，2002.

似乎生活在神奇的一体化时间之中，可是我们仍然在使用陈旧的、前电子时代那种支离破碎的时间模式和空间模式来思考问题。换句话来说，是我们的心追不上我们的脚步；或者说，是技术的脚步太快，也至于要常常回头寻找我们的心。

那么，我们的心在哪里，我们又要如何找回呢？这里，我将举一个小小的例子。比如，由拉菲尔·莫内欧（Rafael Moneo）设计的阿托卡火车站扩建项目就是这样。阿托卡火车站事实上是个非常好的旧车站，重新装修得非常精美，成为美丽的室内棕榈公园，在车站的封闭空间里，有许多鸟儿飞翔鸣唱。而在一个邻近的结构里，就在这美丽的纪念空间旁边，才是真正的高速铁路车站。

作为文化的寻根者，人们走到假的车站，去寻访它，走过不同的楼层和通道，就好像是去公园或博物馆。再明显不过的讯息是：我们置身公园，而非车站。在旧车站里，林木成长，鸟儿筑巢，历经生命的转型。

高速公路在这个空间里成了突兀的东西。而这也正是每个人在这个世界里自问的事：为什么要有高速公路？它只不过连接了马德里和塞维利亚（Seville），没有连接任何欧洲高速公路网，花了四十亿美金，但人们的心并没有因此而达成共识。而在“假车站”在这样一个简单优雅的设计里，投入不多，只是使每件事物明显可见，就揭露了流动空间断片之一的破镜，恢复了车站的使用价值。

在这里，技术与文化淹没了时间和空间的叙事。卡斯特指出，在这样一个资讯化社会里，流动的空间也可以成为文化创新和知识自主的基础，但其前提条件是根植于地方和人民，否则将不可避免地导致空间的畸形和异化。①换言之，让文化与技术重归于好。

文化是手，技术是脚。手脚相联，心心相印，人与人才能在高速公路上畅快奔驰。

---

① 卡斯特. 信息时代三部曲：经济、社会与文化[M]. 夏铸九，王志弘，译. 北京：社会科学文献出版社，2003.

五、东西交会中的文化考古

文化考古亦即对文化进行一种溯源上的分析。高速公路使人有了更快速、更有序的流动，但也使一些传统的、历史的、民俗的东西慢慢丧失。特别在东西交会的全球化语境下，对这个问题的重视尤有意义。

网上流传的一篇小文颇有意思。该文的作者说他的剃须刀没电了，于是去附近的超市买电池，货架上有四五种品牌，好像都不错，正在犹豫中，突然看到有一种电池的英文品牌叫“Duracell”（中文品牌叫“金霸王”），感觉这个名称很招人喜欢（“dura”表示耐用，“cell”表示电池），于是掏钱买了四节。回家的路上，他一边走，一边想，觉得这个品牌名起得很有学问。

但有一些商品在流向他国时，因为文化习俗不同，商品名称的翻译不到位，结果影响了它们的销售。事实上，中国商品在进入国际市场的过程中，由于物美价廉，受到各国消费者的喜爱。然而，中国商品几乎有一个共同的毛病，那就是英文品牌名起得不好，基本上都是将中文名称直接翻译为英文名称。比如，有一种浙江生产的“金龙”牌儿童自行车，是销往美国的，生产厂商为了省事，没有为这种自行车再起一个英文品牌，而是直接将“金龙”翻译成英文 Gold Dragon，作为商品的品牌。

这样做，表面上看好像没有问题，但是如果上升到文化层面，就会发现有很大的问题。在中国的传统文化中，龙是吉祥的动物，几乎所有中国人都喜欢龙；但在欧美传统文化中，龙却是邪恶的动物，在《英汉词典》中，dragon 除了表示龙之外，还表示凶恶、残暴、严厉的人。美国的父母，肯定不想给他们的孩子买一辆“邪恶的”自行车，因此我说 Gold Dragon 这个品牌名称在文化层面上是失败的，它肯定会影响到这种自行车在美国市场的销量。

文化习俗的不同，对文化的消费和反映也便不同。中国文化，特别是那些传统的文化，国外学者还是十分重视的。例如，费正清就在其自传里引述一句戏言：“地域研究好像有一种感染的力量，研究者在不知不觉之间便沾上他所研究的那个地域的人的特性了。”20 世纪 50 年代末，费正清研究中心的收发柜有两个文件盒子，上面分别写着“上谕”和“奏章”的中文字。凡是由费正清发出去的文件叫“上谕”，凡是收进来的则叫“奏章”。创办人兼中心主任费正清颇有一点“中国皇帝”的味道了。

余英时对此的评论是：“这当然是开玩笑的举动……但多少也反映了一些地区研究的感染力吧。”①中国古老文化，尤其是皇帝自恋式的满足感由此可见一斑。

如果说，西方人崇尚自由，认为那是人的天性——像上面所讲的费正清也许只是天性好玩，他觉得要尝试一下当中国皇帝的味道，这是他的自由，至于他所做的是不是真正意义上的中国式的那又另当别论。实际上，相比于个人自由，中国人似乎更追求和谐——道教就十分强调阴阳调和的重要性，比如认为，男女之间性与情的和谐便是符合天道的。

前面提到，从文化考古上分析，中国人对平等概念的认识可以追溯到春秋战国时期，而在大约同一时期的古希腊，尽管柏拉图、亚里士多德等哲人都涉及了对平等的讨论，但却与同时期的中国人给出了截然不同的看法。那么我们不禁要问，为什么专制的封建王朝可以在中国存在达两千年之久，而在西方，却诞生了“天赋人权”的民主政治理念呢？

可以这样说，中国人强调的平等是描述性的，其注意力集中于人生下来的状况，集中于从理论上来说是经验性的属性上。这种思想暗示着国家应该维持适当的环境，好让每一个人都能合乎道德地发展，但是对于成年人应该得到何种待遇，却什么也没有说。这种平等观念与社会政治权力不平等的观念没有直接冲突，与特权思想或制度没有不一致之处，特权可以并应该给那些道德上卓越的人。

而西方近代的平等的观念，主要是评价性的平等观念逐步发展起来，基督教的改革运动产生了一个新的观念，那就是在上帝眼里，“所有的人都是平等地创造出来的”。这里不是讲的自然属性，而是强调他们在上帝眼里都有平等的价值，因而没有人一生下来就具有统治他人的权力。

伴随着这种观点而来的是一种程序上的要求，即如果一个人不能给别人

---

① 傅伟动，周阳山．西方汉学家论中国［M］．台北：正中书局，1993.

一个平等的待遇，或者不承认别人的平等权利，他就应该给出理由。① 相反，当平等只在描述性的意义上被使用时，就隐含着一种追求实体平等的文化取向。

我们知道，中国儒学有“吾一日三省吾身”之说，但那是一种“慎独”功夫，是不能将个人隐私或家丑张扬于大庭广众之下的。儒家演变到儒教的忠、信，是对现实中的人忠和信。孝，是对长辈现实生活的承担。仁，是尊重和关爱现实当中的一切人。贞，表面上好像是要求女人忠于死去的丈夫，其实是男人对现实中的肉欲生活的持久独占的哀求，这种“贞”的观念是宋以后才塞进儒教系统的，是礼下庶人的新理性，与世俗精神有冲突，所以经常成为嘲笑的对象。礼、义、廉、耻、忠、信、恕、仁、孝、悌、贞、节……一路数下来，从观念到行为，无不是为维持世俗社会的安定团结。②

而大作家歌德则认为：“在这个世界上，有两种和平的力量，即，义和礼。”这里所说的义与礼，实际上就是孔子赋予我们中国人以德律己的文化精华。希伯来文明曾授予过欧洲人以“义”的知识，但没有授予“礼”；希腊文明曾给过欧洲人以“礼”的知识，但未兼及“义”；而中国文明，其教化是“礼”“义”并重的。欧洲宗教教人们要“做一个好人”；而中国的宗教（四书五经）教人们“做一个识礼的好人”。基督教叫人“爱人”，而孔子则叫人“爱之以礼”。

辜鸿铭将这种礼义并重的宗教称之为良民宗教。中国的良民宗教第一句话就是，“人之初，性本善”③。

也就是说，欧洲的宗教教人们做一个善良的（个）人，儒教则教导人们做一个善良的公民。基督教的教义是这样发问：人的主要目的是什么？而儒教教义却是这般提醒：公民的主要目的是什么？儒教认为作为个人，他的生活与他人及国家密切相关。关于人生的目的，基督教的答案是“给上帝增光”。儒教则认为人生的主要目的，是做一个孝顺的儿子和善良的公民。欧洲人的

---

① 傅伟动，周阳山．西方汉学家论中国［M］．台北：正中书局，1993.

② 阿城．闲话闲说——中国世俗与中国小说［M］．北京：作家出版社，1997.

③ 辜鸿铭．中国人的精神［M］．海口：海南出版社，1996.

宗教会这么说，“如果你信教，你就会成为一个圣徒、一个佛陀和天使”。而儒教则说，“如果你能够像孝顺的儿子和善良的臣民那样生活，你就入了教”。两者真正的不同在于，一个是个人的宗教或称教堂宗教，一个则是社会的宗教或称国教。[①]

在西方，对一个人的尊重是对他个人权利的尊重；在东方，对一个人的称颂则是对他为集体作出的贡献而嘉许。在这里，我们看到的不仅是一种东西文化的强烈反差，而且价值取向也有着明显的不同。高速公路时代知识的分散性、多样性和易变性，决定了没有任何一个机构或头脑能够完全掌控它们。为了让每个人的知识都能服务于社会，只有依靠市场这一魔方去收集信息，自发地形成一种内在的调控制度。

在这种制度下，个人的知识不但得到充分利用，而且使参与协作的社会各成员之间在天赋、技术和趣味上扩大了差异，增强了合作的群体力量，使它超出了个人努力的总和。这样，以分工为特征的人类生活的多样性与使它得以存在的秩序之间有一促良性的互动关系，即哈耶克说的“发展秩序”的精髓：“秩序的重要性和价值会随着构成因素多样性的发展而增加，而更大的秩序又会提高多样性的价值，由此使人类合作秩序的扩展变得无限广阔。”[②]

随着高速公路的无限延展，东西文明注定在时代的十字路口“狭路相逢”。尤其在当今变化莫测的后新时代，东西文明在面对席卷全球的政治事件或自然灾害之时，都各自做出了不同的选择。实际上，来自全球不同国家的研究者都为寻求跨文化交流与合作的秩序与机制进行了大量有益的探索，但是，选择对峙、碰撞，抑或选择合作共赢，首要的还是对共同目标的认同理念，以及对合作互信的真诚心态。中国有句古话叫“当局者迷，旁观者清”，或许跳出这一在十字路口疯狂鸣笛、各不相让的局面，以站在地球之外的宇宙深处掏出观察的放大镜，不同肤色的人类都只是地球上的一种物种而已。人类是在同一艘方舟上的命运共同体，只有认识了这一点，才有可能跳出历史上东西方不断争锋的循环。

① 辜鸿铭. 中国人的精神[M]. 海口：海南出版社，1996.

② 冯克利. 哈耶克的知识论与权力限制[J]. 天涯，2000(4).

六、马太效应与蔚蓝色文明

技术革命使财富重新聚积和分配，而越是有钱人所聚积的财富越多，越是穷困的人连最初自己所有的财富（如质朴的美德等）都将被剥夺。这就是马太效应的意蕴所在。有钱的人，他们的孩子所获得的教育和工作的机会也显然高于穷人家的孩子。他们掌握着话语权和政策制订权，他们会有意识地使利益倾向于自己的集团。

转型时期中国贫富的巨大差距使马太效应演绎得令人尴尬。当一个又一个以土地为命根子的农民在失去土地后来到城里因找不到合适的工作而沦为乞丐的时候，在北京长安俱乐部的大堂里，却有一座硕大的“金銮殿”，看上去跟故宫里的“金銮殿”没有两样，让人感到内含的东方古蕴。

如果你有雅致，不妨进去看看。坐电梯到10层，你就可以看到两片标准的室内网球场和运动品专卖店；9层有可容纳100人的西式宴会厅和日式美食餐厅，还有一个可坐70人的会员酒吧；8层有可举办160人就餐的宴会厅和10间贵宾厅。这些私人宴会厅、会议室和酒廊，备有先进的视听设施，无论是商务研讨会、文化交流、社交活动，俱乐部资深的职员均以丰富的专业经验，为会员悉心安排。地下二层则是泳池和冲浪按摩池，还有健康舞室、壁球场、男女桑拿室、男女按摩室。地下三层是四道保龄球场、儿童活动中心和小型电影放映厅。

而位于京城大厦50层的京城俱乐部是由美国会所管理集团管理，这家私人会所旗下的250余家“城市俱乐部”分布在全球各大繁华城市，且都是开在城市高层建筑的顶层，这是因为高楼大厦的顶层视野宽阔，与习惯高视阔步的富人身份颇为相符。步入京城大厦大堂，右手不起眼处有一部电梯，每天都有礼仪人员守候，进到电梯里才发现，原来这是直达50层会员俱乐部的电梯，真可谓“一步登天”，电梯按钮的上方有一块铜牌，上书：京城俱乐部服饰规定，请勿穿牛仔裤、运动裤和运动鞋。

在京城俱乐部，配有从世界各地收集来的家具、古董装饰，非常高贵别致……

够了！来这里享受的人，他们的财富都是靠智慧和汗水得来的吗？如果不是的话，那么，他们凭的又是什么？发家致富如果不是在同一起跑线上，那又算什么公平、公正、自由地竞争？

有学者指出，在中国知识分子追求现代性的历程中，文学的乌托邦想象提供了重要空间。1902 年，流亡日本的梁启超推出《新中国未来记》，开乌托邦小说之先河。之后，这类小说盛行一时。"五四"新文学的崛起，使写实文学成为主潮，乌托邦小说退出舞台。中华人民共和国成立后，这类小说被认为是禁区。但新时期文学中，作为对历史的反思，这类作品重露头角。[①] 托尔斯泰说得好，历史是"人类不自觉、如蜂巢般的整体生活"，于其中"人类的每一个行动，就历史意义而言，都不算出于自愿的，而是与整个历史的途径息息相关，且自古以来便被命定的"[②]。

我们再回过头来翻读历史就饶有意味。应当承认，"五四"时代对个性的追求和张扬，胡适功不可没。在一篇关于易卜生戏剧的文章中，胡适指出："社会最爱专制，往往用强力摧折个人的个性，压制个人自由独立的精神；等到个人的个性都消灭了，等到自由独立的精神都完了，社会自身也没有生气了，也不会进步了。"[③]

当时，中国人民自我意识空前觉醒。而诗人郭沫若的"自我意识"在《天狗》一诗中表现得淋漓尽致："我把全宇宙来吞了。我便是我了。"徐志摩的信条是"维护你的人格"。他认为个人不需要任何神圣的体制或组织来完成自我，个人的努力也不是为另一个更大的体制所做的贡献。周作人则认为，"个体性是个人唯一所拥有的，然而它又具有全人类所共同分享的特性"。

但自延安时期起，个人主义沦为羞辱后，鲁迅式的个人主义便不再被提起。

那么，为什么个人的隐私、孤独、彷徨及沉思等对"五四"作家有不同程

---

① 王德威. 如何现代，怎样文学？——十九、二十世纪中文小说新论[M]. 台北：麦田出版股份有限公司，1998.

② 列夫·托尔斯泰. 战争与和平[M]. 草婴，译. 上海：上海三联书店，2014.

③ 胡适. 胡适文存[M]. 北京：外文出版社，2013.

度的重要性呢？正如鲁迅的例子所显示的，他的个人主义是被包装在创作中，只有创作，他才能将个人的劳苦与焦虑，借着社会这个大主题引领出来。①

这是民族文化上的马太效应，它追求的是一种和谐的社会秩序。“文化秩序是稳定的，每个民族的根性深藏其中，并通过理性的网络形成社会的表面张力，使盘根错节的社会机体达成完形，不至于突然之间失去平衡。”②

因为，中国自古以来只讲“礼”而不讲“理”。有人统计过，《论语》中“礼”凡七十四见，而“理”字则无。《孟子》中“理”字只出现三次，一次应训为“顺”，另两处是道理和思想的意思，不是一个独立的概念。宋儒笔下虽“理”字成灾，及至理学面世，但又主要外衍为人伦、内敛为心性，与社会所需的理性精神相去甚远。而今天国人所讲的理性，早已超出了中国古代哲学的“理”或“道”的概念。③

历史的发展颇有反讽意味：当中世纪以蔚蓝色文明著称的欧洲被沉重的教会势力压得苦不堪言的时候，中国正是“贞观之治”盛唐文明；而当标举“理性精神”的启蒙运动在 18 世纪的法国轰轰烈烈之际，中国的知识分子却陷入了清朝文字狱的水深火热之中。尤其是当 20 世纪 60 年代“巴黎运动”将欧洲“蔚蓝色的文明”发扬光大的时候，中国正在经历史无前例的变化，将本就微弱的理性之光颠覆得荡然无存。

历史的反差恰恰说明了文化制衡的不可违背原则，同时显证了“文化一旦被宗教势力或与生产力的发展不相协调的势力所钳制，便不会有正常的文化秩序，社会就容易超常运行”。因此，理应发生在 17、18 世纪的启蒙运动没有在清王朝的鼎盛时期顺应世界潮流，而是要再等一二百年后的清王朝被推翻后，中国才出现激进的五四运动，这正是历史不可超越性的反证。④

原先落后的蔚蓝色文明抓住了历史的机遇，使自己走到了世界的前列。

① 李欧梵. 现代性的追求——李欧梵文化评论精选集[M]. 台北：麦田出版股份有限公司，1996.

② 刘梦溪. 社会变革中的文化制衡——对五四文化启蒙的另一种反省[J]. 二十一世纪，1992(4).

③ 杨伯峻. 论语译注[M]. 北京：中华书局，1980.

④ 刘梦溪. 社会变革中的文化制衡——对五四文化启蒙的另一种反省[J]. 二十一世纪，1992(4).

而以中国为中心的封建王朝在现代炮声的隆隆中气数已尽，退到了世界舞台阴暗的角落，苟延残喘。眼下，新的机遇再次到来。复醒的雄狮再也不能安于病狮的现状，而必须正视病根之所在。

每个来到世上的人，都愿意为自己的自由、平等和利益而战。利益的分配不应以少数人为目的，而应照顾绝对的大多数，即社会普遍的动力层。虽然权力掌握在少数人手中，但它不能凌驾于大多数人的利益之上，不能让马太效应的魔咒在古老的土地一再得到验证。

自由主义大师哈耶克指出，“休戚与共和利他主义只能以某种有限的方式在一些小团体中有可能行得通”。如果以强制手段把整个团体的利益和行为限制在这种目标上，就会使每个成员之间相互合作的努力受到破坏。因此，即使是一心为民造福的权力也应受到限制。“一切道德体系都在教导向别人行善”，但是，“如果严格地只去做那些对具体的他人明显有利的事情，并不足以形成扩展秩序；与这种秩序相悖，市场的道德规则使我们惠及他人，不是因为我们愿意这样做，而是因为它让我们按照正好可以造成这种结果的方式采取行动。扩展秩序以一种单凭良好的愿望无法做到的方式，弥补了个人的无知，因而确实使我们的努力产生了利他主义的结果”①。

如果用一种通俗的方式表达，一言以蔽之，就是“主观利己，客观利他”。

因此，在都市，在旷野，在高速公路上，那些开着奔驰、宝马和劳斯莱斯等名贵私家车的人们，当你看到沿途的村庄、房屋和农田正一天天衰败下去，曾经遍布的油菜花再也无法找到的时候，你会作何感想？

蔚蓝色的苍穹下，有一群奔马似的云。

云的中央有一团火。

火的中央有一棵水稻。

水稻中央坐着祖先和我。

中间隔着一座微微隆起的坟。

---

① 冯克利．哈耶克的知识论与权力限制[J]．天涯，2000(4)．

第四章　空间的磁场

一、漂浮的自由

空间作为精神磁场，永远充满诱惑！

宽阔的车道、奔腾的视野、飞驰的速度，一切来得那么突然。这些年，中国大地上的每一天都在魔幻般地变化着。当陈旧僵化的户籍制度随着改革的大潮逐渐土崩瓦解，作为大地的主人仿佛解冻的冰河，一夜之间松动起来，继而快速流动起来。行走、自由、解放，这些古老的名字如此可贵而又如此真实地来到人们的日常生活中。

时代发展日新月异，包含高速公路、高速铁路在内的高速交通运输系统成为人们追求和享受自由的催化剂。当然，道路变了，时间就会发生变化，空间也会发生“变形”。从此地到彼地，既是距离之具象，又是自由之选择。因为距离不仅仅是一种物理意义上的硬度离，它同时也是精神心理上的软距离。就像自由本身一样，它具有一定的弹性。距离不单单是一种物质，更是一种观念，一种思想，一种内在的关系，即人与人的关系。它在抛弃一种经济的同时，也果断地抛弃了一种不适应新经济发展的文化。

因此，高速公路就像一柄异质的利刃，笔直地剖开了大地的胸膛，割断了自然经济小农愿景的藕丝。高速公路的开通，使沿线城市构成一种市场共同体，原先的区域被解构了，城市的经济关系贴近了。大市场随之形成，人流、物流、信息流以及观念重组、文化碰撞在这个城市群落间迅疾地发生。此时，时间串联起空间，重组空间，并且使空间成为一种可透视的多棱晶体。结果便是：时间陈旧时间，空间更新空间，自由成为漂浮的自由。当你在高速公路上激情奔走的时候，一种与既有经验完全不适的错位感和疏离感油然而生。你在感叹生活变化的同时，是否也会有一种冲动试图在人们的观念和精神的层面上对流动的空间作出某种文本诠释呢？

福柯在《不同空间的正文与上下文》中，比较了前现代、现代化与后现代中空间概念的不同，他认为：中世纪的空间是指定位空间，特点在地方化（localization）；从伽利略以及17世纪起，空间的特点是延伸（extension）；现时代，空间的特点是基地（site）。“今天，基地又取代了本来替代了定位的延伸。”这里所说的基地，相当于网络中的节点。人们“生活在一组关系中，这些关系描绘了不同的基地，而它们不能彼此化约，更绝对不能相互叠合”。这种异质的空间，构成了与工业化同质空间的区别。与此同时，鲍曼对对流动的现代性之分析，大卫·哈维对时空压缩观念的展示，还有吉登斯在组织媒介中的深度介入，这些影响深远的理论家们都认为空间、时间是现代性的关键词，现代性正是时间与空间的演变。就像《快意骑手》中的彼得·冯达所感受到的：一路上只有你、只有望不到头的大马路、只有赛车的呜呜声！[①]

的确，在高速公路上奔驰的时间里，一切会动的事物都是停止的，只有叙事的感觉在缓缓地流动。这是一个没有任何时空规则的地方。高速公路和人的交往只是一种游戏。这是一种非常纯粹的游戏，没有任何功利性，只是天工天籁与人的游戏，带着漂浮的质感。如果说得绝对一点，高速奔驰总是让人产生没有时间、只有方向的感觉。从踏进高速公路的那一刻起，耳眼之所及，心神之所往，除了速度，还是速度，好像这个世界，除了速度之外，已经没有任何让我们牵挂的事物了，虽然“安全”二字比任何时候都更像达摩利剑那样如此真实地悬挂在头顶。

就这样，时间无声无息，以某种记忆的碎片和模糊的走势缓慢走过。停

---

① 卡斯特．信息时代三部曲：经济、社会与文化[M]．夏铸九，王志弘，译．北京：社会科学文献出版社，2003.

留在时间之后的山象、广告牌以及寂然但却生动的各类花草与雕塑，岿然不动，却缓缓后退。如果在高速公路上奔驰得太久，你的心里就难以天晴，总是在下雨，总是气味暧昧，情绪麻木而潮湿，甚至连视线都是潮湿的。然后，那些以为只在幻境中出现过的影像，又一一回到叙事者的眼前，像重新翻阅一本魔幻现实主义小说，又像一场曾经有过的沧桑梦游。此时此刻，回忆或许已经远走，或许，它们会在某一天卷土重来，火光电石，扣人心弦。①

实际上，高速公路就是一个平台，所有经过的人都在那里进行表演，怀着各自的宿命，理性或疯狂地跳舞。有些不相信命运的人也在那里以自己特有的方式疯狂。总的说来，大家都戴着面具，面具就是各种车子。不同于京剧中角色定位的是，这里的面具可以看出哪辆车高级，哪辆车普通，身份和地位等阶级观念由此形成。但是，面具背后里的人跟京剧里的人颇为相似。他们坐着好车，戴着好面具，兴许是个大贪官或走私犯。在这个人生竞技场里，面对漂浮的自由，每个人都高兴或沮丧。各种颜色，各种声音，各种心态，各种归宿，交织在一起，组成了一幅后现代社会经常看到的大贴头。

二、文明的利器

高速公路是“文明的利器”，这话是革命先行者孙中山先生的先见之明。

但孙中山先生时代还没有高速公路，他讲“文明的利器”指的是铁路。在那凄风苦雨的岁月里，孙中山雄心勃勃要开发生产力，他的第一个伟大设想就是修筑铁道。他毫不含糊地说：“铁道者，今日文明富强之利器也。”并说：“民欲兴其国，必先修其路……我国之富强亦必须随铁道与俱来。”他强调指出：“唯吾有求于一般国民之注意者，先当知振兴实业，当先以交通为重要。计划交通，当现以铁道为重要。”面对保守派力量的攻击和指责，孙中山先生反问道：“请问苟无铁道，转运无术，而工商皆废，复何实业之可图？故交通为实业之母，铁道为交通之母。”他甚至认为：“国家之贫富，可以铁道之多

① 李立．魔幻与现实——时光隧道中的壶瓶山[J]．旅行，2005(7)．

寡定之；地方之苦乐，可以铁道之远近定之。”[①]

怀着对机器生产技术一样的渴望，孙中山把修筑铁路也提到了“实为中国生死存亡之问题”的高度。他以经世致用的现实精神，以面向世界的宽阔视界，深入探讨了中华儿女赶超世界的具体路径，显示了他对振兴中国的强烈愿望和深切关怀。不难设想，如果孙中山先生能活到今天，面对高速公路和高速铁路的极大发达，一定感到极度欣慰！

高速公路有如人体之延伸，有如媒介之网络，使文明迅速扩张，让城市与乡村进行对话，让内陆与外域进行交流，目前，我国香港、澳门等地都可以直接通过高速公路通行内地。在日常生活中，高速公路展示的不仅仅是物质生活质量的提升，更是精神世界的烂漫与神奇。高速公路是一个国家、一个民族、一个地区经济实力的象征。当今世界国家与国家之间的经济竞争，实质上已演变为企业与企业、文化与文化、国力与国力之间的比拼。

但是，我们也应当看到高速公路作为“文明的利器”之镍币上的另一面，它业已成为后现代社会里人们沉湎肉欲、追求享乐、消解神圣和宏大叙事的帮凶。鲍德里亚与杰姆逊都强调后现代社会条件下“无深度”的消费文化那种直接、强烈的感受性，社会充斥超负荷感觉、无方向性、符号与影像的混乱融合以及能指的游戏，在这样对现实的审美幻觉中，艺术与实在位置颠倒了。人们置身于一个仿真的世界与超现实的空间，具有吸毒般的漂浮感。高速公路为这种漂浮感提供了物质载体和精神空间。

在此语境下，通过高速公路的输送，普通城市居民（包括一定数量的农民工）的审美行为主要发生在他们的日常生活空间，如百货商场、街心公园、主题乐园、度假胜地，以及对自己的身体进行美化、塑造、修理的美容院、健身房。艺术已经转移到了工业设计、广告、影视和相关的符号生产工业之中，任何日常生活都可能以审美的方式来呈现，高雅艺术与大众文化之间的界限消失了。[②] 尤其可怕的是，速度代替了质量，复制代替了原创，消费代替了思考，人们在尽情享受这种文明的时候，却自觉地把自己置于高速交通的

---

① 孙中山. 孙中山全集[M]. 尚明轩，编. 北京：人民出版社，2015.

② 费瑟斯通. 消费文化与后现代主义[M]. 刘精明，译. 南京：译林出版社，2000.

传送带上。

不是吗？在现代都市生活中，人们都在享受着高速公路制造的惬意，享受着追求高速公路和体悟高速公路所带来的快乐。大家只是凭直觉自由地感受、消费和享受速度的快感，却并没有对高速公路的出现进行学理上的思考。就像我们随意饮一杯大众化的可口可乐时，很少去想可口可乐怎么成为今天这模样，甚至还会有人以为这种饮品谁都可以制造出来一样。事实上，高速公路到底意味着什么？高速公路的经济和文化内涵及其价值是什么？高速公路是怎么创造和发展的？对于这些问题，很少有人在享受高速公路的快意中予以追问和深究。因为，尽管大家非常熟悉，但却是经济、文化、管理理论的外化和物化，内中蕴藏着许多只有有心的智者才能破译的密码。

比如，都市孤独症就是一例。几乎没有人愿意将速度与孤独联系在一起。华东师范大学心理咨询中心的张麒指出：导致“都市孤独症”的个体差异性很大，孤僻消极的个性是内因；现代都市的拥挤、社会竞争的加剧、生存压力的加大、信息的泛滥，造成一部分人在潜意识里对信息的排斥和对人际交流的厌倦，本能地护卫自己独立的生存空间。此外，戴着面具的职业角色，以及单门独户的封闭的现代住宅也是诱发“都市孤独症”的原因之一。这些分析只是从心理学和精神学上着眼，如果从社会学意义上看，视野就会更加开阔，就会感觉到高速公路作为一个隐喻其实就像电脑中虚拟的赛博空间一样，使人们在获得足够的精神自由之余却恰恰收购了大家的自由，包括睡眠和时间。

尽管如此，没有谁愿意放弃来之不易的现代文明而回归农耕社会封闭式的传统生活，但人们在享受高度发达的科技文明时，不应该放弃自然的情感交流方式，去追逐更为“浪漫”的鲜花传情，去收集别人精心编织的祝福短信，放弃“土”节日的团聚去追不知所以的“洋”节日的时髦。质而言之，大家不用刻意去营造感情，不用刻意去编织美言，只要保留那份传统的朴实和纯真。然而，这种理性而苍白的说教，在滚滚物欲的刺激和高速公路的快速传递下，它能在多少人的心灵上留下哪怕是一丝的印记呢？

文明的利器像一把剑，它在啄破一层旧茧的同时，也会伤及人类的皮肤。

三、像玻璃一样透明的城市

城市，浓缩成透明的玻璃；玻璃，装饰着透明的城市。这是一种空间转换，在高速公路时代，空间和时间的概念完全改变。

此时的空间是一种社会表现(social expression)。包括高速公路、高速铁路、城市地铁与轻轨等等在内的城市高速交通系统将玻璃一样的城市蛋糕般地切割成一块又一块，然后有组织地分配，形成新的文化关系。因此，既然我们的社会正在经历一种根本的、结构性的转化，那么，认定有新的空间形式与过程正在浮现，便不仅仅是一个合理的推断，而是一种解码性的工作。因为过于轻易地承认社会与空间之间具有有意义的关系，反而遮掩了这种关系里根本的复杂性。因为空间不是社会的反映(reflection)，而是社会的表现(performance)。

换言之，高速公路导源自既定的社会结构与动态的空间形式与过程，构成了整体社会构架的运作，其中包括占据持定社会结构位置的行动者，他们之间相互冲突的价值与策略导致矛盾趋势日益明显。再者，藉由作用于承继自先前之社会空间结构的营造环境，城市化的社会过程也影响了空间。事实上，空间是结晶化的时间。由于这种时间的历史性质，及其结晶于空间形式中的过程，新社会趋势的新空间生产，都由每个地方社会(local society)的空间形貌所中介，并因此深刻地为其所塑造。①

如果简单回顾中国高速公路的历史，对上述理论的诠释便能理解得更加透彻。我国自1984年动工兴建沪嘉高速公路，4年后，建成通车，宣告了中国交通运输体系长期以来以铁路为主、公路为辅助的状态结束。随后的二十来年，中国的高速公路像卷紧的发条，以星星之火的气势迅速在神州大地燎原开来，城市变得更加透明，距离变得更加模糊，时间变得更加精细。

不妨以成渝高速公路为例，通车前，从成都到重庆，乘坐飞机加上进出

① 卡斯特. 信息时代三部曲：经济、社会与文化[M]. 夏铸九，王志弘，译. 北京；社会科学文献出版社，2003.

港时间要 4 个小时，乘特快火车也要 9 个半小时，普快则需要 11 个小时，而在通车后的成渝高速公路上行车仅需 4 个小时，与乘坐飞机相差无几。更不必说时速超过 300 公里的中国高铁，把古时候数月的路程变成数小时甚至几十分钟！从广州到长沙 600 多公里，乘坐高铁只需要不足 3 个小时的时间。“海内存知己，天涯若比邻。”距离，不再成为“知己”相见的障碍，相反，它倒成为保持审美生活的必需空间。

从经济学上分析，高速公路长距离、远辐射、“门到门”的运输优势，实现了各种运输方式在更高水平上的紧密衔接，对强化港口集疏运营能力和扩大空港覆盖面发挥了重要作用。以山东为例，在没有高速交通之前，该省的交通运输体系中仅有短途、中转、接卸等叙事模式。随着一条条高速公路的贯通，该省的海、陆、空等各种运输方式有效地结合了起来，构成了横贯东西、连接南北的立体交通运输大通道。

城市的时空观发生了巨大变化是高速公路带给人们的最真实的感受，如济青高速公路的开通和高效运营，使整个山东变成了“半日生活区”，其高速快捷、安全舒适的优势，把内地与沿海的距离拉近了，山东似乎变小了。青岛的“海尔”、“海信”等大企业都是借助高速公路而实现企业的腾飞的。

显然，济青高速公路给社会带来的不仅仅是时空变化的感受，也在潜移默化地影响着人们的思维方式。山东高密市在刚刚开始修建济青高速公路时，很多人认为对高密没有好处。但高速公路建成通车后，一夜之间打破了高密地处青(岛)潍(坊)“两头够不着”的闭塞局面。高密人民的经济意识、商品观念大大加强，他们相继建成了沿路的经济开发区、小五金市场、蔬菜批发市场、皮件批发市场，老百姓一下子富了起来，并且明白了一个道理：通了一条高速路，也通了一条高密人的思路。有了思路，高速交通也就变成了致富路、快富路的代名词。

应当说，高速公路带给人们最直接、最明显的变化是生活方式。山东寿光农民生产的蔬菜，带着露水珠儿就运到了青岛；济南市民可以随意到自由市场上买回当日青岛的生猛海鲜；淄博长途汽车客运站开办的特种小件快递，一早在淄博买上祝寿蛋糕，中午即可到青岛祝寿人的餐桌上；人们早出到外地做工，晚上与家人团聚已不再是什么困难的事；济南的球迷下午驱车到青岛看球，球赛结束连夜返回绝不会影响休息和第二天的工作。沿线农民进城打工、市民来乡村观光度假已相当普遍。①

但任何事情都有其利弊的双重叙事。高速公路将城市变得像玻璃一样透明的同时，也将城市变得像月光一样稀薄，难以承受生命之轻。

在高速公路的反作用下，当今这个时代比历史上任何时候都产生了更多的难民、移民和无家可归的流浪者。这是我们这个时代最不幸的特点之一。按照萨伊德从全球化的视角分析：他们中的大多数人都是后殖民时代和帝国主义争斗的副产品，很有讽刺意味的反思的产物。独立斗争产生了新的国家和新的疆界，它也带来了无家可归的流浪者和闲散的人。这些人无法融入新出现的权力结构中，由于他们的不固定性和顽固不羁，被既定的秩序排斥在外。只要这些人在新与旧的交替中，在旧帝国和新国家的夹缝中存在，他们的状况就在帝国主义时代的文化版图重叠的地域中表现出紧张、不安定和矛盾。美国作家杰西卡·布鲁德根据现实述说了这么一个故事：2008 年金融危机下，美国内华达州昂皮尔小镇的重要经济支柱石膏厂倒闭，人去镇空，这里的邮政编码也被取消。在小镇生活了大半辈子从未出过远门的老年妇女弗恩在丈夫去世后，无力独撑生活。为了节约生活成本，她把家置于改装后的厢式货车上，开始了一边打工、一边西行的公路生活。她在亚马逊流水线上、在游乐园的咖啡厅里、在国家森林公园都做过临时工。这一路上有着许多同样的厢式货车寄居者，他们相遇、相识，彼此帮助，并缔结了“同是天涯沦落人”的友谊。这一庞大的流浪群体，不正是华丽美国的背后，一种水晶般透明又悲凉的现代寓言！

然而，乐观向上的流动、知识的活力和我们这个世纪空间的流动与破碎的生活所经历的大量流离失所、浪费、悲惨和恐怖是极不相同的。作为知识分子责任的解放运动产生于对帝国主义限制和破坏的反抗和对抗中，从一种固定、稳定和内化了的本质文化转变成一种没有限制、没有中心的和流放的力量。这种力量的化身是移民；它的灵魂是流放中的知识分子和艺术家；它

---

① 郗恩崇. 高速公路概论[M]. 北京：人民交通出版社，2005.

的政治人物是那些处于边缘、形式边缘、家边缘和语言边缘的人。[①]

所有这一切昭示着一种反讽：高速交通犹如一个巨型隐喻，它使透明的城市带着响声，像玻璃一样易于破碎；也使城市带着血腥，像玻璃一样尖利无比。

四、蛋糕上的速度

自从哥白尼提出了日心说后，便揭开了人类探究地球空间运动的序幕。人们先后测定了地球绕日公转的速度、太阳与邻近恒星的相对运动的速度，以及我们环绕银心运动的速度。但由于各级天体系统的重重嵌套，要弄清楚地球在空间多重复合运动的最终结果，从天体力学的角度来说几乎是不可能的。

事实上，很早以前，人们以为电磁波必须依赖一种几乎刚性而又渗透万物的介质才得以传播——这种神奇的介质就是所谓的“以太”，而且还以为只能求助这种绝对静止的介质方可测出物体运动的绝对速度。然而“以太”毕竟是臆造的，因此，沿此途径探求地球在空间运动的绝对速度也注定是枉然的。

不过，自从地球上产生了人类以来，“速度”二字就像影子一样紧紧相随，到今天，它已经演变成集合名词，与民主、进步、自由和发展等宏大叙事达成联盟。如果说，数字化的概念仅仅是人们用“速度”诉说文本的进展、带有一定虚拟色彩的话，那么，高速交通系统的集体亮相则以具象的形式向人们展示消费主义大旗下“速度”的心理深度和精神空间是多么的生动传神、真实可靠。

“蛋糕上的速度”，这是人们对速度的戏称，反映了一种生硬的文化态度或对前现代生活的某种留恋。因为，文化乃是一种社会生活方式，我们的需要、包括基本需要，都是从文化中产生的，我们很难脱离开文化谈论一种前文化的、抽象的基本需要。伯夷、叔齐不食周粟，并不是他们没有饮食的基

① 爱德华·W·萨伊德. 文化与帝国主义[M]. 李琨，译. 北京：三联书店，2003.

本需要，而是因为他们宁肯饿死，也不愿吃与他们的文化价值观念不符的食物。

可是，这种古老的文化价值在今天是否行得通呢？即使蛋糕上的“软静止”有着巨大的向心力，但在高速公路带有煽情审美态势的强硬叙事下，人们对“感召力”“合力”“切入口”“突破点”“高潮”和能够决胜的“攻略”等“速度家族”有着更为明显的亲和倾向。特别是当速度叙事跟文化叙事连接到一起的时候，一连串令人振奋的愿景随之产生：文化产业理念、文化生产模式、文化产业操作规范、文化产业平台和接口、文化产品市场通道和项目设计等关键点……一言以蔽之，高速发达的“文化产业”便成为全球经验层次上具有整合意义和普世意义的文化系统工程和创新理论系统。

心与心相通，如涓涓细流，绵绵不绝达天下；

路与路相连，如浩浩江海，吸纳百川汇四方。

目前，高速公路在物质上产生的作用是显而易见的，然而它在人的观念领域产生的作用不是所有人都能理解的。经济领域的竞争，重要的是速度的竞争。也就是时间的能量是否得到最大效益的发挥。因为任何事情的发生都是在一定的时间内完成的，时间有长有短，这就产生了速度的差异。农业社会是自给自足的社会，不存在速度问题。牧业社会更是慢节奏，对农牧民来说，最廉价的就是时间。而现代工业社会和牧业社会则有了质的不同，速度成了生死存亡的大问题。

因此，高速公路的建成等于创造了一个对速度意识的培养皿。只要在这条道路上走一趟，人们就会具体感受到高速的滋味，领略高速的风采。只有在高速中才能对比出低速和慢速的滞后性，这样在人的脑海里也将铺起一条高速公路，这对农业文化和草原文化的传统将会产生强烈的冲击。想想在每天有多少人在高速公路上奔跑吧，多少人要接受高速的启蒙，物质可以变精神。表面上看，现在筑就的高速公路是物质意义上的，但在它由此产生的运动感觉投影在人的心理层面和精神层面，就可形成人对速度的倾慕和追求。

毛泽东说，“一万年太久，只争朝夕”。当城市和乡村被高速公路包围与解剖时，“速度”二字的政治意义、经济意义和文化意义便在神州大地凸现得格外重要——

20 世纪 90 年代以前，当欧美发达国家对高速公路已经司空见惯的时候，我国大陆才有了第一条高速交通。1988 年 10 月，长度为 18.5 公里的上海至嘉定高速公路建成通车。到了 2000 年，中国高速公路的发展便创造了世界奇迹，十几年里建成的高速公路里程超过了发达国家半个世纪修建的里程数。据交通运输部统计数据显示，截止到 2019 年末，全国公路总里程 501.25 万公里，公路密度 52.21 公里/百平方公里。更加振奋人心的消息是，截至 2019 年底，铁路通车总里程 13.9 万公里，其中高速铁路达 3.5 万公里，即将覆盖约 99%的 20 万人口及以上城市，继续领跑世界①。

北京大钟寺蔬菜批发市场一大早熙熙攘攘，来自我国蔬菜基地山东寿光的一辆运菜车正在卸菜。司机说："从寿光到北京一路高速，我昨晚从菜地里摘的菜，现在鲜着呢。"速度给人们带来的实惠远比蛋糕大得多。

这是一组枯燥的数字，可恰恰是它们为"速度"二字带来了事实和力量。

是的，时代的车轮风驰电掣，世界的阵营正由快速与慢速而一分为二。

五、文化高速公路的弦外之音

高速度，对于我们所处的这个时代来说，已经不是什么奢侈品而是一个稀松平常的概念了。可以说，没有高速就不是现代化，没有高速就没有现代化。对于文化产业的发展来说，也是如此。

高速公路的出现是工业时代和信息时代的分水岭，也是城市化进程的催化剂。依赖于互联网通讯技术的信息高速公路已经把地球变成了一个村庄，并把不同民族、不同区域、不同国家的文化表征融于同一时空视角。人们安坐于家中，便可以通过手机、电脑等网络设备了解千里之外的即时资讯和文化活动。因此在一定程度上，高速、互联已成为我们现在所处时代的文化特征，"高速公路"同样隐含了文化产业发展的内涵。

许多事实都在提醒我们，当前我国社会主要矛盾已经转化为人民日益增

① 澎湃新闻. 交通部部长李小鹏：2020 年底高铁营业总里程将达 3.9 万公里[EB/OL].（2020-05-20）[2020-07-18]. https://m.thepaper.cn/newsDetail_forward_7482530.

长的美好生活需要和不平衡不充分的发展之间的矛盾。因此，随着物理意义上的高速交通系统越来越发达，我们也必须为文化发展架设高速交通的发展轨道，这是时代提出的必然要求。

改革开放以来，我国的文化事业发展取得了很大进步，同时随着国内居民消费需求不断增长，文化市场欣欣向荣，影视娱乐、数字出版、时尚设计、文化旅游等文化产业各个子门类的发展也得到了跨越式的提升。但是在一片热闹景象的背后，必须看到仍存在许多制约文化产业发展的因素。在很长一段时间里，我们的文化很大程度上表现为计划型的文化，这是一种典型的“小文化”观念，仅仅把文化视为上层建筑和意识形态部分，而缺乏把文化视为构成生产关系、构成经济基础有机组成部分的认知。持这样看法的人把文化视为事业概念而非产业概念，认为文化只有公益性质而没有市场性质，因此文化建设只能依靠政府投入人力、财力，文化内容也应由政府设定。

在这一思维模式下，我们灿烂丰富的文化资源便只能继续埋藏在地表之下，等待命运的安排，等待哪个有识之士的发现，才能有机会被挖掘出来重见天日——实际上，这样的文化资源便是僵死的“化石”，即便被挖掘出来，也只能静静躺在博物馆里被单向度地仰视。但是，如果从市场的角度出发，这么多丰富多彩的文化资源便是一片巨大的有待开发的“油田”，而且是可以“举一反三”、“推陈出新”的“可再生能源”，其中蕴含着无法估量的经济和社会价值！比如，美国迪士尼公司对西方家喻户晓的童话故事——如《白雪公主》《木偶奇遇记》《爱丽丝梦游仙境》等进行改编，制作成一部部精彩绝伦的卡通连续剧与电影，时至今日仍受到世界各地人们的喜爱和追捧；并且，迪士尼公司把数十年来创设的多个经典卡通形象和影视场景搬到现实，在安纳海姆、奥兰多、巴黎、东京、香港、上海等大城市打造迪士尼度假乐园，大力发展创意衍生品与文化旅游市场，形成了以知识产权为核心、跨界延伸产业链的文化产业发展典范。立足于市场，文化资源通过产业化开发，不再是口口相授、代代相传的“古董”，而是激活经济与社会双重价值的生动个案；进一步地，文化在流转于世界各地的过程中，参与了人们价值观念的重构——而这，也正是美国文化输出、文化倾轧的奥秘所在。

文化产业的发展要求我们在摒弃“小文化”观念的同时，也要求我们摆脱以往落后的文化生产方式和文化生产技术。一方面，在文艺创作领域，不能仅把目光盯在文艺创作者身上，采取“以作家为中心”“以导演为中心”等个体劳动和“作坊式”劳动的文化生产方式，这样的方式既无法适应全球化时代的速度要求，且其效益产生也具有很大的偶然性，难以形成可观的资本回报率，无法满足产业化生产的需要。另一方面，要形成既“专”又“合”的文化生产线。这里的“专”是指专业化，专业的事交给专业的人做；“合”是指合作机制，由于一部现代文化产品是由多个不同的专业团队分工完成的，那么就需要一个基于共同愿景、服务共同目标的合作机制，以尽量降低不同生产部门的沟通成本、打破生产壁垒，最终推出有机整合的文化产品。

近年来，以“复仇者联盟”为主题的科幻电影风靡全球，由美国漫威影业设计推出的英雄角色，如“钢铁侠”“美国队长”“黑寡妇”“绿巨人”等成为家喻户晓的影视角色。观众在台下看得过瘾，却不知道银幕里的“英雄”是通过层层筛选才得以来到眼前。漫威公司拥有几十个创作团队，每个团队负责一个英雄人物的形象与故事设计，“英雄”最终“脱颖而出”，要经过团队内部的无数次讨论和修改，以及团队外部的几轮“PK”，拥有强烈个性和情节丰满度的“英雄”才能真正走进市场、走进观众视野。在这个例子里，我们看到的是专业化的分工模式在文化产业发展过程中的关键作用；同时，文化产业以市场为导向的发展模式早已深入每一个美国人内心：文艺作品必须先“叫座”才能“叫好”——在现代社会，文化产品成功与否，得先过市场这一关——或者说，得先让群众“买账”。

文化要搭上现代化的“快车”、奔驰于现代化的“高速公路”，既要遵循市场规律、尊重客观现实，也要敢于向当今迅猛发展的现代信息技术借力，以“科技+”作为文化腾飞的强大双翼。随着大数据、人工智能、虚拟现实等信息技术与文化内容深度接轨，各种形式的文化产品/服务层出不穷，在持续优化用户体验的同时，也不断提升文化产品/服务的核心价值和市场竞争力。短视频应用“抖音”通过特效设计、跨界互动等方式，推出“动态皮影戏”“一键实现川剧变脸”“与‘非遗’传承人面对面”等活动，既使传统文化以生动活泼的形式重现于现代生活，也使应用平台本身增添了丰富的文化创意内涵。可以预见，随着5G移动网络的深入应用、“新基建”工程的广泛铺开，科技含量将成为衡量文化生产方式先进程度的主要指标之一。

因此，架设现代化的文化高速公路，不仅需要完善以知识产权为核心的法律保障体系，制订与国际接轨的产业规范和生产标准，还要适应于当前信息技术的发展要求，使“文化+科技”发挥“1+1>2”的综合效益。而不能忽略且需要格外强调的是，文化在创造经济价值之余，还体现了强烈的社会属性。正如哈贝马斯所言，“文化是一种由主体间性产生、公众所信奉的现象。它有益于提供同一性的源泉、社会交往的途径和共同体的意识”①。换言之，文化具有双重意义：一种是“生活方式”，即“文化各成员接受训练以了解各种现成的意义和方向”，指一般的文化观念与意义；另一种是“关于提供批判性诉讼法庭的人类完美的诸概念”，即“可以获取并接受检验的各种新观察和新意义”②，指特殊的创造性活动过程。人们一般都是以上述两种方式来使用文化的。

正因如此，文化高速公路建设对于中国而言，尤具意义。对于物理意义上的高速交通系统，政府投入巨大，不仅包括海陆空三级纵横交错的交通运输网络，而且随着经济发展与技术进步，高速交通系统也随之不断换代升级。但是，对于文化高速公路，投入比重相对而言还是较小的。实际上，一个省区，哪怕用建设10公里高速公路的投入来建设文化，就有可能在当地形成强大的文化生产力，而文化产业带来的回报不仅是经济上的，更是社会上的。美国的好莱坞、韩国的电视剧、日本的动画片就是经典而生动的例子，在实现文化产品出口增长的同时，也助推了特定文化和价值观念走出国门，输出到世界各地，形成强大的国家文化软实力。

在这一关键的转型期间，中国当代文化人应当抓住机遇，突破“小我”的情感叙事，努力担当起时代赋予的历史使命，解决文化产业化以及文化价值的市场尺度和分配问题。正如信息高速公路需要“硅谷”这样的人才库一样，文化高速公路也急需要发掘“文化硅谷”，打造一批高素质的人才队伍。这些

---

① 哈贝马斯. 公共领域的结构转型[M]. 曹卫东，王晓珏，刘北城，宋伟杰，译. 上海：学林出版社，1999.

② 史蒂文. 认识媒介文化：社会理论与大众传播[M]. 王文斌，译. 北京：商务印书馆. 2001.

文化精英积极投身到文化产业的发展建设中，创造更大规模的社会效益和经济效益，不仅是国泰民安的时代诉求，也是他们个人价值的最大实现。

六、非空间的空间

奔走在高速公路上，人们常常有一种迷乱的惶惑：一方面，潮水般的车流使人产生一种没有边界的旷莽感；另一方面，公路两旁的全封闭又使人产生一种没有空间的紧仄感。因此，从精神分析的视角，高速公路给人最大的感受便是创造了一种非空间的空间：说是空间，是因为公路上的叙事元素(如护栏等)清楚地表明了这一点；说是非空间，是因为叙事主体在行动过程中有一种眩目的虚无感，特别是当这种虚无感带着梦幻的情绪被飞速而过的各类装饰、广告牌和美化的符码一次又一次强化的时候。

韦尔施在他的著作《重构美学》中指出："今天，我们生活在一个前所未闻的被美化的真实世界里，装饰与时尚随处可见。它们从个人的外表延伸到城市和公共场所，从经济延伸到生态学。"这种现象是与高速公路上消费方式的变化联系在一起的。今天的消费者实际上不在乎获得产品(比如某一款式的汽车是否耐用)，而是通过购买(捻数钞票的声音或幻想的行为)使自己进入某种审美的生活空间。可以说，今天的公共空间已经被过度地审美化了。"让生活更美好"是昨日的格言，今天它变成了"让空间更大，让生活、购物、交流与睡眠更美好。"有人因此愿意花上一笔天文数字的钱到月球上签上自己的大名。韦尔施据此分辨了审美化的层次："首先，锦上添花的日常生活表层的审美化；其次，更深一层的技术和传媒对我们物质和社会现实的审美化；再次，同样深入的我们生活实践态度和道德方面的审美化；最后，彼此相关联的认识论的审美化。"①

高速公路既包含了日常生活表层的审美化，又隐含技术和传媒的影响，更带有生活实践和道德修养以及随之而来的认识论的深刻变化。对空间或非空间的理解便是如此：我们可以把高速公路的空间看作一种积极的力量，一

---

① 韦尔施. 重构美学[M]. 陆扬，译. 上海：上海译文出版社，2002.

个让高雅、有序和地方的民主进入荒僻地区的运动，或者是一个以威胁到边疆地区生活方式的东部价值观念的形式的虔诚预言者……因此，这种空间的关键就是，我们有一种哲学辩证法，一种提供了这一样式的传统主题结构的一堆模棱两可的意义和态度。这种变化不居的意识形态剧可以通过一系列二律背反来描述。西部的落后迅速从明显的命运的先锋变成了仪式的退隐之处。① 它可以视为是一种民族——世界观，这个问题对于高速公路的空间符号来说有着特殊的意义。

德里达说："符号一般被认为是代替事物本身或当前的事物。在这里'事物'一方面是指意思(meaning)，另一方面是指所指的东西(referent)。符号表示缺席的在场，它代替事物而在场。假如我们不能直接把握或出示事物'当前的或当前存在的'，假如当前的事物是缺席的，我们就给出一个名称，我们就借助于符号，就走符号弯路。我们接收或发出符号，我们给予符号。这样，符号就是被推迟的在场。不论是口语还是书面的符号，也不论是消费的还是政治上选出的代表，符号的流程推迟我们与事物的见面、占有、消耗、触摸、看见和对于它有某种当前直觉的时间。"②

流动的视域、看不见的力量、存在的荒漠和心灵中的神……空间，将世界包围；空间又将世界分开。非空间切割了空间的存在，同时以激进的态度向空间的心脏挺进。正如卡威尔蒂所说，高速公路上的空间或非空间必须"在西部，靠近开发地区，在社会秩序和无政府主义处于紧张对立状态的某一历史时刻发生"，而且必须涉及"某种形式的速度"，背景有着特殊地形，如开阔的草原、高山等等。时间也一样，带着空间的节点，是在边疆开拓接近命运结束的时候，那时西部的空间还没有完全开化，是真正意义上的旷莽无边，是没有空间的空间。

在这个背景中，西部空间的符码如窑洞、羊皮帽、山歌和老井等自有其原初的文化意义。但高速公路的出现使现代文明为叙事主体创造了一种两难境地：生存空间的都市化提供了爱、家庭生活和尊敬，但是它同时要求道德

---

① Kitses J. Horizons west[M]. Bloomington: Indiana University Press, 1969.

② 孔志国，等. 信任的危机：中国当代社会热点问题十三讲[M]. 北京：团结出版社，2003.

自律，主张压抑，还需要牺牲自发性、个性和自由。因此，叙事主体一般发现自己在要求相反承诺的两个方向之间左右为难。它表明高速公路本身存在着内容或心理上的冲突，因而它的空间也存在着外在或身体上的冲突。① 这一境况与美国牛仔对于西部英雄形象塑造的价值体认有着异曲同工之妙。

美国学者在评价西部牛仔的英雄形象之重要性时指出：美国是最具神话色彩的个人英雄主义崇拜症——牛仔的创造者，牛仔一次又一次拯救了一个自己永远也不能完全适应的社会。牛仔有一种特别的才能——他比别人射击得更快更准，同时还特别有正义感。但是这些特点使得他过于独特，以至于永远不可能完全属于社会。他的命运就是保卫社会，而不是真正加入其中。②

而关于高速公路非空间的空间，美国媒体学者莫斯有着与西部牛仔完全不同的认识，他在一篇论文中异想天开地将高速公路、购物中心和电视这三样看似毫不相干的东西摆到一起来考察，发现这些战后兴盛的文明现象都具有一个共同的特征，即构筑一系列的"非空间"的空间，将一种虚构小说的效果烙印在受众主体意识中，使之产生游离于此在之外的精神恍惚。纵横交错的高速交通解构了传统意义上的都市概念，飞速运行的车流将人们从此空间送到彼空间，却不发生真正意义上的空间——人际接触。购物中心以封闭的建筑、自成一体的结构与外部世界完全隔绝，游离出具体时间和空间，形成类似中世纪古城堡般的魔幻现象。厕身其间的消费者，利用资本主义体制提供的丰富商品，企图重新找回后都市时代业已失落的社群感。但不同于传统意义上的人际交往，川流不息的购物中心、摩肩接踵的混合男女，彼此都是无名无姓无主体，却营造出一番错位般融合的梦幻气氛。同时，电视媒体二十小时不断播放的"声像流"，披着直接面向观众说话的伪装，单方面霸道地吞食观众的此时与此在，并代之以超现实的、与观众具体情境毫不相关的时空话语。③

高速公路非空间的空间就是这种时空话语的经典之镜像。

---

① 柏格．通俗文化、媒介和日常生活中的叙事[M]．姚媛，译．南京：南京大学出版社，2000.

② 柏格．通俗文化、媒介和日常生活中的叙事[M]．姚媛，译．南京：南京大学出版社，2000.

③ Mellencamp, Patricia. Logics of Television[M]. Bloomington: Indiana University Press, 1990.

七、后文字时代的空间叙事

高速公路对大地的切割使后文字时代的空间叙事有了新一轮的杂语现象和复调叙事的精神态势。这种叙事与经济、民主、媒体等巨型语符联结在一起，组成了后现代社会里消费话语的时代拼盘。

有学者指出，无论是欧洲货币系统在 1992 年 9 月的崩溃经验，还是 1997 年席卷亚洲乃至全球的金融危机，证明了地球上最富裕国家的中央银行，都无法抵挡金融市场里的“高速”投机对它们的货币的攻击。这些“投机者”是谁？是高速公路流动的影像。他们不是特定的群体，协同一致地努力收获欧洲的政治与经济混乱的利润，而是一个由猜测、策略、谣言、资讯、打赌、计谋所发动的市场力量，在世界的层次上相互连结，并且以精微的步调运作，与高速公路上激情奔流形成对照。

当然，这些人还是强大的跨国公司董事长、统治阶级幕僚、政治领导人、媒体大亨，诸如此类。这些财富与权力的流动，当然也是由他们所创造，并且最终是替他们的结构性利益服务。但是，这个运转中机器的复杂性、其中应用之科技的步调，以及所创造出来的相互依赖的全球性，都使得没有任何人、任何事物，面对这个流动系统的抽象权力，能够真正掌控到底；这种流动系统的效果，在我们生活的每个向度里——尤其是空间的向度里——都能够异常分明地感受得到。经由这些不同的社会过程与技术变迁，浮现了一个被流动支配的社会：讯息之流、影像之流、声音之流、资本之流、资讯之流、命令之流、技术之流、商品之流、劳动之流……当然，也有越来越多的生命与死亡之流：人体四处飞行(婴儿与女人的贩卖，移植人体器官的贩卖)；武器与致命毒品之流，重新设计了整个国家，撼动了金融系统；还有根据夜间新闻的排名，以及最新的政治民意调查，来决定解救或不解救饥荒民族或单个家庭的救援措施。

因此，我们已经达致一种非常强大的文明形式。但是，由于这部机器过度强大，根本无法控制它的运作。高速公路连同高速公路之外的权力之流

(flows of power)现在正被流动的权力(power of flows)所取代。[①]

高速公路已经摆脱了纸质媒介对时间与空间这种人类基本生活的物质向度之信息传播，人们的大腿和大脑也以前所未有的速度从此地延伸到彼地，然而听广播之声音、看电视之图像较之直接赶到事发现场毕竟有着完全不同的叙事体验。随着科技高速公路在无远弗届的物质方向不断挺进，物理学上的时空观念愈来愈复杂，它们的特征不断演变。而数学理论的叙事主体认为，世间有一种累加于三度空间向度之上的其他空间向度存在，这些向度可能是“折叠”在人们所体验到的时空向度里尚未发现。

与空间表述的“存疑”不同，时间的社会感知，可以用一个非常简单的公式来描绘：时间就是历史。而历史分析总是能够借由分期、历史轨迹、历史时势，以及时间所框架的视角，来连结过去、现在与未来，因此而在我们对于社会的感知里，很自然地引进了同时性、起源、序列，以及历史的视野，作为我们思考的一部分。

高速公路使后文字时代的空间叙事得到强化：地理学在对空间结构进行解码时，无法做到与先前同样的知识工作。在尝试对既定的领域(territory)中所发生的一切事情(亦即社会与人类活动的整体)提出整体的视野时，地理学家的叙事勇气反而破坏了他们的目标，因为这使得这门学科丧失了特殊性：空间的向度。

这里的吊诡之处在于：领域这个概念不能等同于空间。领域过于特定，同时又太空泛了。它过于空泛是因为就社会而论，领域总是人造的，这事实上需要一种多向度、跨学科的价值取向，来处理领域中所发生的一切社会实践。而关于特定之说，是因为它将空间形式与过程局限在实质物理界定的表面所发生的那些空间呈现(spatial manifestation)。事实上，我们需要的是一个能够包含在所有的社会形式里，一切空间呈现的空间之社会理论。我们必须能够将社会结构与社会过程放置在一组特定的空间里，就如同历史将社会安置在时间里一样，亦即放置在特定的时代、时期、时势和序列里。

---

① 卡斯特. 信息时代三部曲：经济、社会与文化[M]. 夏铸九，王志弘，译. 北京：社会科学文献出版社，2003.

从社会理论的观点来看，空间是共享时间之社会实践的物质支持。任何物质支持都有其象征意义。所谓共享时间的社会实践，指的是空间将在时间中同时并存的实践聚拢起来。正是这种同时性的物质接合(articulation)，使得空间相对于社会有其生动而丰富的意义。传统上，这个观念被类同于邻近(contiguity)。然而，将同时并存的实践之物质支持的基本概念，和邻近的观念区分开来，非常重要。因为只有这样表述才能够解释，不依靠物理邻近的那种同时性之物质支持，有其存在的可能性，这种看似矛盾的描绘，正是高速流动中资讯化社会的支配性活动的情形。

因为，我们的社会是环绕着流动而建构起来的。流动变成了社会组织里的一个基本要素：它支配了我们的经济、政治与象征生活之过程的功能性表现。如果情况果真如此，那么，我们社会里的支配性过程的物质支持，应该支撑这种流动，并且使这些流动在同时性的时间中接合，在物质上成为可能的各种要素之整体。流动空间(space of flows)乃是经由流动而运作的共享时间之社会实践的物质组织。所谓的流动，应当存在于社会的支配性经济、政治与象征结构模式里，社会行动者所占有的物理上分开的位置之间，是那些有所企图的、重复的、可程式化的交换与互动序列。所谓的支配性结构，恰恰是指那些其内部逻辑在塑造大社会的社会实践与社会意识上，扮演了策略性角色的组织与制度安排。[①]

高速公路的空间叙事就是在此背景下进行的，它隐含一个基本事实：空间的意义不是传统的物质维度上的单一性，而是后文字时代流动的叠合与打开，以及由此引发出来的精神语符的众声喧哗。

① 卡斯特. 信息时代三部曲：经济、社会与文化[M]. 夏铸九，王志弘，译. 北京：社会科学文献出版社，2003.

八、空间内部的深层结构

实际上，在高速公路的时间和空间中旅行，是一种再正常不过的日常生活。设想一下，如果我们以“内视”的方式来到时间的后面，甚至忘记时间流动的姿势，让一切停止，让道路两旁的山水和树木，包括忧郁的花草，甚至包括筑路修桥时牺牲在此的动物和植物的遗体，全部停下脚步，都寂静下来，停滞下来，像入睡的巨蟒，或是冻僵了的大海，让它们以一种固定的方式停顿下来。那么，穿过空间内部的深层结构，在时光隧道中旅行，看起来是遥不可及的事。

高速公路简直就是一位魔幻现实主义大师，它在自己这条环绕地球的地带上，以愚公移山的精神，原创了人文地球最神奇的魔幻现实主义文本。它就像地球与整个宇宙的信息接口——比如时间，比如一些自然密码，比如地球外面的生命，这些人类无法启悟的东西，都长时间地、丰茂地生长在这条接口上。高速公路成为这条接口的一部分，以北纬30度的叙事气质，带给她的宿命——原始、神秘与审美的宿命，发掘隐藏在时间后面的深度组织。

不像铁路沿线白色垃圾将自然女神弄得蓬头垢面而每每遭人诟病那样，高速公路带着类似宗教神圣的头巾一脸高贵地站立在大地的敏感部位，站在没被时间和空间玷污的地方，以神奇的速度凝视远方，永远的远方。这种地方，往往只可能存在于时间厚实的背面。因为唯独在时间的背面，在避开了时间的凌辱与玷污的空间，才可能有着这种纯净的地方，这条时间背面的高速公路在寂静的花园内发出阳光般清脆的响声。

像上述叙事一样，一旦将高速公路上的抽象概念予以具体化指归，内容的深层意义就比较容易理解。在这里，必须借助于“流动的空间”这个术语，对空间内部的深层结构进行还原性解读。作为资讯化社会中支配性过程与功能之支持的物质形式，流动空间主要是由电子脉冲（微电子+电子通信）、电脑处理，以及高速运输（也是奠基于资讯科技）的回路所构成，它们共同形成了消费主义时代的物质基础。它是一种空间形式，可以将商业社会和工业社会之组织里的“城市”和“乡村”进行形而上的拟态区分。而现实生活中具有支配性功能的空间接合，便真实地发生在由资讯科技、车流和审美叙事所混杂的网络里。在这种网络里，没有任何地方是自在自存的，因为位置是由流动来界定的。因此，速度和便捷是基本的叙事特征：地域并未消失，身份也会存在，但它们的逻辑与意义被吸纳进入网络。组构网络的技术性基础设施界定了新的空间，就如同在工业经济里，铁路界定了“经济区域”和“全国市场”，或是在社会主义计划经济与民主进程的商业起源里，有疆界的、市民身分之户籍式宰制界定了“城市”与“农村”一样。

但是，这种技术性的基础设施本身，是存在于我们的感知世界里，由权力所决定的流动网络之表征，它由其节点(node)与核心(hub)构成。流动的空间并非没有地方，虽然它的结构性逻辑是没有地方的。它奠基于交通网络，但是这个网络连结了特定的地方，具有完整界定的社会、文化、物理与功能特性。有些地方是交换者、通讯中心和货物分理处，扮演了整合网络一切元素、并使之互动的协调角色。①

与此相对应的其他地方是交通网络的叙事节点，亦即具有策略性重要功能的区位，它围绕着交流过程中的一项关键性功能，建立起一系列以地域性(locality)为基础的活动和组织，而其在节点里内部的区位，却又将地域性与整个网络连结起来。节点(如收费站)和核心(如管理处)都根据它们在网络中的相对重要性，而形成有层级的严密组织。但是，这种层级会随着经由网络而处理的活动之演变，而有所改变。事实上，在某些状况里，有些地方会被网络“改道”，比如，“绕城而过”是许多高速公路追求的叙事策略，而这种“改道”或“绕城”切断了原先的交通网络模式，导致了沿途文本急速的衰落，以及经济、文化、社会与物理方面的衰颓。

作为流动空间的代表，最简单的交通网络类型，乃是由全球经济的决策功能所构成的跨国交通网络，比如正在兴建的中国到巴基斯坦的高速公路，或中国与朝鲜以及中国与俄罗斯接壤的经济地带开通的各类高速公路。有学者据此分析指出：“全球城市”(global city)是后工业全球经济的生产基地，它

---

① 卡斯特. 信息时代三部曲：经济、社会与文化[M]. 夏铸九，王志弘，译. 北京：社会科学文献出版社，2003.

表明了这种全球城市在当今社会里所扮演的重要角色。在主要的全球城市之外，其他大陆的、全国的，以及区域的经济载体，也有它们各自的节点，以便连结全球化的交通网络。每个这种节点都需要适当的技术性基础设施、提供支持性服务的一组辅助性公司系统、一个专业化的劳动市场，以及专业劳动力所需的服务子系统。

如此繁复的交通网络很少发生想象中的叙事阻塞——尽管内心汹涌着滚滚而来的时代信息以及各类带着电脑病毒般的“动乱因子”容易造成交通休克，这与空间内部的深层结构之严密组织有关。多数情况下，高速公路从时间之外醒来，让时间重新回到它的身上，回到它的血管里。不过，和其他地方比起来，高速公路即使醒了，也醒得非常缓慢，行动得非常缓慢，它的身影始终呈现着凝滞和穆然。

而此时，叙事主体内心真正的欲望，就是回到过去的时空里面，或者进入到未来世界。这两种想法相比而言，人们似乎更愿意回到过去。因为未来多少有些不可预知，而且不可把握。回到历史，回到时间的后面，甚至回到时间的外面或者内部，是很多人更为真实的想法，也是他们很隐秘的想法。高速公路张扬的空间，就给人们提供了这种可能。而且这种可能，仰仗的是速度带给人们的感觉：在时间的后面或者外面。这是一种非常强烈和深刻的感觉。①

因此，虽然全球化城市理论针对在节点与核心中流动的空间，以地方交通为基础导向，提供了高速公路空间内部的深层结构最为重要的描述，但这种文本绝对不局限于资本、人才和信息的流动。后现代社会中所有的叙事过程，都暗合在时代大潮的交通网络里。这种网络连结了不同的地方，并且在生产财富、处理资讯、运送物资，以及制造权力的层级里，分配每个地方一个角色与权重，并最终决定了每个地域的叙事命运，而这才是空间内部最真实的风景。

---

① 李立. 魔幻与现实——时光隧道中的壶瓶山[J]. 旅行，2005(7).

九、空间组织的时间节点

如上所述，高速公路的空间布满了一系列的时间节点。在繁花似锦般的节点上面，悄然栖憩着时间的温度，一如阳光下独立玫瑰的蜻蜓。这给叙事主体提供了某种拟真的幻象，回到远古的隧洞或者一望无涯的荒漠，时间节点惯于制造这类海市蜃楼。高速公路上的速度和情绪创设了这样一条幽洞，像闪烁迷离的烛光，在时间的幽洞里忽隐忽现。它们让带有温度的时间长久地在叙事主体的行驶中，以某种显见的计量单位，一寸寸往回退，一寸寸往下降，像水滴一样，甚至能听见清晰的响声。很显然，时间躲在一个又一个节点的温度下面，安然无恙地往回走。它们行走得非常沉寂，根本不可能像诗人们的呓语那样——能够听到时间老人粗重的喘息。其实，它们丝毫不会喘息，只是随着车轮的声音，随着温度组成的台阶，撕开一个又一个节点，渐渐遁入时间后面。

而时间后面就是高速公路的空间组织，带着深度的抒情，以某种立体的表述，对应着地球上一个宿命的纬度。地球上所有的神秘事物，似乎都处在一个共同的地方：时间的最后面。解读和消解时间之后，我们所见证的，都是这些神秘事物的骨骼。只有在时间后面，这些原始神秘的事物才有着十分充足的生存理由。就像那些被人们埋置在深土中的文物遗骨，只有依靠土地的深埋，才能够让它们得以保存。高速公路粉碎了一些古老文本，却又创造并且埋植一些新的“原始和神秘”的泥土。这是时间在空间组织里的自然辩证法。

无论是月光流泻的夜晚还是太阳暴晒的正午，高速公路能让你平心静气地关注着文本中的每一件事物，让叙事主体始终处于一种缓慢的时空之中。最后，它会让每个进入的人，在不知不觉中，成为它们中的一员。①

然而，在这些空间组织的时间节点上，高速公路以专制的方式操纵了使这些空间得以接合(articulation)的指导性功能。此时，交通网络便是围绕每

---

① 李立. 魔幻与现实——时光隧道中的壶瓶山》[J]. 旅行，2005(7).

个社会结构所特有的支配性利益，而不均衡地组织起来。比如，东部和西部的区域性差别，南方和北方的地质性气质，都强化了这种不均衡。换言之，空间组织的时间节点不是消费主义时代社会中唯一的价值取向。然而，这些节点却依然构成了支配性的空间逻辑，因为它是当今社会里支配性的利益和功能的空间逻辑之双重叙事。但是，这种支配不是纯粹结构性的，而是由社会行动者所发动、构想、决定与执行的。因此，占有当今社会中的管理位置的技术官僚—交通奇才—管理精英，就是这个节点上的制度颁布者和文本宰制者，他们通过传媒和交通网络本身，构成了另一个流动空间的基本维度。

一个简单的事实是，当今社会里的基本支配形式，是奠基于支配精英的组织能力，以及伴随这种组织解除其他群体叙事的能力，这些其他群体在社会中虽然构成数量上的多数，但其主要利益只能在满足支配利益的架构里被部分地得以呈现。于是，精英组织本身的接合，与大众之间的区隔化解体，似乎是消费主义时代产生的社会支配的孪生机制。空间组织的时间节点在这种机制里扮演了一个重要的角色。因为，精英组织是世界主义的，而普罗大众是地域性的。如果说，“人民创造历史”的表述是正确的话，那么，英雄则是推动和改变历史的“人民”这个集合名词的集大成者。进而言之，权力与财富的空间投射到全世界，民众的生活和经验则根植于本土，根植于他们的文化和历史境遇之中。因此，社会组织越是奠基于非历史性的流动，就越能够脱离具有历史特殊性的地域/国家的社会、政治控制。

但另一方面，如果精英要保持他们的社会凝聚，发展一组他们可以相互理解并且支配他人的规则与文化符码，建立他们的文化/政治社群区分的内外边界，那么，精英组织本身不希望、也不能变成这样的流动。一个社会的制度越民主，精英们就越需要和群众有清楚的区别，避免因政治代表过度穿透策略性决策而导致内部世界的颠覆。高速公路的文化符码就恰到好处地嵌埋在社会结构的方式里、在时间节点的耦合处，从而形成只要把持这些符码便能开启通向权力结构的道路，而无须精英共谋阻拦通向其交通网络的道路。

这种支配逻辑在高速公路的空间展现，是流动的时间节点里普遍采取的叙事形式。因为，精英组织形成了他们自己的社会，构成了隔绝的文明社区，并将这个社区界定为有空间界线的、形成人际和交通网络的次文化。在交通发达的网络里，主要的策略性决策，是在会员制餐厅里的商业午宴上，或是像美好的旧时光一样，在乡村“农家乐”度周末、打高尔夫球时做出的决定。但这些决定还是要在以电子通讯连通的电脑上，由命令发布者签名传播，故此，流动空间的时间节点包括了居住与休闲导向的空间组合，配合了总部与其辅助设施的区位，倾向于在谨慎地区隔的时空里，汇聚支配性的决策功能。①

此类感觉往往不好用具像来证实，因为实物总是不便描述精神行进的姿态。但是，在高速公路的严密网络里，我们总会找到站在感觉背面的那些证据。空间组织把这种感觉变成了能够触摸的时间隧洞，一条看得见洞壁、听得见时间之水在洞府中滴答的甬道。于是，我们从心理上获得了一种准确而形象的描述：车子在高速公路上行走，车轮每转动一次，都把人和事物往过去的时间里拉回一程。这种行程，实际上是一种时空超越：一方面在空间上往原始抵达，另一方面在时间上往过去穿越。这种穿越，表现看上去，与尘世间的任何一次行程没有什么两样，既没有三维动画里的隧道光芒四射，更没有人体承受时间流变的痛苦和幻觉，一切都只是以现在时的方式，在高速公路匝道上，在一些动植物的遮拦和文化标本中，从容前行。②

但这种感性的表达未能持续得太久，区隔插入进来，以不同地方的方位，实现某些只开放给精英通道的空间的安全控制。从权力的顶峰到文化传送的末端，组织了一系列象征性社会的空间层级；低层的管理人员可以模仿权力的象征，并且构成次级的、将他们与社会其他人隔绝开来的空间社区，以便复制和挪用这些象征，实现个人权力膨胀的增值，同时企图营造一种生活方式与空间的形式处理，以便统合全球化精英的象征系统，而超越每个地域的历史特殊性。

因此，沿着流动空间的界线，经过高速公路的记忆中转站，横跨全世界

---

① 卡斯特. 信息时代三部曲：经济、社会与文化[M]. 夏铸九，王志弘，译. 北京：社会科学文献出版社，2003.

② 李立. 魔幻与现实——时光隧道中的壶瓶山[J]. 旅行，2005(7).

而建构起一个相对隔绝的空间组织。国际旅馆的装饰，从房间设计到毛巾颜色，全世界都很类似，这是为了创造一种内部世界的熟悉感，以及一种相对于周遭具体世界的抽象性；机场贵宾室的设计，是要与流动空间中高速公路上的社会保持距离，不断地使用电子通讯网络，使旅客永远不会迷失；以及一个安排旅行的秘书服务系统，还有互相请客款待，在所有国家里崇拜相同的仪式，以便维持一个精英组织的紧密圈子。

与此同时，在文化上连结流动空间之间各个不同节点的吁求，也反映在不同社会的指挥中心建筑风格趋向一致的潮流里。高速公路上流动的空间包括了构成横跨全球的每个交通网络之节点的地方里，均有着建筑叙事的象征体系。因此，在空间组织的时间节点里，建筑体系逃离了每个社会的历史与文化，被奇幻世界之无穷可能性的新想象所捕获，并潜藏于新媒体所传送的逻辑之下："突发"(zapping)的文化，好像人们可以在任何地方重新发明所有的形式，而唯一的条件是跃入权力之流的不确定性中。流动空间的形式动力，乃是将建筑诱拐进入非历史抽象性的冲动中。①

正是在这种意义上，有人认为：美国今日的富强，与其说源于他们的祖先偶然找到一个富饶的新大陆，不如说是他们领先认识到了一种不同的财富时空新观念。早在富兰克林时代，美国人就认识到"时间就是金钱"。(这种观念的基础，可以追溯到笛卡尔。)这不是说着玩玩的，其中含义正如1961年肯尼迪解释的那样，是指："我们必须把时间当成工具来使用，而不是把它当成一个长沙发。"意思是，一旦时间成了人类在克服空间阻力——即缩短时间的距离、消除空间遥远性的持续努力中的基本工具，时间也就变成了金钱。西美尔认为，所谓"有价值的"(valuable)，来于"获得某些事物的迂回曲折"。如果到达最远的地方，都不会失去任何时间，那些地方就失去了价值。最典型的莫过于西方经济学对资本的理解，资本如果不是对眼前时间(消费)的牺牲，就不会具有价值。对时间的这种工具理性的理解，打破了中世纪基于自然基础的定位空间(space of emplacement)概念。这是一种从宇宙观高度

① 卡斯特. 信息时代三部曲：经济、社会与文化[M]. 夏铸九，王志弘，译. 北京：社会科学文献出版社，2003.

对财富的重新认识，一如鲍曼在《作为时间历史的现代性》中认为的那样："时间历史始于现代性……现代性是有历史的那段时间""工具理性集中于将客体更为稠密地充塞进空间中，并扩大这一在特定时间内能被填满的空间"。这就是对效率的时空解释。整个工业时代对于现代性和现代化的理解，都离不开对时间概念的这种内在认识。①

总而言之，高速公路的流动空间点起了漂浮的自由之火炬，使文明的利器带着蛋糕上的速度，划破了像玻璃一样透明的城市，凸显了文本的弦外之音。同时，它积极开辟出一个具有民主色彩的非空间的空间，使后文字时代的空间叙事展示了生动的深层结构和时间节点的记忆全貌，为世界、区域、理性、安全以及国家、民族等宏大话语提供了广阔的发展前景。

① 麦克卢汉，秦格龙．麦克卢汉精粹[M]．何道宽，译．南京：南京大学出版社，2000.

第五章　情感的趣味

一、文化的群像

文化需要时间的积淀，厚重的文化必然都是经历了风雨的考验，由民族的精气凝结而成的，是我们赖以生存的智源之泉。

然而，高速公路，被轰轰烈烈的现代化大潮裹挟，带着比箭还快的速度延伸到各个地方。随着一幢幢高楼大厦拔地而起，原来的老城墙、旧胡同，连同沿街叫卖的传统手艺逐渐消失于人们眼前。那些上了年纪的、外墙爬满了爬山虎的小楼，要三四个小孩伸尽双臂、手拉着手才能环抱的大榕树，以及父辈们收工后便聚在一起侃大山、下象棋的小院门，还有一到傍晚便充满炒菜香气和母亲们此起彼伏的催促的老巷落……这些景象已经定格成一张张发黄的历史照片，跟随着更古老的记忆堆叠在记忆的自深深处了。

那时候的时针似乎走得很慢，那时候的天空似乎格外蓝。郁达夫说，先前叫北平的那个地方天空又高又远，以至于他愿意用生命来永远交换："秋天，这北国的秋天，若留得住的话，我愿把寿命的三分之二折去，换得一个三分之一的零头。"大概是不舍得斯人远去，现在的北京的天空，似乎也不愿展露出过多的蔚蓝和清爽。

鲁迅先生也作证，说他家的门前有一棵枣树，而且还有另一棵枣树，这两棵枣树在晴朗的秋夜，曾刺得星空直眨眼。而我们的小时候也曾见过天上的火烧云，也曾在汽车稀少的马路中间目睹过彩霞万道的动人壮美。

也听老人们说过这样的故事：邻居甲借邻居乙的菜刀后，还刀的时候，要用黄缎子和一根葱包好刀还回去，这叫图个吉祥，“老礼儿”。可现在这样的“老礼儿”丢得差不多了。小时候最欢喜的节日便是过年，早在年三十的下午便仔仔细细地洗好头发身子，换上一身全新的衣服鞋袜，胀鼓鼓的兜里揣满了五颜六色的糖果，在吃过年夜饭后便迫不及待地拎起爆竹烟花加入到大院里小伙伴们的队伍。可现在过年大家都变得安静了，与平常几乎没什么两样。吃过年夜饭，大家宅在家低着头互相复制传送拜年的短信。“一键群发”似乎比面对面拜年的“老礼儿”省事得多。

物质越来越丰盛，技术越来越发达，道路修得越来越宽，世界也越来越多新花样。只是，伴随着钢筋水泥每一次深深扎入地表，原先沉默的文化都发出沙哑的呐喊。有谁听见了吗？大家听到的只有竞速追逐的风，只有震耳欲聋的歌，只有疾驰的车轮划破地面发出的尖利的嘶叫。

时代在变化。旧的文化被挖掉，就像建房子一样，要把原来的地方挖掉、搬走，为新的建筑和事物腾出空间。城市化在快速推进，崭新的建筑群拔地而起，这些豪华气派的建筑风格时刻与这个时代保持一致，不停地进行史诗般的宏大叙事。奔驰在高速公路上尤其能感受到这种现代化的恢宏，比如，经过京珠高速公路湖北段时，就可以看到沿途修建的大量反映荆楚文化的大型壁画和雕塑。在湖北段大悟处，一座由武汉雕塑家陈育村创作、名为《开路人》的大型铜雕伫立在此，该铜雕设计主体宽度近 50 米、高近 20 米。一辆货车从京珠高速公路湖北段新店互通处一座跨度 19 米、题为《急驰》的大型不锈钢雕塑前汇入南下的车流；与此同时，另一辆货车从京珠高速公路湖北段全力处的一座高 19 米、题为《奋飞的黄鹤》的大型铜雕塑前疾驰而过。京珠高速公路穿过湖北境内，但见道路两旁矗立着“荆楚雄风”“奋飞的黄鹤”“黄麻起义”“将军剑”和“开天辟地”等 37 座雕塑，修路辟开的空白山体上展示着楚文化、长江文化和大别山风情的文明碎片和历史拼图。这些壮举把自然景观和人文景观有机地结合起来，生动地诠释了高速公路的后现代文化特征。

显然，这样的文化拼图代表着一种进步力量，揭示了当今社会的激情本原和革命性的前进动力。如果一个城市仅仅津津乐道于蓝布小袄式的“老文化”的话，那么它很可能不久就会由于种种原因而衰落。改革开放以来，中国人民的生活发生了翻天覆地的变化，物质发展水平得到极大提升，文化领域也被不断注入市场的活力，而诞生了众多日新月异的新鲜场景。在这个历史性的征程中，纵横交错的高速公路网络迅速蔓延到整个古老神州，我们的目光也跟随高速公路的延伸而感受到了现代性高速而惊人的伟力。许多老华侨回到大陆省亲，目睹城市发生的巨大变化，都忍不住发出了讶异的惊呼。是的，这个古老的大地如今呈现出的是一张年轻人的面孔，以好动和时尚展示着“新新人类”的所有特征。

在这里，有到处找不到场地的摇滚乐队、有占领了整个广场跳舞的大妈，有一心想留在大都市的“北漂族”、有一年到头只卖出一幅画的穷画家，有在步行街心直播弹唱的女“网红”、有在地铁站出口拉二胡的老盲人……面对这种杂乱的生活场景，总有人却出奇地安静，以疲倦的诗眼尽可能地牢记，特别是当旧街上的细雨、夜晚的霓虹灯、停电后居民楼的阶梯、胡同的儿童游戏、婴儿诞生的产房等各种意象组成一种文化镜像、一种斑驳的梦境时。他的语言是纪实而冷峻的，他的表情是写意而忧伤的。

在焕然一新却又错综复杂的都市密林里，一个寻根的文化老人似乎再也找不到回家的路，而当他最终从城乡结合部的岔道上走下来，见到的却是凋敝破旧、被城市化遗弃的边缘小镇，他的故乡。或许是他太苍老了，苍老得无论是城市还是故乡都不认识他。他用写了一辈子的笔，伤感地写道：

记得早先少年时
大家诚诚恳恳
说一句 是一句
清早上火车站
长街黑暗无行人
卖豆浆的小店冒着热气
从前的日色变得慢
车，马，邮件都慢

一生只够爱一个人
从前的锁也好看
钥匙精美有样子
你锁了 人家就懂了①

高速公路、繁华商圈、国际都市……作为真实生活的宏大叙事，我们在展示英雄创造历史的同时，也别忽略了英雄背后可能落下的“小人物”的泪水。在生命的征途上行走，面对一尊尊雕像，面对一块块再生的或移植的自然景观，人们在兴奋和感叹的时候，请不要忘了脚下这片土地，这条宽阔的、能够给为政者加官进爵的大道，是由多少辛酸与眼泪、多少回忆与托付换来的。

老城旧街的被毁通常都有堂而皇之的理由，有宏大叙事经常出现的元素，例如“大局”“新城”“希望”“未来”等等。于是，在这样雄伟的大旗下，毁灭者们是肆无忌惮的。当文化在地表中央掩面哭泣的时候，有人挺身而出吗？当然有，然而，保护者们是惊恐的。

《一封公开信——写给远在加拿大的叶嘉莹教授》一文写道：“北京前几天发生的棒子队夜袭搬迁户的事我们都知道，我们不敢和那么强大的力量对抗。我们手里没有可以保护自己的武器”；而“体现了人与自然和谐相处的哲学思想”的四合院们则死得很难看：“刚才，他们过来了，开着铲车，把您近两百年的家和您的邻院一起撞倒了。那张着大口的锋利的铲斗，把一堵堵的墙抓起来，又摔到地上。还有高大的红门，被撞飞到半空。还有邻院那棵粗壮的核桃树，喀嚓喀嚓地响着，撅折了。只半天工夫，那里就只剩下一地的碎砖了。”②

这是一位目击者给一位远在海外的四合院的前主人写的信，描述了他“在北京的根”的毁灭。

我们可以不心痛，因为那是别人的祖宅地；我们也可能心痛，因为每个

① 木心．木心诗选［M］．桂林：广西师范大学出版社，2015.

② 华新民．为了不能失去的故乡［M］．北京：法律出版社，2009.

人都有自己的祖宅地；但我们更应该心痛，因为这一块祖宅地被拆除了，意味着还有成百上千的别的祖宅地被拆除，如果这些承载着我们血脉与情感、记忆与认同的祖宅地都被拆除了，那么，我们的家在哪里呢？我们的根又该归于哪里呢？没有家的人，就像游离的孤魂野鬼；没有根的人，就像漂泊的野草浮萍。即便换来富丽堂皇、宏伟壮观的摩天大楼，如果没有代与代的传承、没有心与心的拥抱、没有根植于人们心田的值得珍视的东西，那么，这些都不过是徒有其表的海市蜃楼罢了。

曾经，为了一个远大的目标特别是经济上的目标，民众总是被要求作出牺牲，然后给予经济上的补偿。但是，文化上的牺牲，谁来为我们买单呢？一只瓷碗被摔碎了，还可以再烧一个；而一个祖宅地被毁掉，还可以再造一个祖宅地吗？一段历史和记忆被拆除，还可以通过重建、翻新来复原、弥补吗？如今，各式各样的新文化层出不穷，包括许多被商业利益裹挟的娱乐文化，在吸引流量、金钱的同时也在一步步瓦解人们曾经坚守的传统伦理和集体认同，就像现代钢筋水泥一步步逼近鸡鸣犬吠的平静村庄一样。不管是工业化的生产，还是豪华商场的建造，抑或大众传媒的狂欢……即便现代化成效多么喜人，即便新的文化具有多么强大的经济撬动力，我们也必须牢记，新文化的建立并不是以旧文化的破坏为基础的，经济效益的取得也并不是以牺牲社会价值为代价的，特别是被毁掉的旧文化还有强大生命力的时候。

当然，时代的车轮总是滚滚向前，我们总不能瞻前顾后，掌舵者往往会以更宽广的视角和更全面的信息来思考前进的方向。习近平总书记提出“文化自信”，对如何传承与弘扬优秀传统文化作出了一系列阐述，表示了党中央对于文化建设的重视与决心。国家陆续提出“全域旅游”“文旅融合”等战略，目的便是以旅游开发为方向，引导在旧城改造中实现经济、人文与环境的动态平衡发展。近年来，以互联网、大数据、人工智能为代表的信息技术创设了一个个以往在科幻电影里才能看到的场景，其中蕴含着科技对改进社会生产生活方式的强大动能。在这样一个综合的发展态势下，“文化”不再被视为是一种需要额外付出代价才得以保存的东西，而成为在旅游产业大潮下、被科技和传媒包裹得光鲜亮丽的一种商品和服务。于是，一间间百年老铺摇身一变成为“网红店”，诸如长沙、重庆、成都等城市依托传统高速公路与信息高速公路的发展，实现了“网红城市”的华丽转型，成为节假日期间国内最受欢迎的一批旅游目的地。博物馆、美术馆这些公益性文化单位也积极投入到文化创意开发，利用融媒体等技术手段，在“云看展”“云逛馆”等在线活动中成功吸引了大批“粉丝”。技术始终是中立的，但如果通过技术能让大家特别是城市的决策者真正看到文化的力量，从而利用这个契机反思在拆与建中反反复复被拾起又抖落的情感，那么，我们就已看到希望的曙光，如同一条高速公路为了保护一棵古槐、一座残庙或者一口古井而绕道的决定，让人充满欣慰与感动。

毕竟，人作为人群中的一员，是需要彼此联结、彼此温暖的。从这个意义上，如果一条高速公路能够绕道一点点就能保护一棵古槐、一座残庙或者一口古井，就能使一种集体记忆、地方认同、族群情感保存下来，这何尝不是一件好事呢？新文化的建立总是建立在旧文化的基础之上，如果旧城墙扒没了、旧胡同扒没了，有更好的新城墙和新胡同供人们纳凉聊天，也未尝不可。鲁迅先生门前那两棵有些年岁的枣树被砍掉了，要是先生门前都种上了芳香扑鼻的花花草草，以先生“民族魂”的品格，他也不至于“一个都不能宽恕”吧。

否则，郁达夫笔下《故都的秋》又何以让人如此的魂牵梦绕呢——

在灰沉沉的天底下，忽而来一阵凉风，便息列索落地下起雨来了。一层雨过，云渐渐地卷向了西去，天又青了，太阳又露出脸来了；著着很厚的青布单衣或夹袄的都市闲人，咬着烟管，在雨后的斜桥影里，上桥头树底下去一立，遇见熟人，便会用了缓慢悠闲的声调，微叹着互答着的说：

“唉，天可真凉了——”（这“了”字念得很高，拖得很长）

“可不是么？一层秋雨一层凉了！”

北方人念“阵”字，总老像是“层”字，平平仄仄起来，这念错的歧韵，倒来得正好。①

① 郁达夫. 郁达夫作品新编[M]. 北京：人民文学出版社，2011.

二、看不见的手

有一双手，看不见的，在空中，将风筝托起；

有一堆柴，散着火星，在旷野，将欲望点燃。

是什么，让旅行中的时光变得积极而有意义？阅读！阅读报纸，阅读书本，阅读风景与大地。旅行中的有限时间和狭窄空间使你的阅读变得真实而有效。一行文字，让你反复琢磨；一首小诗，让你反复品味；一条新闻，让你反复推敲；一片风景，让你反复咂摸。此时，人生的意义被一双看不见的手轻轻翻动，智慧在心头闪光，快乐在心尖摇晃。窗外的阳光像海水中的波浪，一层一层地涌过来，打在你的身上，将你染得一片金黄。

这是一个传媒时代，道路与桥梁成为传媒的艺术表现形式之一，每天通过的信息流不计其数。尽管每天阅读到的信息成倍增长，随手在手机屏幕上一划便是发生在世界各地的最新资讯；然而，金黄色的阅读体验，似乎变得越来越少了。作为文字的亲切伙伴，网络时代的革命性表现为用看不见的手触摸另外一种心灵的感知，一种对于记忆快速运载并尽快遗忘的状态。正如柏拉图在《菲独篇》里所预见到的——

> 你发现具体东西将会在你学生的心灵中产生遗忘，因为学生不会使用自己的记忆，他们信赖外在的文字，却不会记住自己。你发现具体东西不是在辅助记忆，而是在辅助回忆，而且你传给学生的不是真理，只不过是真理的近似物。他们听到很多东西，学到的却是零。他们看上去博学多识，但一般来说是一无所知，他们使周围的人感到讨厌，外慧而实不至。

在柏拉图眼里，文字主要是一种破坏性的革命。自此以降，我们经历了许多的革命，深知每一种传播媒介都是一种独特的艺术形式；它突出人的一套潜力，同时又牺牲另一套潜力。每一种表达媒介都深刻地修正人的感知，主要是以一种无意识和难以预料的方式发挥作用。字母传播产生一种不可避免的心理退缩，接踵而至的是一系列个人和社会的难以适应。

识字的过程是建立内心独白的过程。它把听觉的东西转换成视觉的东西，又把视觉的东西再转换为听觉的东西，这就是写字和阅读的过程。读书写字产生内心独白，结果便是削弱感知，造成对别人的说话不太注意，建立起一些干扰言语回忆的机制。而准确的言语回忆对于前文字文化来说，几乎就不是一个问题。①

如果说，道路与桥梁成为传媒的一种艺术形式，那么，不妨将它视为现代社会里科学技术催生的特殊文字。身居其中的人不仅可以阅读原本意义上的"文字"，也可以阅读人生、阅读机遇和旅途本身，只要这些能够给旅途带来快乐。寻求快乐是每一个人都不会拒绝的行为，你不要期望他人感恩，即便你为之付出很多，因为付出是一种享受施予的快乐。高速公路用其自身的魅力诱惑你为之阅读，它上面的文字信息既是社会的表征，更是情感的流淌。

冬天来了。如果你在旅行中坐车久了，也许你会进入梦境。此时，学生时代的种种记忆也许会进入你的脑海："那一天，我疲惫不堪，趴在图书馆冰冷的桌子上，手捧着一水杯，靠着这水杯里散发的唯一温暖，就睡着了。我不知道过了多久，忽然醒来了，却发现桌面上怎么出现了一摊水。我昏昏沉沉，半天才醒过神来，原来是自己疲惫困睡中的呼吸，遇到空气中的寒冷，凝聚在了桌面上。"

从旅行中的一个急刹车中醒来，也许还没有到达目的地，只是半途休息。你回味着刚才的梦境，感到一种温馨的伤感。在加油站的小卖部，你看到了一句这样的提示："免费提供热茶"。你突然动了动，轻轻地"哦"了一声。犹如了无痕迹却又无处不在的空气，高速公路文化而今弥漫于每一个层面和细节。任何一个高速成长的企业，都强烈地体会到企业文化不动声色的推动力。随着企业的不断扩张和成熟，其独特的性格也越来越清晰、越来越魅力十足：一只看不见的手握着文化的这柄利剑，悄悄地塑造着企业的个性。

据说，资本主义经济学家最得意的发现之一，便是那只看不见的神奇的

① 麦克卢汉，秦格龙. 麦克卢汉精粹[M]. 何道宽，译. 南京：南京大学出版社，2000.

手：供给过剩了，就通过东西卖不出去让它降下来；需求过度了，就通过价格的上涨来控制需求的规模，并通过利润的增加来刺激生产，反过来又使价格降下来，满足需求。

“服务至上，细节为王。”这是许多企业绣在其标志性锦旗上的文化理念，依靠的基础恰恰就是那只看不见的手：如果某种产业欣欣向荣，那么对利润的追逐就会把资源更多地配置到该产业中；如果某个产业开始亏损，那么滞留于该产业的资本就会向其他有利可图（也就是有效供给的产业）的行业流动，从而实现资本的合理配置……看不见的手把一切都安排得妥妥当当，最多只会有一点点震荡而已，就像平坦无垠的高速公路上偶尔也会有一点小小的颠簸一样。

从高速公路、高铁、地铁、电梯等一系列现代移动工具，到一切闲暇时光的情感阅读、传媒表达的精神走向再到企业利益上的合理分配，都有着一双“看不见的手”在起作用，代表着现今我们所处的社会，与农业社会、原始社会相比，具有一套怎样不同的经济社会结构和价值观。通过这一双手，人们能够发现许多问题。比如，斯密的《道德情操论》中就研究了这样一个问题，即为什么上天把土地分给尘世间的一部人而另外一些人却没有分到，他认为就是有一双看不见的手操纵的结果。

斯密是这样写的——

富人们只选择那些最宝贵和最惬意的东西。他们并不比穷人消费得多，尽管他们是自私的，贪婪的，尽管他们只考虑自身的便利，尽管他们从其成千上万的雇员那里得到了其空虚和贪得无厌的愿望的满足，他们仍然要与穷人分享生活改进的果实。在一只看不见的手的指引下，他们的分配决策和每人拥有平等的资源时是一样的。因此在无意间，他们已经使得社会整体利益得到提高，物种得到倍增。当上天把土地分配给地主时，他并没有忘记更没有抛弃那些没有分配到土地的人们，后者也分配到了他们应得的劳动所得。从人类真正的快乐来说，他们的快乐绝对不亚于那些看起来地位比他们高的人。从身体的轻松和精神的平静来看，所有不同层次的人所得到的不同的满足程度基本处于同一水平，如那些游荡在路边的乞丐，他们所拥有的正是帝王们所努力奋斗想得到的安全感。①

假如抛开政治经济学的深层分析，仅仅从生活感知的角度而言，那么，斯密上述一番话多多少少能带给我们一些快乐生活的窍门。他是从快乐的视角来看待贫富不公平的问题，通过“看不见的手”的调摆，它使贫者与富者之间不公正的待遇找到了落点。穷人们通过劳动得到了他们应得到的快乐，这种快乐同富人出售土地所得到报酬的快乐是一样的。一无所有的乞丐所拥有的安全感正是帝王们孜孜以求的，事实上，游晃于街头巷尾的乞丐比深藏于杀机四伏的宫廷的帝王要安全得多，就像《白毛女》中杨白劳将一朵野菊花插在喜儿的头上所得到的快乐比大地主黄世仁及其家人所得的快乐还要多得多。虽然有一种“阿Q”式的自慰，却并不是一种精神麻痹，相反，这只“看不见的手”反映人们面对不公或者面临苦难命运的一种不屈和乐观的人生态度。

中国改革开放发展到今天，贫富悬殊在进一步拉大。不同的人对生活的欲望是不一样的。而个人心灵能否保持宁静，能否真正享受生活所带来的一切，很大程度上取决于个人对世界的态度。富者当然希望更富，穷者当然希望脱贫，富者与穷者都能在高速公路上奔跑。也许富者是自己驾车，而穷者是搭乘公共汽车，这也许是一种常见的区分。在“看不见的手”的调节下，双方都会得到快乐，即便富者吃山珍海味、用牛奶洗澡而穷者吃粗茶淡饭、用木盆洗澡，他们得到的快乐或许是一样的。

“看不见的手”能够将风筝托起，也能够将欲望点燃。在消费主义因子无孔不入的今天，人类对物欲的追求是无止境的，但如果不加以反省和节制，任其无限发展，必将导致人类精神境界的堕落和人性的退化。最终人类将丧失自己的本性而退化为动物，成为只不过是比普通动物在获取衣食住行方面更有智慧和本领的物种。人类对利用自然甚至驾驭自然有着天然的追求，但这种追求绝对不应是追求无止境的物质享受，而应是追求更高层次的精神境界。这是一个很重要的区分。

如果说人类社会在未能达到物质生活条件的温饱时，不惜采用过分偏重

---

① 斯密．国民财富的性质和原因的研究[M]．郭大力，王亚南，译．北京：商务印书馆，1974.

于刺激人类对物欲追求、激发和促使人们大力发展物质文明的方法是有其一定必要性的话，那么一旦人们在物质生活方面获得温饱以后，就应当将重点转过来，注重发展和构建精神文明了。在温饱之后评价人的生活质量的综合标准和根本准则归根到底是决定于一个人在心灵上是否充实、精神上是否自在，这在根本上可归结为一个人内心的心灵感受和精神状态，而与人的财富、名望、地位无关。

在后现代社会里阅读、感受、体味人生的意义，“看不见的手”将拓开你的视野，启迪你的思考，调节你的情绪，平衡你的心态……这正是建立一个健全和完备的心理健康体系以及人类心灵栖居的精神家园最基本的出发点。

三、城市与荒漠

城市，并不永远都是城市，也许几百年前还是一片荒漠；

荒漠，并不天生就是荒漠，也许几百年前原本就是一座城市。

城市与荒漠，荒漠与城市，两者似乎隐含着许多秘密。那些不为人知的故事是如何发生，又是如何结束的呢？就像一幕幕悲剧、喜剧一样，那些舞台上的人、道具、眼泪和音乐都到哪里去了呢？

互联网将城市与荒漠连接到了一起。人们对城市与荒漠的认知便有了更深一层的思考。

今天，为什么那么多人喜欢去荒漠探险，去古堡寻根？为什么大家喜欢朝拜中世纪的城镇，热衷于去看那些古村落、古遗址？显然并不仅仅因为它们美，而在于通过探险，通过寻根，通过朝拜，了解那个时代的文化、风俗和历史。那些消失的文明是如何消失的，那些繁华的都市是如何风化成荒漠的，那些先人又都是如何在苦难面前挣扎绝望的……以及这一切的一切对我们当下的生活将会产生怎样的影响？

想想这一幕吧：在中世纪的城镇里，清晨公鸡长啼报晓，屋檐下鸟巢内的鸟儿叽喳而鸣，城边修道院的报时钟声，市场广场新钟楼发出的和谐的钟声，它们唤醒人们，宣告一个工作日的开始，或是宣告市场开门。人们随意哼起歌曲，从修道士单调的咏唱到街上民歌手们歌词的反复回荡，还有学徒工们和家庭女仆的信口低咏。唱歌、跳舞、表演，这些显然都是即兴自发的活动。和谐、宁静、祥和，人们的生活是那样的美好……

现在看来，上述情景虽然并不出奇，甚至还很平淡，但却相当古朴自然，那种情趣，那种静美，那种快乐，充分显示出那个时代的文化，那个手工时代平静的城市生活。

因此，城市的一大贡献和作用就在于它能保存、流传和发展历史文化。对于一座城市来讲，文化遗产就是自己的品牌和个性，就是财富，就是创造与建设现代特色城市的基础。例如，绍兴的沈园，是一座非常小的园林，亭台水榭也不出众，而八百多年来却吸引了无数文人墨客，至今游人不绝。它靠的是什么？靠的是文化。凡读过陆游的《钗头凤》和《沈园》诗词的人，走进园林里，都会有深刻亲切的感受。陆游和唐琬凄怆的爱情故事打动游人心弦，激起心灵的共鸣，“伤心桥下春波绿，曾是惊鸿照影来”，给园林增添了浓郁的、令人流连忘返的文化点染。

城市原本应当如此，它不仅是生活的地方，也是修身养性的生命家园。可是，今天生活在城市里的人并没有感觉如此美好。在城市里生活，心灵的感受却有如荒漠。城市的拥挤、喧嚣、尔虞我诈的人际关系以及垃圾成堆、环境污染，等等，使城市成了宇宙黑洞，身处其间的人感到寂寞、紧张和不安。

有关城市的感受和体验，不同的国家和个人有着不同的看法，不妨摘录一组——

城市愈大，人就愈感到孤独。

——拉丁谚语

所有城市都是疯狂的，然而是华丽的疯狂；所有城市都是美丽的，然而是冷酷的美丽。

——(美)克·莫利

城市，一如森林，有它们最恶毒可怕的生物的藏身洞。

——(法)雨果《悲惨世界》

高山峻岭能激起人的情感，然而城市的熙熙攘攘却是一种折磨。

——(英)拜伦《恰尔德·哈罗尔德游记》

城市是人类的垃圾堆。

——(法)卢梭《爱弥尔》

那么，荒漠又是怎样的呢？这个曾经的繁华都市，这个曾经的名利场，这个曾经悲喜交加的地方，它们又有了怎样的特征？

别以为荒漠就是死气一片，就是沉默的坟墓。不是，真的不是这样的。表面上看，荒漠，的确了无人烟，只稀稀落落生长着酸枣、骆驼蓬等一些植物。但是，你仔细看去，就能发现，在那些山梁的岩石上，刻着各种各样的图画，像精灵一样在凝固中舞蹈。这些精灵令每一个来访者震惊和兴奋，其中有人、动物、佛塔、日月、天地神灵、怪异符号，等等。这些文明气息令人浮想联翩。精灵部落中有各种动物，羊、马、鹿、牛、狗、虎等，最多的是羊。这一点，从岩画中能清楚地看见。先人们的智慧也是让人敬慕的，岩画只是其中的缩影。如果你凑近细看，还能看到更多的发现。比如，岩画中有简单几笔勾勒成的单个的羊，也有众多大场面的羊群及围猎场景，还有羊与其他动物共处的画面，以及各种带着羊角形象的图形，反映了当时人们对羊的崇拜，可见羊在生活中的重要地位……

但在电脑或手机屏幕上驰骋的你，不可能有太多的时间来观看这些。你太忙了，忙得留不出一点时间来对生命的意义做出感性的判断，对荒漠的形成做出理性的分析。你明白这荒漠也许就是城市的风化，就像你正在生活的城市也许某一天也会沦为后来者观看的荒漠一样。你感到惋惜，可是没有心痛，你觉得那不是你可以关心的宏大话题。你只是一个小百姓，自身都还顾不上来，哪里有时间和心思去关心其他的事情呢，即便这事情就是关系到你脚下的这座城市。许多人都对这类问题漠然，你只是其中的一个。你没有干过什么坏事，把路边的树木折断一点，或者从车窗往外吐一口浓痰、扔下一个罐头盒，或者别的什么垃圾，都无伤大雅。脚下的城市大得很，脚下的路长得很，你所做的一切根本无损于它的成长。

真的是这样吗？

不！神创造自然，人创造城市。人类建造城市的初衷在很大程度上是为了生活更方便更自由，更安全更美丽，为了让人的本性、人的需要、人的情感得到充分张扬，满足与实现。

但事与愿违，城市越大越热闹，人却越渺小越孤独；城市越繁荣越华丽，人的精神家园却越贫瘠越世俗；城市堆积的商品与财富越多，犯罪、吸毒、卖淫、污染、疾病等现象似乎也水涨船高。人建设城市的结果与初衷背道而驰，美化的初衷换来丑化的结局，本来要建造属于人自己的美的城市，但建造的结果是城市在一定程度上成为人的异己力量，成为人的敌对物，这便是所谓的“城市异化”，异化的最终结果便是城市的荒漠化。

眼下，已经有远识者感觉到了脚下荒漠化的征兆，那是一种轻微的战栗，从城市的心脏发出。

互联网来了，新媒体来了，融媒体来了。它们带着科技的力量和时代的需求，穿过城市，也穿过荒漠，将城市与荒漠进行直接的对照。在后现代社会里，内心深处，这两个区域已不仅仅是互相接壤，而是混合一处，并且互为指涉。

著名导演和摄影家文德斯说：“我爱城市！但有时候你必须离开它，从远处观望它，发现你喜欢它什么。比如，我熟悉西部的荒漠景观，时不时地，你在沙漠中会偶遇文明的碎片：一幢房子，一段从前的公路，一截旧铁轨甚至荒废的加油站或汽车旅馆。某种程度上，这种体会与你在城市中进入一块空地时的体会是相反的。城市中的无人空地，就像是把城市环境放进了透视图，让它在另一种布光下呈现，隐去了令人厌腻的细节；而突然出现于荒漠的文明残迹和废墟，却只使荒漠显得更加空旷寂寥。”①

某种意义上，城市成了掏空的沙漠，成为被孤立的全球文明郊区。在手

① 王歌，吕乐．后视镜中的公路[J]．读书，2004(04)：61-67.

工制作或机械工业时代，城市带着乐观的生命力向周围的大自然扩张。在贪婪的挺进中，城市变得为所欲为。于是忍无可忍的大自然还击了，荒漠又一次站在了城市文明的尽头。所有事物开始变形为宏大空阔的荒漠景观，人类或多或少地撤退，而大自然再次占据了文明的上风。在日复一日的争夺中，文明的印记退居其次，交通标志、广告牌(完成了它们所含的许诺)，都是人类曾经在此栖居的证据。

一个无休止的旅行摄影者在城市文明尽头拍下了地球表面的照片，这同时也是对地球表面缺席的人类考古学的贡献。在这些崭新的城市荒漠中，只剩孩童的游戏玩耍形成生活尚存乐趣的信号——代表一个几乎灭绝或孤独的物种。

无论城市或荒漠，都是人类的生存环境，是外在的东西，但人的内心能否安宁与外部环境有着显而易见的联系。电影《百万酒店》虽然以自杀开始，又以自杀结束，探讨的却不是自杀本身，而是周边环境：活人、警察和媒体对死者的反应、加工、阐释和利用，等等。《哈默特的侦探小说》中死了一堆人，但却和大多数侦探作品一样，跟死亡本身也没多大关系，死亡只是情节的一个道具。在文德斯70年代初导演的《红字》中，牧师的死亡让人印象深刻，他并非死于忏悔和罪感，而是被世俗权力的代表——总督给掐死了。片尾，女主人公带着和牧师生的私生女珠儿坐船离开，回欧洲大陆寻找新的开始，珠儿说："爸爸已经死了，我期待明天!"这里死亡的不只是一个"父亲"，也是"父权"。

死亡与影像的关系也十分亲密，罗兰·巴特在《明室》中形容摄影作品是存在的挽歌，它同时标识事物的"曾在"和"不在"。影像迫切地让人感受到时间：此时此地看到的影像记录，已成为彼时彼地。影像本身既是保存，又是葬送和哀悼。文德斯称摄影带有英雄主义的意味，绝望地挽救正在消亡的东西。①

当城市变成荒漠的时候，正在消亡的东西，你无法挽救，从无处不在的互联网奔驰而来，穿过都市的腰身和乡村的脸，关于这一点，你看得最清楚。

---

① 王歌，吕乐．后视镜中的公路[J]．读书，2004(04)：61-67.

四、无名的指涉

无名跟有名是相对而言的。一个有名的人，也许在某个区域很有名，却在更大范围内是无名的。因此，很多时候，谈到某某有名，必须得有一个区域性定语，比如说湖南省著名企业家或中国著名作家，等等。

那么，除了无名跟有名之外，是否还有第三种状态呢？有人为此提出了共名的概念。

复旦大学博士生导师、著名学者陈思和就指出：进入到 20 世纪 90 年代以前，中国当代文学始终处于一种共名状态。所谓共名，是指时代本身含有重大而统一的主题，知识分子思考问题和探索问题的材料都来自时代的主题，个人的独立性因而被掩盖起来。与共名相对立存在的，是无名状态。所谓无名，则是指当时代进入比较稳定、开放、多元的社会时期，人们的精神生活日益变得丰富，那种重大而统一的时代主题往往拢不住民族的精神走向，于是出现了价值多元、共生共存的状态。

由于国家文艺政策的制约，以及作家们社会理想的相对统一，20 世纪 90 年代以前的中国当代文学创作基本上被各种时代共名的主题所贯穿，如社会主义革命、“文革”、批判“文革”、改革开放，等等。但随着整个社会文化空间的日益开放，这种文学的共名状态开始逐渐涣散，为那种更偏重个性的多元化的无名状态所取代。①

这种无名状态的情感指涉主要指个人的生存感受，诸如家庭、爱情、孤独等私秘化的语符串联起来，形成一种情绪之网，与集体、国家、民族等巨型语符形成对照。②

不过，世纪之交的情感指涉是复杂的，既有无名状态的，是个性化的，也有非无名状态的，有着一定共性的。而且这种无名、共名跟陈思和先生所阐释的中国文学上的无名状态和共名状态是不一样的。这里所讲的情感上的

---

① 陈思和. 中国当代文学史教程[M]. 上海：复旦大学出版社，1999.

② 陈思和. 鸡鸣风雨[M]. 上海：学林出版社，1994.

无名状态，更多是指个人的经验、情绪、感觉等诸如此类的内心反映，是多角度、多层次、多变化的，可以是叠加的、立体的、多维的，也可以是单一的、扁平的、线型结构的。

比如，你是一个情窦初开的青年人，心情有些压抑，试图去远方排遣一下积聚的情感。你在高速公路上面对窗外纷乱的雨滴，在你的心头引起的共鸣可能就是此类叙事模式：“选择一个飘着雨的冬夜来谈论孤独可能有些不合时宜，不断滴落的雨声可能正好与孤独那阴郁的部分不谋而合，而冬夜的萧落可能恰恰符合了孤独的怅惘，如此的周遭所谈论的孤独就可能只会指涉那虚弱而黯淡的光景。即便有如此多的可能，我却十分想在这样的情状里试图探究孤独所带来的种种情感指涉。”

如果你是一个在人生的名利场上奔波已久的中年知识分子，你有得有失，有痛苦也有欢乐，面对高速公路一闪而过的一个个限速牌，你可能会发出这样的抒情：“所谓‘一辈子’，说得宏大一些是懂得怎样‘出世’、‘入世’，说得委婉一些就是在无尽的纠葛中让自己历经悲、欢、离、合，而后或沉静、或洒脱、或抱憾终生、或惶惶不可终日、或欢愉、或悲痛……从外在形式说人是带有标签的社会性动物，差异性就是标签的属性。而当我们深入内心时，也许我们能清晰地看到，终日伴之左右看似隐秘的心绪却大致相同。”

如果你是一名带着强烈反叛心理的少年学子，沉重而陈腐的教学理念和教学内容使你烦不胜烦，而家人过高的期望更让你觉得生活的无趣，来到高速公路只是一种简单的行动，一种对远方的渴望、对家庭的厌倦、对学业的迷茫：“我不能任由隐秘的或显现的事物恣意安排生活，但我也不能反抗那谁也预知不了的未来。我只能相信世界上有一种东西大于所有法则，它盘旋在所有人的头顶或脚下。任何的呐喊和救赎都像是一个懦弱的程序，于事无补。我渴望自己愈来愈苍老，用被日光浸染的发丝捆绑致命的病因，让自己平静地淌过河流和沉沙。”

如果你是一个多疑的少妇，与丈夫感情一直不好。这一天你鼓起勇气出走，也许只是被微信上的一篇什么推文所鼓动。出发，出发，你不停地鼓励自己。你已经到了生命中的某个时间节点，正朝着不安的目的地进发，可你的思绪，显然还在一片慌乱中，仿佛还困在那间屋里不能自拔：“我满屋子走动，上一刻放置的东西这一刻已记不清在哪。茫无头绪，没有目的，耳畔的音乐已完全成为模糊的背景。我在整个屋子里游荡！夜已经很深，我试图躺下，将灯熄灭，没有光线的黑夜尤其令人怵自疏狂。场景开始一个接一个地出现，已知的、未知的、幻象的、现实的，它们快速地掠过大脑，在最敏感的神经末梢停留片刻后又转化成最离奇的揣度。”

如果你是一个热恋中的人，要去另一个城市与热恋的情人相会，此时，高速公路于你简直就是一张等待书写的情书：“你记得寂静中的每一次思念；转身时每一次默默的凝望；突然找不到身影时满世界的焦灼；寒冷时相互取暖的偎依……这些细微的触动全装在一颗怀有爱恋的心中，为此你以美诱惑光明，俘虏光明，同所有波浪和激流一起歌唱。但一颗心又怎能栽种永不凋谢的玫瑰？一颗心又怎能时刻感知另一颗心的潮汐？风依然穿过边界而黎明的泪痕只能干涸在真实而严格的心中。你虽然有满腹的爱恋但同时也生长满腹摇摆的幻影，一些美丽的片刻不断升起又落下，一些倦态的烛火点燃繁花又渗进黑暗的记忆。你培育爱恋同时又在颠覆温情，其实这不是你心底的盼望，你希望天空总无限蔚蓝、大地总照彻繁星、黑夜总飘荡盛夏的欢歌和蟋蟀们甜蜜的私语……但你还是无法更换让完美裂变的距离。爱带来美同时也带来了秩序，而秩序像染上灰尘的玻璃片，一半掩盖澄净，一半藏着刀刃。”

如果你是一个处事不惊的老耋，接到远方的挚友去世的消息，你不顾家人的反对，毅然决然要去参加葬礼。你将悲痛深深地压在胸中，踏上人生的下一个目标，一路的风景让你感触良多：“生、死、离、别，其中哪样最令人有痛楚感？生的疼痛是带着喜悦的，那只能是属于母亲的肉体疼痛，它算不得我此刻所谈及的内心痛楚。接下来的三种几乎同出一辙，人生的大悲痛几乎都包括在其中。但除此之外，还有一种不能伸展的、不能言说的悲痛，它超越死、离、别的外部形态，直指心灵的死角；它就像不会下雨的乌云始终盘旋于头顶，制造惊心的惶恐和压迫的气息；它最大的特征和令人窒息的表现形式就是声色全无而无处不在、不能制止、无法摆脱，抑郁得不行！只能听到内心不断裂开的声音。这是许多人无法体验的！它聚集了焦虑、无奈、裂变、背叛和非常态的一切，就像一个绝顶聪明的人一下子疯癫无度，他没有离去，更不会死亡，但他正常的生活已经一去不返，只留下亲人们无边的泪水和外人诧异的目光……是的，他已无法体验到什么了，以后的一切都将在他的亲人和朋友内心之中蔓延、燃烧和绝望。”

无名，有时表现为一种莫名的精神指向。当无名的激动变成莫名的慌乱，你的脑海中将会浮泛出海子的诗，像血一样涂在心灵的警醒处：“为自己的日子/在自己的脸上留下伤口/因为没有别的一切为我们作证。”此时，你探究内心的种种心绪犹如麻醉后给自己手术。你奔跑在高速公路上，可你的心不在那里，你的心在别处。你注视着自己的疼痛，以便获得带有愉悦的生活之甜美。当然你也没法保证这样的手术会成功，生活本身像卷入泥沙的河流，而你和过去隔着黑色的土地，你和未来隔着无声的空气。“一只眼睛留给纷纷的花朵，一只眼睛永走不出铁铸的城门黑井……”

情感还在故乡的小道上流淌。如果你是一个大病初愈的人，你与家人从医院出来，沿着阳光灿烂的公路回家，你的感受与别人的感受将是多么的不同：“经历了人世的伤痛后，知道许多的事物必须以一颗淡然的心去对待，否则只会多增些苦楚。于是那些妄想和‘激烈’的念头渐渐如烟飘散，希望自己只是某个角落里的虫蛹，静静在生活的河床中等待蜕变。只是孤独依然流动于周身，它更奇妙而更难以释怀。”

无名有时变得有名，只是这种有名并不跟著名联系起来，而是与“著名的内容”相关，与自己的实际生活经验结合起来。比如，你是一个虔诚的诗歌爱好者——虽然这样的人于今不多，但因为你，人们姑且相信还是有吧。你喜欢艾米莉·狄金森的诗，认为它充满了细腻而温情的神秘气息，就像一条蓝色的河流，清澈而意蕴无穷，无数的生命信息都流淌其中。而更使你感兴趣的是她孑然一身的阁楼生活和宗教情感般的精神安宁。当她说“茫茫世界越来越大，而亲爱的人儿却越来越少”时，你相信她感到了深深的、无法消解的孤独。而对于她来说孤独是迷人的，正是这样的孤独时刻她和静止或流动的一切开始了对话。她的孤独更像是一次精心安排的心灵旅程，这不是一个庸常之辈能把握得住的清醒。她的孤独得到了完美的回答和内心的最高快乐，有异样饱和的色泽。她用孤独换取了心灵的自由、唤来了诗歌。而你呢，还是感到没有学会一股子静气，孤独在现实生活之中变得不可问更不可解，不可捉摸也无法定义，它成为生命的征兆和契约、背叛和救赎。深夜之中你只记得这样的诗句：“我没有路，天堂缝缝补补/我感觉到柱子很近/大地改变了它的半球/我碰触到宇宙/但是滑了回去，我一个人/像是球面上的一点。”

当生命在肉体上行走，你永远只是球面上的一点。在别的地方生活，也是一样。只是你敏锐地感觉到了，但许多的人并没有这样的意识，还以为自己是森林里的雄狮。你宽容地一笑，便有了这样豁达的陈述：“一个人对于人生和世界有真正独特的感受，真正独创的思想，必定渴望理解，可是也必定不容易被理解，于是感到深深的孤独。最孤独的心灵，往往蕴藏着最热烈的爱。孤独是一颗值得理解的心灵寻求理解而不可得，它是悲剧性的。”你为这样的文字在你的心里产生强烈的共鸣所感到奇怪，认为自己对孤独的感触还是朦胧的，形而上的理想情怀正好契合充满激情的青春，以为自己具有无比的使命和创造性，于是孤独变得情有可原，同时也带有形而上的色彩——孤独似乎已不是原来意义上的孤独。

21 世纪之初的情感指涉的无名状态每时每刻都在进行，它不仅释放个人的情感，同时隐含着集体或民族的记忆，从一个侧面见证着时代的沧桑巨变。比如这样的叙事多么理性：“我在静夜的一次次游弋或呜咽中，散漫而幽雅地拣拾细节和纹理的光泽或斑点；面对四壁的犹疑和自欺，激情而又畏缩着想望……这些都不足以证明这种时刻在内心所产生的力量和潮涌，不足以证明爱的欣喜或绝望。”

后现代社会无名状态的情感指涉是个人式的，但也可以将它放大到集体的、国家的甚至是世界性的。正因为这种情感的释放或指涉只是个人对事物的认识，虽然有着偏颇的地方，但不会引起上纲上线的大讨伐。原因是，善于思考的人总是发出一些令人费解的言论。比如，法国后现代主义思想家鲍德里亚对于越南战争和海湾战争断然说：“不存在，没有发生过。”因为他认为，人们对越南战争的认识更多地来自越战电影，如《战争启示录》等等，反而淡忘了真正的越南战争，所以在人们的思维空间里它是不存在的。对于 20 世纪末的海湾战争，鲍德里亚则把它看作是“虚拟的战争”，是“一场文字和影像的战争，是模拟的谋杀和破坏性战争，而不是真正死亡的战争”①。

其实，鲍德里亚的真正用意在于：“在今天这个电子传媒高度发达的时代，人们与远近事物的关系已经发生重大改变，无所不在的电子传媒向人们呈现的已经不是现实（reality）本身，而是超现实（hyper-reality）。人们生活在一个虚拟复制的文化场域中，被各种多余的、丧失意义的符号和信息所包围，无法逃脱。”②

鲍德里亚当然知道越南战争和海湾战争都真实地发生过，但世界上的绝大多数人却都只能从新闻媒体上了解到战争的进程、走势或评价，而对于身处战争中的当事者却并没有足够的机会释放个人情感。因此，人们通过媒体了解的战争与真实的战争必然存在较大的差距。而这种状况岂止是这两场战争？整个世界的历史不也是如此吗？

能够想到这一点的人毕竟不多。在奔腾的高速公路上，太阳慢慢地下山去了。山脚下的红晕令多少人着迷！

五、崇拜的黄昏

黄昏总是令人伤感的。“夕阳无限好，只是近黄昏。”古老的诗句是黄昏伤感的真实写照。

当越来越暗的光芒从山谷下隐去，当风把纷纷落下的夜色吹向四面八方，黄昏来临，路上的车辆越来越接近目的地，道路两旁的灯光越来越亮了，旅途中的人那种“近乡心怯”的心情被语言的暗喻演绎得恰到好处。

然而黄昏，你又何以让人崇拜？何以让人在伤感之后获得一种心绪难宁的振奋？黄昏挥洒着词汇，它使语言变成一条动人的河流，在旅人经过的地方肆意奔流，这河流的暗道会不会像人生中的某一种玄机一样令人不可思议地装配在黄昏的骨骼处呢？

---

① 史蒂文森. 认识媒介文化：社会理论与大众传播［M］. 王文斌，译. 北京：商务印书馆. 2001.

② 赵斌. 依旧怀念1968［J］. 读书，1999（8）.

太阳已成天边黯淡的红唇
向着夜的梦境逃遁
独自枯坐
心神不定
白天穿着晚妆去了
从远方传来一声鸦鸣
炊烟缭绕着渔村
屋檐下，马灯点起
用温柔的方式给大地签名

心事已成难以挣脱的枷锁
到处都是紧闭的门
我是我自己的陌生人
到处寻找我的灵魂
抬起头望望天边流云
暂时地抛开心中疑问
路在哪里？

这样的诗歌人人可写。以淡淡的愁绪，记录后工业社会下的心灵轨迹。在高速公路上奔跑的人，最易产生海角天涯的孤寂感。这时的语言以暗喻的方式引发内心一系列感触。有一个学派认为，外部世界是一块模糊的多棱镜，艺术绝不能被当作知识的源泉，艺术是伦理之学和忍耐之学。艺术家不是崇拜与追随龙飞凤舞的签名的人，而是以比常人敏感和超前的笔触，在希望和同情的假支票上签名的人。

在过去的一百多年里，远在“万物互联”的融媒体还没出现之前，一切技术手段都在推进传播的非连续性质，这种性质笼罩了所有的大众文化，使之陷入深奥而无知的雾霭之中。但是，它伪装成深厚的、更有希望、更为高尚的道德关怀。

乔伊斯描写这种反认知的态度所用的话是“崇拜的黄昏”。之所以这么说，是因为他认为人类社会已步入一个工具体系高度发达的后新时期，但是事物在这一时期中所呈现的面貌，相互之间如此相同，像走进了一个永远没有终点的全封闭循环。他以新闻报道为例子，关注越来越发达的大众媒体在不断拓展全球空间中的时间维度，提出当下现实绵延不绝的现实主义观点，即，过去、现在和将来的事件已共同构成了永恒的此时此刻。所以说，只需要去掉报头上的日期，也可以得到一个与原来文本相似的时空模式，哪怕是令人不太满意的模式。传媒学者史蒂文森也表达了类似的观点，他说，如果他知道必须替换什么东西，他可以把一张报纸变成一首史诗①。

而 E. T. 霍尔在《无声的语言》中指出：今天，人们实际上已经完成了他一切身体功能的延伸。武器的演变开始于牙齿和拳头，以原子弹告终；衣服和房屋构成了人的生物学温度调控机制；家具使人不再以蹲的姿势席地而坐；书籍使人的声音跨越时空；货币是延伸和储备劳动的方式；运输系统现在做的是过去用腿脚和腰背完成的事情；电动工具、玻璃杯、电视、电话和书籍……多的是实体延伸的例子②。

实际上，一切人造的工具都可以当作是过去用身体或身体的一部分所使用的功能的延伸。③ 高速公路当然不能例外，而且事实上，它比以往任何别的工具对人们身体的延伸更加明显，对当今生活的影响也更加巨大。正是依赖这种延伸，人们对黄昏的感觉变得尖锐而多情。请看下面两段文字——

其一：一声叹息足以把夕阳压在山的那边，当我启程的时候，你沉重的手是否举起，向我告别岁月。

只要你相信我会回来，身后就有一个家，灯光和谐。

身后有长长的背影，从目光的这一头远远离去。

我在无语的黄昏，把所有的沉重交给夕阳。

你还在独坐么？黄昏时，别忘了为我占一个位子。

---

① 麦克卢汉，秦格龙. 麦克卢汉精粹[M]. 何道宽，译. 南京：南京大学出版社，2000.

② 霍尔. 无声的语言[M]. 何道宽，译. 北京：北京大学出版社，2010.

③ 麦克卢汉，秦格龙. 麦克卢汉精粹[M]. 何道宽，译. 南京：南京大学出版社，2000.

在远方，我会在孤独的时候，看看夕阳。你的身影，如一片夕阳，飘下黄昏。

读你的信时，我的诗就成熟了。我懂得了沉默。懂得了沉默之后，期待一如既往。

其二：因为黄昏，我习惯于手抱吉他。

曾想，一个朦胧而静谧的晨曦，我独自抱着吉他坐在雾气氤氲的湖边弹唱，抑或在一个充满诗意的黄昏，我倚靠着被斜阳笼罩的百年老树放声高歌，欢快的手指在弦间舞蹈，青春的旋律在空中飞翔。我一直幻想：吉他是带给我快乐的天使，有它陪伴，孤寂、落寞、郁闷等灰色心情都可以一扫而空。

想想，或许是喜欢水木年华多一点吧，才至于涌现出这个想法。当触摸了大学的肌肤以后，现实的一切让我开始沉静。生活蹁跹，渐渐地我发现，喜欢听歌并不等于喜欢音乐。使自己脱离烦恼的方式并非只有吉他不可。

就这样，还没有和吉他有多亲密的接触便分道扬镳了。

这样的文字散发着一丝潮湿，一点咸咸的味道，带着烟头的闪光，在夜晚的路面。如果你的感觉有些粗糙，你便无法理悟其中的意蕴。在黄昏，生命的黄昏，或道路的黄昏，一段小小的记忆，一场青春纪事。当钟声响起，打好包裹继续远行，才发现，最初出发的地方就在眼前。自己还没有走出半步，而时间已近黄昏。你不知道是高速公路运载了你，还是你运载了高速公路。你不知道是爱情粉碎了你，还是你粉碎了爱情。或者学业，或者友谊，或者一份曾经有过的温馨。

这就是黄昏崇拜，黄昏的语言。你可以紧紧握住，也可以抛之路面。

按照麦克卢汉的分析："语言不仅储存经验，而且把经验从一种形态转换成另一种形态。"在这个意义上，语言是暗喻。货币储存技能和劳动，而且使一种技能转换成另一种技能。因此，货币也是暗喻。但是，交换和转换的原则，即所谓暗喻，是在我们理性力量的范围之内。理性力量能够使一切的感官相互转换，这是我们一生每时每刻都在做的事情。需要指出的是，"我们个人的感知并不是封闭的系统，而是不断在经验中互相转换，我们把这个经验叫作意识”。

我们经过延伸的感知、工具和技术自古以来都是封闭的系统，都不能相互作用，都不能进入集体的意识。如今在电子时代，我们的技术工具能够瞬间完成信息共存的性质本身，已经造成了人类历史上全新的危机。“我们经过延伸的官能和感知，构成了一个经验的统一场，这个统一场要求我们的官能和感知变成集体有意识(collectively conscious)。”

“就像人们个人的感官一样，我们的技术需要有相互的作用和一定的比率，以便使理性的共存成为可能。只要我们的技术像轮子、字母表或货币一样地慢速运动，它们作为分离的、封闭的系统，在社会上的心理上就是可以忍受的。但是情况不再如此。如今的视像、声像和运动在规模上都是瞬息完成的、全球范围的。在团体的层次上，人的官能延伸中相互作用的比率，对集体成为必须，就像个人的理性历来是必须的一样。”①

……

个人的理性，即皮亚杰所指的“智能”。正因为人有这样的“智能”，正因为人的这种“智能”在人的“身体”里得到了空前的延伸，我们才能感受这样的语言的清雅和美丽——

总以为黄昏是一天里最美丽的时光，总希望把这样美丽的时光留给自己。

到后操场那片青草地上坐坐，看看那些朝气蓬勃的学生如何在斜阳下挥洒亮丽的青春。

到校园边那棵相思树下走走，听听翩翩飞舞的雨蝶如何在晚风里倾诉自己美丽的心愿。

或是爬上五楼阳台，远远地看天边那抹斜阳如何点燃心底的深情，留下一个如诗如画的世界给人间。

或是踏着夕阳走上那条乡间小路，看看小路旁那一朵朵山花如何在黄昏

① 麦克卢汉，秦格龙. 麦克卢汉精粹[M]. 何道宽，译. 南京：南京大学出版社，2000.

里绽放自己的芬芳，唱一支如梦如幻的夜曲给黄昏。

这样抒情的黄昏，真的很适合倾诉，轻轻铺开稿纸，静静构思，写下的一定是优美的诗篇。

这样诗意的黄昏，也很适于怀念，也许你会想起一个念念不忘的故友，一首深情款款的老歌，或是一个深藏于心的永不会说出的秘密……

这样的黄昏，像一只温情的手，轻轻抚过心灵，于是许多似乎早已淡忘的少女情怀一点一点地漫上心胸，慢慢地、慢慢地使自己的整颗心溢满了诗情。

把黄昏留给自己，别急着关进屋里，浴室里的脏衣服，地板上的灰尘，儿子的作业，佳人的晚餐，这一切大可以暂且抛在一边，走出户外，踏着夕阳，让我们看云去。

把黄昏留给自己，便可以让自己的生命绚烂如春花。

而如今，这个“经验的统一场”，这个万物互联的都市，则让“人工智能”如夕阳一般笼罩了整片大地。

黄昏来了，无论你是否做好准备，无论你是否予以欢迎，它总是按照自己的旋律悄然走来，也许带着语言的暗喻。但黄昏依旧是黄昏，高速流动的交通工具只是将黄昏逼得更瘦，将时间拉得更长，将人生推得更远，而黄昏的本质不变。马致远的《天净沙·秋思》至今读来依然如嚼甘草，回味无穷：“枯藤老树昏鸦，小桥流水人家，古道西风瘦马，夕阳西下，断肠人在天涯。”

六、“直到世界尽头”

在自我命运的途中行走，寂寂的长夜，带着雪花细碎的闪动，令人产生一种“直到世界尽头”的虚无之感。虽然那不一定就是“死亡”的感觉，可是心灵的震撼十分强烈。仿佛宽阔的道路永远走不完，风中吹，生命不停止，车轮就在滚动。即便到海角天涯，道路还将继续延伸下去，直到天堂。

可以说，这是生命的“乌托邦情结”。因为追求的动力将生命意志展示得淋漓尽致，而生命的虚拟是建立在对未来情景的一种想象上，在很大程度上体现着乌托邦性质。比如，道路本有终结的地方，时间本有停止的时候，但对于行驶者心理来说，这种终结和停止是不存在的。道路在延伸，生命就在延伸。同样地，生命不终结，道路就不会终结。

这样的想象对于知识分子而言，尤其痛苦，因为他们对生命、哲学和时间的体验比一般人要深刻得多、丰富得多。这种体验是一种静思，是对生命意义的无休止的拷问。静思越久越迷茫，拷问越长越慌乱。所谓“人类一思考，上帝就发笑”，说的就是这个道理。有些问题原本就是无法穷尽其意义的。于是他们走向另一个极端，倡导大家不要去思考，只满足于做简单的扁平动物算了——在高速公路上睡觉最好，在人生的道路上无梦最好。或者，所有的行为都按照他者（包括知识分子自己为别人设计好的）安排的方式进行，人变成螺丝灯，变成社会机器上的一个部件，变成高速公路上的一块土石。一切都公式化、程序化、计量化。所有的高速公路都成为一个模式，所有的人生都只有一种颜色。这样，人人没有欲念，大家不分彼此，行车不争先后，整个社会一团和气，一片稳定，形势大好。因此，亨廷顿毫不客气地断言，天下大乱的祸水就是知识分子的“乌托邦情结。”

而哈耶克对这个“情结”竟提高到“恐惧”的警戒线上：“每一件事都有要由一个独一无二的中心加以指导的观念所引起的恐惧。”因为这个中心相当于一个装配车间，每个人都不过是这个车间的一个零件、一个工具或一个数字，所有人的价值观、伦理观、思维方式和生活方式都要由这个中心来计划、指导、配置和改造，甚至连爱情和性都要由它统购统销。而这一切又往往是在“全民福利”和“公共利益”的名义下进行的，这恰恰是“乌托邦情结”的恐惧之处。它可以带着微笑地吞噬和抹去每一个人独特的、不可替代的肉体和精神生活，同时告诉这个人，这是一场与意义有关的奉献和牺牲，如果谁拒绝“中心”的改造，谁就可能成为“中心”指导人员眼中的“牲畜”——圣西门曾经很快就从嘴里吐出了这个词。

有人分析，“乌托邦情结”对人的奴役的精妙之处在于，奴役者并不认为自己是在奴役他人，相反，倒很真诚地把自己当作拯救者或救世主；受奴役者也并不认为自己是在水深火热之中，却认为自己正走在天堂之路上。更重要的是，他们自觉自愿地按照奴役者所提供的信条和方式，坚定不移地行动。

“乌托邦情结”最蛊惑人心的地方在于：人们不需要思考，只遵从一种目标和理想，个人和少数人的思想和信仰变成了全体人民的思想和信仰，实现了思想和信仰的一体化。其隐含的设想是：“试图使人们平等”，而且是绝对的平等。但他们恰恰忽略了真正平等的前提，那就是个体的人是不相同的。正如哈耶克所说的，“正是由于人们实际上是不相同的，因此，我们才能够平等地对待他们”。比如，某人天生就是打篮球的料，你不可能要求其他的人也要跟他“平等”地去打篮球。

在这里，哈耶克区分了两种不同的待人方式：平等地待人和试图使人平等。前者是自由之路，后者是奴役之路。在这条被奴役的路上，受役者被现成而又强加的意见、观念和信仰所奴役，无意识、被迫或主动放弃了独立思考、独立“存在”的权利，使自己的生存被置于一个由外在精心设计的统一的框架之内，这是比直接感知的肉体奴役更为严重也更为普遍的奴役，是对人的理性和情感的奴役，其代价是情感的失真和理性的毁灭。

现如今，在这样一个和平年代，奴役者正是漫天飞舞的消费符号，营造出一种虚假的“乌托邦”梦想。这种“乌托邦情结”的奴役，杜威早在三十年前就尖锐地指出：人们聚集在广场上、影院里和广播前，以“集中而又平等的思想和情感生活”聚集在一起，接受同一种思想和情感，爆发出同一种口号和欢呼，甚至连斥骂也前所未有的统一和平等；铺天盖地的出版物，通过规模化的方式反映并推行了“乌托邦情结”的延续，它和广告一起，频频制造出统一的情感和欲望，并将这些已被集体化、模式化的情感和欲望强制性地灌输给个人，直接介入改造和塑造个人的思想和情感，最终“统一”代替并控制了个性。

在这个阶段，可供奴役的思想被源源不断地批量生产出来，就像魏林特当年所宣称的那样，艺术可以“定做”，像糕点烟茶一样“批量生产”和复制，配给居民消费。结果，“奴役”也被“定做”，分配给公众去消费。从这个意义上来说，在后现代这一消费社会“直到世界尽头”的虚无之感，并不是对“乌托邦情结”的消解，而是延续。①

延续的结果是“死亡”。它发生在消费社会的前进途中，一点都不奇怪。统一的颜色、规范的格式、相同的车道和速度，就连装饰的花草和文化都是一样的，让你游走在上面有一种旷莽无边的感觉。即便没有发生车祸或别的什么突发事故，你也不感觉突兀。

最大的可能在于，你可能会产生一些疑虑：如此年轻，怎么会走到了生命的尽头？真是无法相信的事实。然而，残酷的坟碑真实地告诉你，一切都是真的，一切都是真实可信，所谓的噩梦并不存在，存在的只是噩梦般的事实。

就是这样最为平常的实例，发生在你身上的故事，为“乌托邦情结”和“直到世界尽头”的感觉作一个模糊的注解。当最后一抹夕阳站在树梢，轻轻诉说完夜的来临，黑色的夜的翅膀便渐渐覆盖了墙脚，覆盖了屋檐，覆盖了天台上那只晒太阳的流浪猫。继而霓虹灯闪烁了。红的光，白的光，亮成一片。有汽车在嘟嘟作响，有风衣在呼呼地飞，有无数的明人暗影在匆忙或悠闲地滑过夜的裙围。

你忆起了曾经的爱，点点滴滴，就如同所有的悲剧一样的开头。在这样平和的路上，浮上心湖，撑起回忆的帆，划向那个女孩给你的日子。没有伤悲，没有泪水，一切都出乎意料的平静。淡淡的流年里，寻觅着曾经心湖里的游鱼。真的平静么？你时常这样问自己。

你登上了汽车，高速公路把你的决定变成了事实：怀着忐忑不安的心情又一次来到她住的城市，你依稀记得她家的位置，她指给你看过，那时她邀请你去她家坐坐，但是出于考虑最终还是没去。到了门口，你有点犹豫，感觉自己会不会太冒昧。不管了，既然来了你一定要见她一面。敲开门，映入眼帘的是一幅黑边框戴着丁香花的遗像，是她，是你梦里魂牵梦萦的她。眼前一黑，你摔倒了，醒来已经躺在医院，她父母告诉你他们已经从她遗留的日记中知道了你。

---

① 李政涛. 从“乌托邦情结”到奴役之路[J]. 方法，1998(7).

你问她是怎么走的。原来她是在一个清早经过公园的时候，看见一个孩子不小心落水了，她忘记自己不会水，结果和那个孩子被别人救上来时，她和那个孩子都永远地离开了这个世界。“你们骗我，我不相信这种千篇一律的只有小说里才有的故事会发生在我身上。”

你发疯似的吼道。你撑着身体冲出医院，不知道怎么登上回家的车的。刚进家门，你就倒下了……

曾经的一切，那么美丽的故事，都是真的啊！却恍如一个隔世的梦，再也不会回来。你在风里雨里等待她的归来。可是，夜像一只恶魔的巨手，时时把玩着你的身心。她的心悬挂在你的胸前，感到冰凉，需要你的加温。

死亡是永恒的，它是艺术作品的保留曲目。一位智者说：猿进化为人，并不在于直立行走、用火或者制造工具，而在于开始埋葬和怀念死去的同类。许多电影或纪录片都拍摄了墓地，如文德斯在《东京纪事》中就恰到好处地表现了小津的墓地，它成为一首唯美的抒情诗，没有名字，只有一个方方正正的汉字“无”。或许小津执着于“无有”，却不能“无无”，身后拿“无”来证明自己确实“在”过。

如果说，小津之死是大师尘埃落定后的圆满句号，被演绎成“日本电影皇帝”的神话，那么《水上回光》中尼克的死亡则在电影中生长、完成。尼克身患癌症，却要在死亡到来之前继续工作，“搜集所有的气力，和死亡争夺人的尊严”。看着他在家里、在车上拿着电动剃须刀，反复整理稀疏的胡子时，看着他带着困顿而无意义的眼神费力寻找词语、表达自己时，观众已经感觉到了他的“尊严”，为人所应有的尊严而不禁泪流满面。文德斯毫不掩饰“工作”和“尊严”的代价：尼克在死前还要被灯光照着，被一大堆忙碌的剧组人员围着，一遍遍听“开拍”和“cut”，承受身体和心理的压力，最后尼克终于在片尾——疲劳的极限或道路的尽头——爆发，说出厌倦、厌恶的“cut”。

垂死的人本来需要安静，维护个人空间和尊严，而摄像机好像在暗处潜藏，伺机捕获人的失态和痛苦，给它们有意无意地制造条件。我们对待很多事物丧失了敬畏，取而代之的是狂妄的好奇，或者从中沽名钓誉。文德斯引用过这样一句话：“我希望我的生活能不停地在好莱坞电影中转场，因为里面的塑料英雄们从不深切地感到任何痛苦。”《水上回光》的作品不仅仅在于描述什么，还在于它发酵的情绪，包括厌倦、恶心和愤怒，这些强烈的感情依然像谜团一样，虽然在我们的概念之中，却在我们的控制之外、认知之外。文德斯说自己在摄像机面前感到恐惧，因为它是那么无情、事不关己。就像苏珊·桑塔格说的，摄影机隔开了摄影师和拍摄对象，它既要求关注，又拒绝参与。① 这就是知识分子的“自我折磨”，它将“乌托邦情结”伸展到人心最脆弱的部位，然后又迅速将其拉出，还原成人生的风雨之路。

人生的路比永恒短，比死亡长。车轮滚动，理想闪动。“乌托邦情结”像风中的沙粒，落在地上四处飘浮，在黎明，在黄昏，在山脚和海边，并且直到世界尽头。

七、沉默的螺旋

1973 年，在德国大选及一系列舆论调查之后，伊丽莎白·内尔—纽曼发表了《重归大众传媒的强力观》一文，宣称大众传播在影响大众意见方面仍能产生强大的效果。

纽曼发现，大多数人在用自己的态度做出选择时会有一种趋同心态，当个人的意见与其所属群体或周围环境的观念发生背离时，个人会产生孤独和恐惧感。于是，便会放弃自己的看法，逐渐变得沉默，最后转变支持方向，与优势群体、优势意见一致。这个过程不断把一种优势意见强化抬高、确立为一种主要意见，形成一种螺旋式的过程。这一理论把大多数的传播学者从对大众传播媒介的“有限效果模式”的热衷带到了对“强大效果论”坚信的时代。基于此，纽曼又提出了关于“沉默的螺旋”的五个假定：

1. 社会使背离社会的个人产生孤独感；
2. 个人经常恐惧孤独；
3. 对孤独的恐惧使得个人不断地估计社会接受的观点是什么；

① 王歌，吕乐. 后视镜中的公路[J]. 读书，2004(04)：61-67.

4. 估计的结果影响个人在公开场合的行为，在公开表达观点还是隐藏起自己的观点中徘徊；

5. 这个假定与上述四个假定均有联系。综合起来考虑，上述四个假定形成、巩固和改变公众观念。

在这五个假定的基础上，纽曼又发展起了一整套以“沉默的螺旋”假设为核心的关于舆论的学说，主要有以下三点：

第一，个人意见的表达是一个社会心理的过程；

第二，意见的表明和“沉默”的扩散是一个螺旋式的社会传播过程；

第三，大众传播通过营造“意见环境”来影响和制约舆论。①

在互联网时代，“沉默的螺旋”表现得异常明显，个人利益与集体利益的自觉联结是使得“沉默”变得更为强大的动力之一。趋同避害是人的本能，当社会、国家、民族等宏大话语张扬一种文化价值时，个人纵使有不同看法或意见，也尽可能地与整体或大局保持一致，服从整体和大局的思想而收起个人的尖锐和锋芒。这样，如果计划失败或文化价值最终走进死胡同，于个人而言，并不分担什么责任，因为一切计划都是集体制订并具体执行的。个人只是沉默的车轮，是旋转的螺钉，驱动汽车前进的力量掌握在集体手中。

就这样，“从众心理”与“趋同心理”使强者更强、弱者更小，大众传播中的“沉默的螺旋”现象已经在高速公路和地方新闻网站上一再上演。

比如，某一城市的报纸刊登一则有争议的新闻，经过受众的口口传播以及官方重点新闻网站或商业网站转载，特别是在显著位置加以推荐，便会立即引起民众的强烈反响和讨论，旋即成为热点新闻，成为人们茶余饭后谈论的主要话题之一。但如果所在城市的新闻媒体或网站没有转载该新闻，人们也许还没有想到事件影响已经如此之大。一边已经是吵翻了天，另一边则继续保持着沉默，即使是一些有关方面的声明也淹没在民众的视野之下了。

---

① 麦奎尔，温德尔. 大众传播模式论[M]. 祝建华，武伟，译. 上海：上海译文出版社，1987.

尽管如此，如果主流力量(上级主管部门或当地政府)对此不予理睬，那些喧闹之声就会渐渐消失，甚至很快就消失得无影无踪。因为民众或网民表达只是个人的观点，其目的是引起主流力量对事件的关注。既然主流力量对此不管，说明事件要么子虚乌有，要么不值一谈。因为亲眼所见事件经过的人毕竟是少数，那些口口传播者和网民都是跟着别人传播的，对事件真实性的有效价值并无太多把握。同时大家相信主流力量总会关注民意的。现在主流力量沉默，大家很自然地选择沉默。原先的传播者和网络传播者也都立即成为“沉默的螺旋”的一部分，成为大海之中的一滴水。

但另一方面，如果这滴水处于风口浪尖并最先感觉到风暴的来临，那么，它就会抓住机会，成为“火山口上”的火花。沉默的水就会引发惊天风暴，沉默的火就会引起火山爆发。这是“沉默的螺旋”在媒体时代的一次大逆转。个人的风吹草动挑战集体和主流力量的权威，使沉默变成喧闹。请看以下这个例子——

北京时间2005年7月7日16时20分，上海某报社，一个名叫陈明的记者起身准备去倒水。突然，MSN上传来一阵急速的闪屏振动，英国朋友田睿发来了一条爆炸性信息：“伦敦地铁发生大爆炸”。

紧接着，16时21分，田睿又连续向陈明发出信息：“伦敦现在已全线停车”“伦敦街上到处是被撤离的人”“伦敦人都疯了”。

出于第一时间传播信息的职业习惯，陈明在20秒内迅速拷贝田睿的MSN名字并修改了自己的即时通讯显示：“伦敦地铁发生大爆炸，地铁全线停车”。在接下来的时间，陈明MSN上的好友纷纷跳出，一系列问号追踪而至：“真的假的?”“什么时候的事情?”“有多少人伤亡?”

就在她手忙脚乱急于答复时，陈明所在的报社已经沸腾。同事们相继离开座位，整齐划一地簇拥在另外一位同事的电脑前，该同事的英国朋友正通过MSN的网络摄像功能显示英国BBC关于伦敦地铁爆炸的实时报道。16时25分，这个已习惯向公众发布信息的传统媒体几乎集体沉浸在接收信息的兴奋中。[①]

陈明发出的新闻比权威的新华社电稿整整快了三个多小时。可以说，是陈明的导火线引发了舆论的风暴。在高速公路上奔走的人们通过收音机或车上的数字电视收看到的新闻也比陈明慢了许多。个人战胜权威或引起权威和集体的关注与认同，“沉默的螺旋”在大众传播的高速公路上有了双向道。

不过，尽管互联网将个人的力量发挥到了极致，但是，人们对互联网上新闻的公正性和真实性还是不无疑虑。许多时候，人们在电脑上看到了某条有意思的新闻，立即到纸质媒体、特别是电视上去验证该新闻的真实性。这样，使新闻的传播链受到阻碍。

大众之所以习惯于通过收看电视来了解事件的真相，是因为电视通过图像、声音、文字三合一的信息立体、直观地反映着现实世界。在鲍德里亚看来，电视蒙太奇式的剪辑信息就产生了所指的能指的无尽指涉，在消费社会的符号结构中，电视反映的现实其实并不是真正的现实，而是超现实，一种真实和非真实内爆的现实。电视屏幕上的世界是仿真的世界，人们有意识或无意识地把电视的拟像作为现实，因为电视节目的编导人员掌握了大众的审美习惯和兴趣爱好，然后最大可能地迎合大家，使每个人在观看节目的过程中都获得一种评判官（权威）的满足：“这个节目很真实，很好，有教育意义。”这样的评价出自最为普通的观众之口，与“把关人”的口吻并无二致。

在这种状况下，整个当代社会体系逐渐开始丧失保存它过去历史的能力，开始生活在一个永恒的现实和永恒的变化之中，而抹去了以往社会曾经以这种或那种能够的方式保留的信息的种种传统。[②]

现场新闻、刺激的娱乐节目、贴近情理的肥皂剧、眼花缭乱的 MTV 和广告等，在被当作真实的现实一次次地冲洗着观众的大脑时，人们会囿于各自单个的空间，心灵与外界精神上的交流更多地受之于电视。文化过剩生产意

---

① 杨琳桦. 博客时代的“公众新闻”打破“沉默的螺旋”[N]. 21 世纪经济报道，2005-07-19.

② 傅守祥. 走向“后革命”时代的西方大众文化理论：文化主义的拓展与后现代理论的纷呈[J]. 攀登，2004(23).

味着被生产出来的信息数量超过了主体的阐释能力。电视使人更加原子化(atomizing),人们在心理上对电视的依赖程度得到了空前的强化,这是消费主义逻辑在媒介层面上的延展。

德国哲学家威尔什指出,在媒介时代,人们从视觉形象中接受的刺激越是丰富、越是强烈,对这些视觉形象的感知就越会麻木。电视所提供的是一种快餐文化,是事先已经消化过的文化粮食,提供预先已形成的思想。观众只有在麻木中默默地接收着各式信息,而不用对此有什么回应,这就是一种单向度的无法参与的接受状态,鲍德里亚把它喻之为"沉默的螺旋"。符号文化的胜利导致了仿真世界的出现,记号与影像的激增消解了现实与想象世界的差别,电视传播的瞬时性抹平了时间与空间的距离。他同时找到了一条对抗符号逻辑的出路——沉默,他认为只要不对大众媒介的仿真作出任何回应,就会从根本上瓦解这种代码。

鲍德里亚说:"电视是这个时代里终极的完美物体,随着电视的影响,我们的肉体和整个周围世界都变成了控制屏。人们不再把自己,自己的情感,自己的再现,和自己关于占有、失落、悲悼和嫉妒的幻想投射到物体上,心理的向度就某种意义来说已经消逝;即使这个向度还能很事无巨细地被标示出来,我们感觉得到这已不是事物演出的真正舞台。"①

此时,"沉默的螺旋"之主体不再像往常一样把他们的愿望表现在客体身上,相反,主体和客体两者之间的距离在仿真社会里被内爆。最终,主体现在占据的世界是一个文化信息已堵满了整个私人空间的世界。公民个人最隐私的时刻也通过媒介技术被仪式般地摆在公众面前。例如广播中的情感热线、电视中的谈话节目等,不再有应避讳的主体,每件事都被揭露,被讨论,无论多么微不足道。进入日常生活的媒体在鲍德里亚看来是用色情般的手法加以描述用来诱惑观众。现代文化确切地说是一种猥亵的文化,在这种文化中因为缺乏任何隐藏,媒介犹如一面玻璃墙,是不带任何色彩的、中性的,外面的世界由此变成直接的、透明的。电视屏幕上的特写世界抹杀了批判性的思考,主体被化约为一种乏味的、快速的文化终端。客体使主体消亡。

---

① 鲍德里亚. 消费社会[M]. 刘成富,全志钢,译. 南京:南京大学出版社,2000.

转型社会装载着人、思想和沉默，也装载着传统、习俗和文化。新媒体作为叙事客体，可以使主体的人得到延伸和释放，也可以使之成为螺旋的力量，在风暴的中心，在火山的入口处，一触即发。

八、流动的盛宴

流动是后现代文化的叙事特征，也是它的生命意义之所在。从高空俯瞰触手般扩展的城市，感觉是一条条斑点纷飞的龙，由一个个电影的镜头剪辑而成。一般说来，电影基本上是一系列以每秒 24 格的速度放映的摄影画面，同时伴随着用来讲述某种故事的声音（其中有些是对话）和背景音乐。行驶在高速公路上，映入视野的是关于这座城市的电影，通过自愿地暂时停止怀疑，受众在感情上受到这些画面、声音和音乐的影响，并且经常认同电影里的人物，在这个过程中学到一些关于自己和生活的东西。

在城市拥挤的街道上驾车，跟我们在影院里看电影有某种相似之处。只不过看电影时，房间是黑的，而驾车时前面永远很清晰，就算是夜晚也会用车灯将路面照得雪亮。相同之处在于，我们都是身处公共空间之中，我们的注意力集中于投影在屏幕上的巨大的画像以及与之相伴的声音（音乐、说话以及各种音响效果）。但在电视上看电影时，情况和影院里就不大一样，此时，我们是在视像屏幕上看，通常是在家里，在开着灯的房间里——那里也许有干扰，背景里有人在说话、打电话，等等。与在家里看电影和在影院里看电影不同，车子里（无论是私家车还是公交车）的屏幕只有一个，那就是前方延伸的道路以及道路两旁的风景。它的干扰也不多，也不允许有干扰，这样能保证驾驶者集中精力完成自己的任务。

所以有时，在行驶途中，你会有一种梦游的感觉。因为自己的身体并没有移动，可是车子将你载到了遥远的地方。当然，此时的梦游是醒着的梦游，与弗洛伊德意义上的梦游有着本质的区别。但是，既然是梦游，梦的特质还是存在的。那就是，人在紧张的高速公路上，思想的游离使人产生恍惚之感，一种模糊的记忆，稍纵即逝的闪动，山和水、花和草、人和车产生了分离的幻觉。

这就是后现代社会常有的梦游或者白日梦。而梦之所以称其为梦，跟睡眠中发生的精神现象有关，此时，诸如思想、意象、情感等等在其中向梦者靠近，且通常带有明显的现实的感觉。梦并不是随意的精神产品，因为梦在精神系统中满足一个极其重要的目的——梦保卫睡眠；梦在想象中解决某些需要和冲突，而在现实生活中解决这些需要和冲突太危险；梦提供释放本能造成的紧张的渠道；梦允许人们处理破坏性的创伤经验，这些经验是清醒状态下人们的能力所难以应付的。做梦是普遍的精神功能，是人类大脑典型的功能。梦是无意识的冲动到达意识层面的途径之一……因为睡眠关闭了感官，大脑皮层渐渐进入抑制状态，梦本身得以凭借原始的精神器官的方式活动。视觉形象往往取代了语言，思考变得古老而扭曲，并且有使用普遍语言的倾向。①

当然，如果你驱车在高速公路上行驶，那绝对不允许有梦游的行动发生。如果有，也是瞬间的事，是事故前的信号，需要停靠在安全区休息。实际上，大多数时候，高速公路就像一个流动的盒子，一个多维的橱窗，带着传媒的性质，将语言、故事和人物传播给另一些人、另一些地方。

马拉美曾在他的《橱窗》中分析书籍陈列的美学，思考诗歌和报纸的关系。这种分析对高速公路的叙事有一定的启迪意义。一个放满新书的橱窗触发了他的思绪，他认为，一般书籍的功能仅仅是表达一般的无聊和无能，是把人间大量陈腐的东西简约为一种书面的形态。艺术家不像文人那样因此而悲叹，而应该利用它："模糊、平庸、脏污和毁损，不要放逐这些东西，而是要占有它们！运用他们，像是用一笔遗产。"

只有征服和占领那些广阔的麻木之地，艺术家才能去完成他的英雄的角色，去清理部落的方言，去清理言语、思想和感情。

马拉美直接转向报纸，他说："交通（traffic），是巨大而根本利益的体现……报纸利用印刷术来传播观点，使之可以讲述采珠人的故事。报纸专心致志地宣传，乍一看似乎省掉了艺术。"②

① 柏格. 通俗文化、媒介和日常生活中的叙事[M]. 姚媛，译. 南京：南京大学出版社，2000.

② 麦克卢汉，秦格龙. 麦克卢汉精粹[M]. 何道宽，译. 南京：南京大学出版社，2000.

他进一步指出：地道的小说，或富有幻想的故事，欢快地分布在每天的普通报纸上，占有醒目的版面，甚至排到版面的上部，把财经和写实的东西挤到了次要的位置。这里给我们一种暗示，甚至明显地给我们美的教益：今天不仅取代昨天、预示明天，而且一般地说，今天从时间里汩汩而出，具有一种清香扑鼻的气息。庸俗的广告牌咆哮，在街头巷尾，促使人们想着并不喜欢的政治问题。这样的经验使一些人感到心寒，因为他们想象，虽然在人们的享受之中多多少少有一点崇高的东西，但是有一个问题没有变化，那就是，什么是尊贵，什么是崇高，什么是人们熟悉的诗歌，这个问题并没有解决。诗歌（他们认为）总是孤高的东西，洞见高论决不会与报纸与伍，因为报上发表的都是拙劣的模仿之作。报纸每天临时拼凑大量东西，来到我们手里，像鸟儿的翅膀一样展开，他们对此也耿耿于怀、无法开心。[①]

与报纸不同，高速公路本身就是一首史诗。但要将这首史诗读懂，并不一定需要借助资本、货币、政治和文化的力量，因为每个流动着的人都按照自身的理解去阅读，去把握内在的意义。如果这条高速公路在某一个荒凉偏僻的地方断裂，也不要感到过于吃惊。毕竟，并不是每一个人都有资格享受这一道时代的盛宴，特别是那些原始的或者受教育和文明程度较低的部落人群，他们面对高速公路犹如面对一首现代派的诗歌，一种无可理解和交流的"压抑"浮泛在流动的语境中。

比如，米勒就把非洲作为一种不可交流的、不可把握的叙事真实地插播进来，认为在现在须对政治的形式的解读进行选择的情况下，非洲的土著对文明的态度无法得到西方"文明人"的认同、尊重和理解——

> 非洲除了名称之外什么都"受压抑"了吗？事实上，"非洲"这个词在西方话语中还是"缺失"（absence）的同义词。在一个每一个细节都指向非洲的文本中，唯独"非洲"缺席，以一个新的短语"黑暗的中心"作为代码出现。这一短语永远不能完全等同于一个被压抑的、由代码构成的真正的所指对象，不能等同于一个与现实世界脱节的虚假的所指对象，事实上，"黑暗的中心"

---

① 麦克卢汉，秦格龙．麦克卢汉精粹[M]．何道宽，译．南京：南京大学出版社，2000．

同时与这两个所指密切相关。①

文明的盛宴需要民众共享。但不同的教育熏陶、不同的民族习惯和不同的文化积淀对于这道盛宴有着完全不同的品味方式和接受意向。非洲土著人无法品味或接纳西方文明人对于他们的定位，他们更愿意按照自己由来已久的原始方式对人生的盛宴进行烹饪和分享，他们不在乎别人是如何审视的。

虽然，中国人随地吐痰已经受到包括中国人在内的许多文明人士的严厉谴责，特别是在高速公路上，一口浓痰像子弹一样穿过鲜花，这种谴责更为严厉和合理。流动的盛宴拒绝这样的风景。

有意思的是，与中国接壤的人口大国印度对于“非文明”现象有着自己独特的理解。他们声称是爱卫生的，因为每次大解后他们都会用水洗涤脏处。但是，印度人喜欢随处大解已成不争的事实，而且当地民众对此习以为常。之所以如此，一个伊斯兰小伙子的解释令人捧腹：“印度人是具有诗人气质的民族。”他自己就常常跑到旷野上大解，因为他是个诗人，热爱大自然，而大自然正是他用乌尔都语写的那些诗歌题材。在他心目中，人世间最美好、最具诗情画意的活动，莫过于黎明时分迎着朝阳蹲在河岸上(大解)。

而在外国文明的旅客眼中，这一群群或蹲或趴的人影，简直就像法国雕刻家罗丹的作品“沉思者”一样永恒、一样具有强烈的象征意义，但印度人从不提起它——不论是在日常谈话，或者是在文学作品和电影里。如果这只是一种掩饰，那倒也无可厚非，但事实是，印度人对这些随处蹲着大便的同胞，根本视若无睹；他们甚至会板起脸孔，义正词严地否认这些人的存在。这种集体的盲目，源自印度人对污染的恐惧——他们自诩为全世界最清洁、最爱干净的民族。他们遵照教规，每天沐浴一次。对他们来说，沐浴可是一桩人生大事。印度人想出各种办法保护自身，以免遭受任何形式的污染。

比如，印度人排便时，必须遵循一套正规的、纯洁的程序。清洁只能使用左手，吃饭只能使用右手，人的一切活动都被严格规范、净化。因此，刻意观看蹲着的人不啻是歪曲事实——你应该看穿表面现象，探寻隐藏在背后

① 柯里. 后现代叙事理论[M]. 宁一中，译. 北京：北京大学出版社，2003.

的真理。聚集在北方邦首府勒克瑙俱乐部的女士们先是否认印度人在街上公然大解，接着她们会皱起眉头，一脸嫌恶地提醒你，欧洲人的生活习惯才真的令人不敢恭维：上大号和进食，全都使用右手；每个礼拜洗一次澡，把身子泡在脏兮兮的一缸臭水中；洗脸、漱口、吐痰，全都使用相同的一个盆子。她们举出这类夸张的、充满情绪性的例证，并不是想证明欧洲人究竟有多脏，而是想凸显印度的清洁和安全。这是印度式的辩证法、印度式的观察法。

如此一来，在他们眼中，光天化日下成群蹲着的男女和路边那一坨坨粪便就会消失无踪，眼不见为净。

且让我们再听听一位印度裔的西方观察家是怎么说的——

散布在这块土地上的，并不是一座景致优美的小村庄，而是一坨坨粪便。进入印度村庄，可不是一村赏心悦目的经验。通常，我们得闭上眼睛，捏住鼻子。周遭的一堆堆垃圾和一阵阵臭气，实在太碍眼、太刺鼻了。

我们能够，而且必须，向西方学习的一门科学就是公共卫生。

由于我们的不良生活习惯，我们污染了神圣的河川，把圣洁的河岸转变成苍蝇的孳生地……一把小小的铲子，就足以铲除印度人在日常生活中遭遇的一大困扰。随地弃置排泄物、在大庭广众间擤鼻涕、把痰吐在街头——这些行为都是一种罪过，不但亵渎神圣，而且糟蹋人性。这种人从来不为别人着想，实在太过自私。不把自己的排泄物遮藏起来的人，即使住在深山里，也必须受到严厉的惩罚。[①]

印度人大可以悠游自在、无拘无束地穿梭在这些排泄物间，它们所代表的浪漫传奇，其中有一部分一直属于他们；而今，他们把这段传奇整个地继承下来，从他国来的文明的过客根本无从分享……因此，即使高速公路延伸到世界的每一个角落，流动的盛宴仍然无法做到全球共享。

---

① 奈保尔．幽黯国度：记忆与现实交错的印度之旅［M］．李永平，译．北京：三联书店，2003.

流动的火光，神秘的夜色，宁静的盛宴，奔腾的道路，街道与河水，人与影。奔驰在高速公路上，只见地平线尽头的天穹下，一望无际的蒲公英开遍了整个原野，美丽、虚幻，又遥不可及。

第六章　诗性的追求

一、旅途上的诗学探脉

现代社会的旅行，可供选择的交通工具委实太多。但每一次出发，无论是飞机、轮船或高铁，都有一种隐隐的不安。只有行走在大地上，似乎有一种神秘力量的庇护，焦虑和躁动的心才算彻底安宁下来。也许这是一种根深蒂固的文化积习，对于小农意识的人来说，大地才是最为踏实的。而长距离的旅行，在大地上，唯有高速公路可以依靠。

实际上，旅游，作为与文化产业关联很大的一个显性符号，我们除了对它进行经济学、政治学和社会学等方面的研究之外，还应当对旅游带给旅客的心理变化做一个宏观的诗学分析和文本把握。香港著名学者郭少棠指出，旅游实际上是一种文化现象①。作为一种文化现象，旅游有如一本厚厚的书，需要我们认真挖掘的地方还很多。比如后视镜里的神话问题，作为历史的影像的问题，镜子里观看之行为学意义问题，以及看不见的手、风景的叙事主旨和公路电影的情感指涉：一切存在的转瞬即逝……这些命题与诗学有关，与旅游的主体(包括行走的距离和可能的速度)有关。

审美距离说指出，在审美中必须保持一定的距离，使客体无从与现实的

① 郭少棠. 旅行：跨文化想像[M]. 北京：北京大学出版社. 2005.

自我发生勾连，才能使之充分显示其本色。在日常的经验之中，事物总是向我们显示其实用的方面，我们也不能弃绝自身的欲望，以纯然不计利害的眼光来静观事物客观特性。透过距离看事物的方式是特殊的观物方式，只有在这种情况下，事物才单纯地为我们所观赏。

所谓透过距离，即是对利害之念、意欲之心的“悬搁”。中国传统文化中的禅者能够不计利害不起意欲，而以纯粹无杂的审美眼光来观赏对象。此时人“自失”于对象之中，“人们忘记了他的个体，忘记了他的意志；他仅仅只是作为纯粹的主体，作为客体的镜子而存在，好像仅仅只有对象的存在而没有知觉这对象的人了……这同时即是整个意识完全为一个单一的直观景象所充满，所占据……置身于这一直观中的同时也不再是个体的人了，因为个体的人自失于这种直观之中了。他已经是认识的主体，纯粹的、无意志的、无痛苦的、无时间的主体”。①

因此，诗学研究对旅游的启发在于：诗的语言与一般语言不同，它更加倾向于象征，而非符号。诗本身的符号最少，意义最完备，灵化程度最高。它还可以进入潜意识层面，对幸福、快乐等进行“质”与“量”的考察。

旅游与诗学之美直接相关之处在于，一般符号学只是研究能指与所指的关系，而文学符号学在研究能指与所指的关系时，将所指进一步区分为直接意义和象征意义，其中直接意义相当于交换，象征意义相当于交往。同时，工业化社会的符号交换与非工业化社会的象征交换各不相同，但都偏重哲学和审美分析，而诗学之美的具体实现方式，从符号学角度谈得不深。

正如有人指出的那样，诗学研究在符号学中占有显赫地位，早期的布拉格学派、俄国符号学派、结构主义符号学，都把很大精力花在对文学作品的分析上。特别是托多罗夫的《象征理论》，把鲍德里亚没有在细节上说清楚的象征交换原理，以象征语言的符号分析角度，说得十分详细。这些理论看起来很玄奥，而且好像离旅游很远（目前对旅游的研究主要集中在经济学、社会学等学科领域，主要关注旅游业带来的经济效益和社会影响），其实对于解决我们这个领域的一些疑难问题，提供了来自成熟学科的宝贵经验。

---

① 叔本华. 作为意志和表象的世界[M]. 石冲白，译. 北京：商务印书馆，1982.

因为，从广义象征来说，象征理论、原始交换理论、原始思维理论，都与诗学一样，应当在我们研究的范围内。对旅游的诗学分析要站在全球化的视角下，既要对西式话语有一个客观的情境分析，又要对本土化语境的具体内涵有一个深刻的领会。一些对哈贝马斯不求甚解的人，往往以为交往理论说的就是交互式对话。诚然，交往理论确实说的是人际间关系，但这只是表层，相当于“气论”。哈贝马斯交往理论的深层，是“场论”，其思想精华在于工业化“体系”与信息化“生活世界”的交互式对话。而交往理论作为诗学的一部分，在旅游研究里有着重要的话语权。

作为文化现象的旅游，不应仅有体格、有气韵、有风骨，还更应有境界。所谓“大漠孤烟直”，所谓“落霞与孤鹜齐飞”，所谓“断肠人在天涯”等，都是旅游在诗学语境下注入文化内容的形象写真。

王国维曾经指出：“词以境界为最上。有境界则自成高格，自有名句。”这里的境界，是一个佛教用语，是指“自家势力所及之境土”(《俱舍论颂疏》)。王国维认为，意境之本，不在境，而在意。这个意，是“精神上的势力”的“阐发”。

势力是一种力量所能达到的空间边界，精神上所能达到的势力范围，就是它的境界。在信息空间内，主体究竟能达到多大的控制范围，决定于主体的势力，而不是境(技术)本身。这是王国维的一个重要思想。

王国维继承了叶燮的说法——“诗之基，其人之胸襟是也”，并指出：“东坡之词旷，稼轩之词豪。无二人之胸襟而学其词，犹东施之效捧心也”。这样的分析应用到旅游的创新发展上，就会体现在“故无高尚伟大之人格，而有高尚伟大之文学者，殆未之有也”。也就是说，要想使旅游发展“大道通天”，作为叙事的主体就必须“之人也，之境也，固将磅礴万物以为一；我即宇宙，宇宙即我也；光风霁月，不足以喻其明；泰山华岳，不足以喻其高；南溟渤澥，不足以比其大”。这样的境界，不只是历来文人墨客所追求的境界，也是国家极力提倡的“文旅融合”所要达至的目标。如此一来，旅游叙事主体就不仅包括此刻此在的旅游者，还包括公共管理者、市场经营者和旅游东道主，以及与此刻此在对话的过去或未来的人。在诗学透视下，这样一种旅游的境界是在时空穿梭中精神相互交织、智慧相互碰撞的过程，是身体上的行游与心灵上的神游。

旅游的诗学之美不仅体现出壮美，还隐含政治符号的潜在之美。王国维说："今夫人积年月之研究，而一旦豁然悟宇宙人生之真理，或以胸中惝恍不可捉摸之意境，一旦表诸文字、绘画、雕刻之上，此固彼天赋之能力之发展，而此时之快乐，决非南面王之所能易者也。""南面王"是中国古代权术术语，指以政治得天下。"非南面王之所能易者"是多大，现在有人能说清楚吗？王国维说的虽然只是做文章，但对关于文旅融合的政策设计这样的大文章该怎么做，却颇有启示意义。

西式话语对旅游的诗学研究更多是从网络符号和叙事学方向切入的。比如，迈克尔·海姆就不是从心境，或人的延伸的角度思考这个问题，而是进一步追问：旅途中的叙事美学是如何体现的？当旅途行进到互联网上，网络空间在人类心灵中的原初起源是什么？他把这个问题上升到哲学高度："网络空间是一个形而上学实验室，一种检验我们实在之真正意义的工具。"

有意思的是，海姆认为他的思想是受到中国美学思想的启发："我与中国艺术家的意外相遇给了我许多哲学灵感"，他要做的就是"把我的虚拟实在实践与中国文化相连接"。为此，他从三个层面为旅游的美学语境把脉：

首先，"我们如何支配技术，而不是让技术支配我们"；

其次，"(界面)这个词的双重意义使我们暂停下来：外围设备在多大程度上是属于人的？……我们又在什么地方呢"；

再次，"这些符号如此让人精神恍惚，以至于我们忘乎所以，不知道自己是谁了，不知道自己身在何处。当我们在自己编造的世界中越陷越深时，我们便忘记了我们自己"。

值得注意的是，如果学术研究只在象牙之塔内神思，不到火热的生活中去汲取灵感，特别是任由虚拟的外在话语构成的"意境"反过来局限和约束我们自己，所谓旅游的审美化或信息化，就只能是沙中建楼，连我们自己都不会知道"今夕何夕"，更"不知道自己是谁了"。因此，对旅游的诗学探脉应主要着眼于传统价值与现代审美之互弈、日常美学的颠覆与巨型母题的去魅、技术理性中的反乌托邦情结、旅游的精神学分析以及通过对转型社会的意境、语境、心境和禅境分析，从而获得一种较为完整的对旅游诗学体系架构的总体把握。在消费主义把商业因子掺入到各个角落的今天，这样的诗学探脉或深度分析，无疑有其独特的理论价值和现实意义。

二、传统与现代的对弈

“世界那么大，我想去看看。”大众旅游作为现代性的例证，常常被认为肇始于西方。西方旅游的历史可以追溯到中世纪的宗教朝圣行为，直到文艺复兴唤醒了人们的启蒙认知，人们开始相信真理可以在实践之中寻找，自此游学旅行在欧洲风靡一时。工业革命发生后，新型交通工具与公路的产生进一步扩大了人们出行的选择，专门从事旅游业务的企业如雨后春笋般出现。“一战”结束后，欧洲贵族式的旅游活动逐渐被美国富足的中产阶层旅游所取代，自始现代大众观光旅游走向成熟，并出现了专业化、专门化的趋势①。

实际上中国的旅游史比西方来得更早，有学者认为最早可以追溯到孔子周游列国、沿路宣扬儒家学说的“游方”②传统。孔子开启了“游方”的传统，诸子百家纷纷效仿，当然他们并非仅仅是为了游历，更多是到各国君主面前演说其学术思想，希望一展政治抱负。“橘生淮南则为橘，生于淮北则为枳”，源于百家争鸣的中国旅游因此与西方旅游有着不同的文化色彩，与西方强调“猎奇”的观光旅游不同，中国人的旅游总是与文化反思紧密相关的。我们不难看见，许多古老的自然山石总是铭刻着前人留下的“真迹”，而历朝历代不乏大量讴歌名山大川的诗篇，这几乎是文人们游历山水的即兴创作。因此，中国人的旅游传统便不仅是身体的历练，而且还包含了大量文艺创作、精神交流的内容。如果用一个词来概括，中国传统的旅游文化可以概括为“对话”，这种旅游文化讲究一种平等的对话，特别是人与自然之间平等的对话，在对话之中感应天道、顺应天道，从而达到个人道德修养的升华。当然不可否认的是，这种传统的旅游文化带有精英主义的色彩，并非所有的平民大众都能享有游历四方、与自然对话的可能。

---

① 郭少棠. 旅行：跨文化想象[M]. 北京：北京大学出版社. 2005.

② 郭少棠. 旅行：跨文化想象[M]. 北京：北京大学出版社. 2005.

全球化的扩张带来了消费主义的扩张，正如西美尔所言，在当代消费已经成为一种重要的社会形式。随着消费因子浸染到世界每一个角落，中国传统的旅游形式也从精英化走向大众化。奔驰在纵横交错的高速公路网上，老百姓携家带口体验辽阔大地的万种风情。这种寻求差异的体验以及对于美的想象主张都可以通过消费方便地得到。因此，有学者认为，当代社会的旅游已经成为“社会形式的理想类型”①。通过消费，中国传统的、突出文化体验的旅游活动与西方带有猎奇性质的观光旅游相遇，这一静一动的碰撞实际上凸显了传统与现代的互弈，尤其是传统文化与现代审美的互弈。奔驰在现代性的高速公路，我们以李白的诗眼凝视异域文化，在文化反思中彼此渗透互塑，不断确证和重构自己的身份认同。正因为如此，越来越多的人背上行囊、踏上汽车，在遥远的路途、陌生的目的地上寻求美的内涵，以及人生的意义。

与此同时，随着互联网、大数据、人工智能等信息科技对生活的深度介入，也使人们对于旅游体验有了新的认识，传统文化与现代审美也因之扩充了互弈的叙事空间。自小在雪山下牧马的藏族小伙丁真不曾料到，自己会因为一组公开在网络的照片突然蹿红，成为千万“网红”大军的一员，随后更是被四川、西藏等地争抢成为当地旅游代言人。与此同时，越来越多城市通过打造“网红城市”“网红打卡点”，作为吸引旅游消费的城市营销手段。以长沙为例，这座城市通过对历史悠久的坡子街、太平街等传统商业步行街进行风格改造，重点以“湖湘辣文化”打造“国潮”品牌，一改“千城一面”的步行街现象。站在黄兴广场地铁站出口，游客几乎都被眼前这幅七彩斑斓的后现代拼贴所震撼，纷纷举出手机拍摄照片并上传到社交媒体。除了步行街和传统旅游景区，市旅游规划部门还在一些十字路口布置了七彩斑马线等引人注目的装置，甚至把派出所也打造成为“网红”景点。“网红”品牌“茶颜悦色”“文和友”等与“网红城市”相互带动流量与人气，每逢节假日便会出现震撼的排队人潮，以至政府不得不出门呼吁市民为游客“让出空间”。我们可以说，长沙作为“网红城市”的成功“突围”来源于城市决策者与时俱进的旅游

① 孙九霞. 作为一种“社会形式”的旅游：地方视角[J]. 旅游学刊. 2017(12)：12-14.

营销手法，但更进一步来说，这种营销手法实际上得益于长沙发达的现代传媒与娱乐产业基础，以及由此产生的一系列创意思维。与以往不同的是，这样一种以网络作为旅游营销的方式通过影像化的手法进行内容表达，体现出场景可视化、日常化、生活化的特征；而且，任何人都可以运用移动设备记录并在社交媒体平台上公开展示，形成了全景敞视的传播生态。越来越多游客通过互联网认识长沙，出现了所谓的“网络流量即客流量”的后现代旅游景象。在现代科技的加持下，网络把传统的旅游体验“共时化”了，“猎奇”成为随时随地可以发生的事情。

只不过在巨大的流量之外，我们总不免对传统价值所受到的冲击感到隐忧，这种隐忧就如同其他对现代性的奔腾而产生的忧虑一样。面对越来越轻易得到的“猎奇”体验，人们会不会在七彩斑斓的媒体景观中迷失自己，或者在媒体的导向下沉湎于感官消费？短视频平台上，粗俗低劣的文化现象时有发生，在金钱的诱惑下，技术何尝不是双刃剑呢？对于旅游活动来说，过高的人气是不是意味着对经济效益的唯一性的追求，会不会出现产品粗制滥造、名不副实，又或者为了迎合旅游者的需要而刻意扭曲城市本身的风格和特点呢？无论上述问题结果如何，可以肯定的是，在一系列让人目不暇接的图片和视频切换中，传统文化关于反思和内省的冲动已大大削弱了。人们在越来越快的高速行进中节省了大量时间，却没有时间静坐片刻，对周遭的一切进行片刻的思考和体悟。须知道，凝视是进入美的体验的必要路径。旅游作为一种文化现象和审美现象，旅游主体在对旅游客体不断的凝视中生成意义。唯有凝视，才能加深美的体验和感受。而如今，这种凝视转化为沉浸式的体验，以一种全身心投入、被包裹和不拒绝的姿态，一种强调身体感受、视觉奇观而忽略心灵感受、思想领悟的姿态。

从这个角度而言，文旅融合这一国家政策和宏观现象颇有一种切割传统价值、提升人文精神的特点，却也使人类更好地正视自己的需要。奔驰在现代社会的高速公路上，感觉不仅是对速度的体验以及对当下生活本身的重新认识，而且应时刻保持一种敏感：一种萦绕心头的“直到世界尽头”的旅程愿望。在这个叙事版图上，个人的生活如同穿过无家可归者的公路电影，向着永远的未知之地出发，通向流浪者的状态。但是每一个人都承认在人生的旅行中，令自己着迷的风景恰恰都与城市相背离，也就是荒漠，大家似乎更喜欢空旷的景致，比如沙漠，喜欢沙漠上那种凝结时间、勇担寂寞的品质。

一方面为城市疯狂，一方面为荒漠着迷。这样的二律背反没有任何可依凭的现成形式，只有在起点和终点生发出“自由的无规定的合目的性”之审美要律，因而是彻底地“悬中而行”的，即中国古时所谓的“中庸”，也就是黑格尔笔下的“合目的性”。这种叙事方式并不预设一个现成的目的；“它不具有一个目的表象而在审美对象身上被知觉”，因此才能说它是“自由的和无规定的”，由此发生的便是“没有规律的合规律性”。

上述理论分析投射到日常生活中，便是说，当物质的必要需要得到满足之后，决定一个人是否幸福、是否自在的最根本所在是其内在的心灵感受、心灵状态。温饱以后的人们更多注重的应当是自身的精神生活的质量和精神家园美好的构建，而不是无止境的物欲的追求。无止境的物欲追求将导致人成为非人。从这个意义上，人类追求精神的满足有“曾经沧海难为水，除却巫山不是云”的特点，一旦拥有，甚至是一次拥有，就可以别无所求，终身受用。一种美好的精神感受，一旦领略到了之后，可以在心理学意义上进行不断的刷新和加工，从而使得这种感受不但不会随时间而淡忘，反而会像窖藏老酒一般，随时间的延伸而使原先的美好感受变得日愈香醇和浓郁。而追求物欲的满足却正是欲壑难填。物欲的满足需要不断重复，并且每次重复时都需要加大刺激量才能获得稍长时间的维持。比如对色欲、对美味、对鸦片、大麻、海洛因毒品等感官物欲的追求，莫不如此。

因此，传统价值与现代审美的互弈既有冲突也有和解，关键是怎样领悟。而文旅融合不仅加快了这种永恒价值的体认进程，加快传统价值分解的速度，也使现代审美因失血过多而面临一种悬置状态。换言之，人们要想真正从当今时代的危机和人性的不完善等诸多弊端中解脱出来，就必须深刻地反省人类自身的不完备性和误入歧途的根源，并能够深刻领悟到“应无所住而生其心”“澄怀虚静”的至理妙机，以至最终能够培养出“以出世之心，精进勤勉地去行入世之事”的高妙人生态度。

三、日常美学的颠覆与去魅

“生活在别处”——昆德纳的感叹只是表明人们对美好生活没有实现的一种假设。现实生活中显然没有所谓的理想“彼岸”，相反，一切活生生的体验“总是居中的”。在这里，“居中”指的是“不落实到任何观念对象——比如感觉与知性、实用与纯理、近与远、自由与规则、本能与理性、混沌与结构、表现与抑制等——的任何一边，而总是悬浮畅游于一个意义更丰满生动的‘中间’”①。在现象学看来，认知的主体和客体并不是孤立的两边，认知是介于二者之间的意向活动过程，这一过程“以两者的对峙为势之所依，由此而拨弄、变化出个活灵活现的趣味和意境来”②。旅游所带来的意义与情趣，正是从这一过程中升华而来。

所以，当全身心地沉浸于旅游带来的文化体验时，这种体验是与其他现实性的沉浸不尽相同的。比如某人沉浸于“欧冠”的精彩赛事，或者说沉沦于喝酒、赌博等不良嗜好，这种沉浸或沉沦都是具有强烈的功利色彩，因而容易给人带来痛苦的感觉。《金刚经》说“应无所住而生其心”，便是这一道理。旅游过程中的所见所闻都是不经意的，因而才有惊喜、才有对真实生活本身深刻的体悟。

因此，旅游作为一种对异质性体验的寻求，来源于对旅游客体的想象，完成于对旅游客体的实际体验之中。这种扎根于生活的文化体验形成了一股逆力，正如前文所叙，西方旅游经历了从朝圣到游学、再到大众旅游的过程，实际上，这一过程便是对日常美学进行颠覆、对巨型母题去魅的过程。旅游以一种不经意的姿态解构了崇高的精神叙事，又以一种更不经意的风格消解了神圣的体制形态。这一切恰恰与后现代主义和消费主义大旗下的“拼图”式的审美意识相暗合。

譬如，诗人伊沙有一首诗叫《车过黄河》，是这样写的：

---

① 张祥龙. 为什么现象本身就是美的？[J]. 民族艺术研究，2003(01)：4-14.

② 张祥龙. 为什么现象本身就是美的？[J]. 民族艺术研究，2003(01)：4-14.

列车正经过黄河/我正在厕所小便/我深知这不应该/我应该坐在窗前/或站在车门旁边/右手作眉檐/眺望/像个伟人/至少像个诗人/想点河上的事情/或者历史的陈账/那时人们都在眺望/我在厕所里/时间很长/现在这时间属于我/我等了一天一夜/只一泡尿的功夫/黄河已经流远

诗中的列车与当今社会可以视作一个隐喻，一对互为印证的孪生姐妹。北师大王岳川教授认为，这首诗使用了后现代的所谓去魅化策略，即祛除或消解对象的神圣本质(深度)，使其剥露出平常、世俗的基础。其矛头所指的正是具有崇高和神圣内涵的现代性黄河。“我解读的主旨，是要阐述精神生活与日常生活的相关问题。《车过黄河》中的‘黄河’和‘厕所’是暗喻，两种符码……我在读解《车过黄河》时，则是注意挖掘其中蕴涵的以日常生活消解绝对精神生活的可能性。我在这首诗的读解中试图说明，日常生活确实不比精神生活高明或高雅，但却同精神生活一样具有正当性。”①

诚然，尽管后现代主义从哲学、文化和思维的层面对现代性提出了剥笋式的攻击，但当它的“中心和边缘”“不确定性”“文本的再阐释”这些理论运用到第三世界文化语境和霸权文化的跨国关系时，后殖民主义就逐渐取代了后现代主义，因为后殖民主义参与了国际关系的理论，参与了现代社会关系的基本构成，关注第三世界文化的边缘地位，思维论的后现代主义逐渐制度化、体制化为后殖民问题。② 改革开放后，旅游在中国的广泛流行为这些巨型母题的去魅提供了后现代主义下中国社会的真实样本。

比如，在西方人的想象中，古老的中国作为被凝视的客体，呈现的总是阴森可怖的封建帝国形象。这一形象在张艺谋的电影里表现得最为突出，尤其在《红高粱》《大红灯笼高高挂》《秋菊打官司》等电影里，以古怪诡秘的红灯笼、颠轿、皮影等意象，压抑离奇的纳妾、性迫害、民风村俗等情节，试图揭露和鞭挞封建伦理的腐朽、专制与人权丧失。这些电影表达出来的形象恰恰符合了西方人对中国的一贯想象，上述电影在海外横扫各大影展，实际上

① 文池. 思想的魅力：在北大听讲座[M]. 北京：新世界出版社，2001.

② 文池. 思想的魅力：在北大听讲座[M]. 北京：新世界出版社，2001.

突出了白人至上的思维对第三世界国家的倨傲与霸权心态。改革开放以后，大批外国游客来到中国，试图寻找种种封建落后的奇风异俗以及“穷山恶水出刁民”的证据。但没想到的是，中国人以拥抱市场的态度欢迎这批“不怀好意”的客人们：在一个个民俗风情园里，来自附近的村民们穿上原始的兽皮、画上吓人的彩妆，按照游客的想象围着篝火跳起本来就不存在的“部落舞蹈”，用红布绳拉住游客要与他们“成亲”；等这波游客散去，工资到手，村民们又换上平日的衣服照常生活耕作，或者骑上新买的摩托车到城里购买育苗与饲料。

有学者认为，这一现象揭示了这样一个现实，即在全球化趋势下，旅游目的地被商品化，而商品化的过程又使地方东道主的主体性被“物化”了。无论是民族的传统节日还是传统生活，在被消费主义收编之后，节日的神圣意义被世俗化，生活成为被凝视的舞台，而民族则成为了舞台上的演员，实际上这种刻意的虚假展示还是体现了对消费与权力逻辑的认同与服从①。但如果连续地看待事物发展的内部机理，便会发现人的主体性始终会在客观环境的变化中不断地进行调试，从而寻找各方面利益最大化的实现路径。

随着游客去的地方越来越多，便发现每个地方都一样的“原始”，各大景区的“原始人”都穿着一样的兽皮、跳着一样的舞蹈，甚至还会讲普通话。当发现了破绽之后，这些“假风情”的旅游渐渐也没了市场。被市场抛弃之后，东道主深刻反思，游客到底想要看的是什么。这一反思的结果便是对真实文化资源的寻求和开掘。带着试探的目的，一些地方开始把地方真实存在的、或曾经存在过的民俗和技艺摆上舞台，没想到却格外受欢迎。随着利润节节上升，他们也意外地发现，原来不被重视、甚至嗤之以鼻的老习俗如今竟然让老外们看得如痴如醉！尤其当政府把弘扬优秀传统文化的大风吹起来时，对本民族文化的自豪感更是油然而生，直抒胸臆。在贵州、西藏一些地方，消失多年的传统仪式、习俗在旅游的带动下在当地恢复重生，不仅是作为旅

---

① 吴炆佳，袁振杰. 商品化、主体性和地方性的重构——再造的西双版纳傣族园泼水节[J]. 旅游学刊，2013，28(04)：14-15.

游表演的一种形式，还成为了本地社区交往联结的习惯①。

在旅游活动中，人的主体性、地方的地方性与消费主义下的商品化三者之间始终是动态交织的，在市场这只看不见的手的干预下，人的主观能动性得到最大程度的调动和发挥，同时也在旅游凝视的过程中进行意义的持续生产。正如孙九霞所言，“旅游既是对现代性的体现，也是对现代性的背离，但无论是体现还是背离，都体现了人作为主体性对本真的追求动力，正是这种动力带来矛盾的交织与互张”②。

因此，随着改革开放程度的加深、中国人民生活水平的好转，中国通过旅游在迎来大批游客、获取经济收入的同时，也在不断找回在历史长河中丢失的记忆和瑰宝，以真实动人的话语逐渐消解外国游客对中国人至今还留长辫、裹小脚的刻板认知。需要记住的是，这一颠覆和去魅的过程并非是简单的概括或总结，而恰恰是一条经历了曲折起伏的艰难道路。作为被凝视的客体以及旅游目的地的主体，中国在改革开放的进程中自觉加强文化反思和批判的力度，充分学习、吸收现代旅游产业发展的理论与经验，在实现文旅融合创新发展的同时，不仅释放了民族国家对于全球化态势下文化陷落的焦虑，更强化了新时期下对本民族文化的认同和信心。

旅游产业的全面开放将民族、国家、文化和身份认同更好地暴露在全球化的语境中，通过对日常美学的颠覆和对巨型母题的去魅，获得一种自我意识的解脱，这种解脱既是力量和速度的象征，又是解码和编码的隐喻。

四、技术理性与反乌托邦

高速公路、高铁、磁悬浮列车等现代交通运输体系的不断完善，使技术理性的回归有了新的市场，人们在越来越真切地感受到“不是我不明白，是这世界变化快”的同时，也为日新月异的城市或乡村的面貌鼓掌欢呼。不过，

---

① 孙九霞，许泳霞，王学基.旅游背景下传统仪式空间生产的三元互动实践[J].地理学报，2020，75(08)：1742-1756.

② 孙九霞.作为一种“社会形式”的旅游：“地方”视角[J].旅游学刊，2017，32(12)：12-14.

另一方面，人们在后现代主义甚嚣尘上的解构理想、信仰等宏大话语的呼声中，也愈来愈为曾经有过的乌托邦情结献上一份沉重的回忆。

今天，实用主义的大旗再次占据了日常生活的思想阵地。人们仿佛突破了技术理性的逼仄，回归到人文精神张扬本身。有一种声音发出了令人可怕的喊叫："上帝死了，而人无所不能！"倘若此时还有人提到耶稣基督的告诫，释迦牟尼的教诲，以及"吾日三省吾身"、在世始终"战战兢兢、如履薄冰"的曾子的榜样，会是多么迂腐和不合时宜。我们并不是一天就变成这样的，否则，我们每个人都会不堪忍受地警觉起来。我们就好比起初待在正常室温的厅堂内，温度不是骤然地，而是一点一滴地，日积月累地提升的，这样即使温度升得再高，在场的人多半也难以马上警觉，这情状就跟媒体一步步介入并主导人们生活一样相似。因此有人讲，很可能人类末日的到来也并不是惊天动地的，而是悄无声息的。人类已处在绝望之中却浑然不觉。艺术家、作家与思想家，他们的心灵较为敏感、思想也十分敏锐，他们最早觉察与意识到了人类空前绝望的现实。不过，当这些先知先觉者想要唤醒周围的人时，却痛苦地发现，他们的呼吁只像是"哀鸾孤桐上，清音彻九天"的空谷足音。

尽管如此，技术理性犹如高速公路的种种规制一样，不会让乌托邦想象在野马般的速度里自由奔驰，一个又一个关卡，一个又一个护栏决定了思维的翅膀只能在体制内进行，任何越位都被禁止。在这个压力之下，又加上心灵是可以相互渗透的，人与人之间的生活环境也越来越相互渗透，人的脑子（神秘的巧合）也受到同样相似的刺激。结果，仿佛各自膨胀一样，人们的影响半径逐渐延伸，他们追求的影响范围也就随之缩小。

事实上，在现代物质的暴长之中，我们看到了什么事情发生呢？人们已经反复说明发生的事情。通过昨天发明的铁路、汽车和飞机，以及滚滚而来的高速公路，人们的身体影响范围，已经从过去受拘束的几英里，拓宽到如今的数千英里。尤有甚者，由于以发现电磁波为代表的非凡的物理学成就，每一个人都发现，自己从此同时存在于世界的每一个角落，包括陆地和海洋。

随着我们的感官外化，世界不是走向一所亚历山大帝式的图书馆，而是成为一台计算机，一个电子大脑，活生生的像一部稚嫩的科幻小说，我们的感官离体而去。

可是，我们中的大多数人还紧抱着“后视镜的观点”看世界。之所以如此，是由于环境在其初创期是看不见的，人只能意识到这个新环境之前的老环境。只有当它被新环境取代时，老环境才成为看得见的东西。因此，我们看世界的观点总是要慢一步。因为新技术使人们麻木，它反过来创造了一种全新的环境，因此我们往往使老环境更加清晰可见。

我们把机械环境的垃圾变成波普艺术品。当下总是看不见的，因为它是环境的东西，它以压倒一切的威力渗透整个场域。

媒介术语的叙事是广义的，它包括任何使人体和感官延伸的技术，从衣服到电脑，从公路到城市。社会受到更加深刻影响的，是人们借以交流的媒介的性质，而不是交流的内容。一切技术都具有点金术的性质。每当社会开发出使自身延伸的技术时，社会中的其他一切功能都要改变，以适应那种技术的形式。一旦新技术深入社会，它就立刻渗透社会的一切制度之中。因此，新技术是一种革命的动因。①

比如，在20世纪80年代，网络空间(cyberspace)还只是个生造的科幻概念，其话语前提乃是技术化的控制论，前卫小说家试图通过它展示一些类似于电子神经系统的反乌托邦情境。但此后不久，互联网蓬勃兴起，人们几乎在一夜之间被抛入了一个全新的生活世界。尽管人们沿用了网络空间这一隐喻描绘他们的新奇遭遇，以万维网、虚拟实在为典范的新技术给世界带来的却是另一番生活化的景象：网际交往和虚拟生活。

应当看到，网际交往的蓬勃发展是有其深刻的社会原因，作为现实交往的延伸，其动力机制主要包括寻求注重内涵的交往、建构新的社会网络、建立网际社会地位和形成网络亚文化群体诸方面。因此，网际交往中引起人们普遍关注的问题有二，一是网络空间中的情感和爱欲，二是以网络为中介的群体行动。人们对前者的态度不无暧昧：一方面消费社会将情感和爱欲作为诱饵引诱人们不断地追逐欲望的消费；另一方面，又将网络中的情感与爱欲视为另类。而这更增加了网络情感与爱欲的诱惑力。以网络为中介的群体行

① 麦克卢汉，秦格龙．麦克卢汉精粹[M]．何道宽，译．南京：南京大学出版社，2000.

动包括公共参与、共同抵制等方面，事实表明，以网络为中介的群体行动，会在网络之外产生现实性的后果，因而问题的关键在于，通过网络，群体的意愿和力量如何显现？这种显现方式对于建设性和对抗性的群体行动分别会导致何种效应？显然，对于这种全新的社会群体行为，我们很难从理论上加以抽象的定性，而应进一步由具体个案加以体悟。①

由此可见，高速公路的网络化使技术理性中的反乌托邦情结与速度、力量和社会伦理联系在一起，它促使人们更为真切地感受到艺术家那颗敏感奋发的心，一旦觉察到人类普遍的绝望，良知与激情就决不允许他们“明智”地沉默。如同“杜鹃啼血”“精卫填海”，真正的艺术家、作家与思想家从来便是理想主义的拥护者，他们存在的意义都为了维护文明、真理和自由，就算牺牲自己也在所不惜。今时今日，在这个物质水平日益丰富、自然环境却日益恶化的地球上，我们已再难寻找和信仰、神圣、灵晕相关的东西，取而代之的是后现代的碎片、世俗与空虚，以及对肉身欲望的无限沉沦。在技术理性之外，我们急切地呼吁技术伦理，包含网络伦理、数据伦理、人工智能伦理的重建，在关于真理和信仰的书写图腾中获得警醒的力量，重回人文闪光的世界！

五、行走的精神

高速公路带给驾驶者的乐趣是普通公路无法比拟的。行驶在高速公路上，眼睛可以舒适地一览无余，而高速奔驰的快感又意味着畅快与自由。作为隐喻本身，如果把高速公路拟化为一个人体，那么，它就必然含有一个生发和维持住这种显现和意味的意向活动机制。从现象学角度分析，这个机制的基本动态结构是：“意识或意向行为不断地激活实项的内容，从而投射出或构成着（在某种意义上是‘创造’出）那超出实项内容的内在的被给予者，也就是意向对象或被显现的东西”②。

① 段伟文. 网络空间的伦理反思[M]. 南京：江苏人民出版社，2000.

② 张祥龙. 为什么现象本身就是美的？[J]. 民族艺术研究，2003(01)：4-14.

胡塞尔认为，人的意识活动是根据实项内容而构造出某种意向对象和观念意义。北京大学哲学系的张祥龙教授在现象学的课堂上打了这么一个比方，他说意识活动就好比一部天然的放映机，“总在依据胶片上的实项内容（可比拟为胶片上的一张张相片）和意识行为（放映机的转动）而将活生生的意义和意向对象投射到意识的屏幕上”。这里的实项指构成现象的意识要素，区别于物理意义的某种客观存在。实项进入了脑海中关于意识活动的原发过程，形成了其对于这种特定意向的对象和意义，所谓“一千个读者就有一千个哈姆雷特”，作者构造出来的哈姆雷特、每个读者解读的哈姆雷特，以及每个哈姆雷特对于每个读者的意义，三者是不一样又互相联系的概念，这些意向对象和意义就是我们平常在文学艺术作品，或者在游山玩水时所体悟到的各种叙事要素。除了可以用身体感官意识到的意向对象之外，还有不能被直接身体感知的意向对象，比如社会关系、事态趋势等，前者的意识活动被称为“感觉直观”，后者被称为“范畴直观”。

在意向机制的调节下，高速公路在每个人看来都有不一样的形象和意涵。对于每天来回同一段高速公路上下班的驾驶者而言，这段高速公路意味着一种乏味的秩序、规定的生活；而对于长年在外工作的“北漂”来说，只能在年假里才能踏上的高速公路便是一条极其漫长的回家之路。美国影视剧热衷于展示高速公路的形象，在嘈杂的摇滚音乐伴随下，年轻人驾着车在一条条宽阔笔直的高速公路畅游无阻，仿佛美国梦的实现唾手可得。汽车广告里也总是出现这样的画面，成功人士驾驶着安静的豪华轿车一路疾驰，高速公路与两旁盎然的绿意展示着舒适悠然的广阔天地，可是在实际生活中人们总是驾着车在拥堵狭窄的城市马路上不耐烦地按着喇叭。

现代社会高速奔腾的宏大叙事下实际上掩藏着许多细小的罅隙，就像张爱玲所说的：“生命是一袭华丽的长袍，上面爬满了虱子”。一个孤僻症患者，对艺术的创造不过是他自我疗救的一种手段。他用简单的方式拍电影，对树和路、孩子和老人充满了庄严的凝视。他的叙事方式是速度，使朴素的自然和坚硬的现实走向了抒情的柔软和波斯图案般的神秘。在他的感觉中，人在树下，人在路上，人在风中——这些简单的画面把现代人被污染的眼睛洗清干净，让人重新体会到原始时期人们看到风吹树叶画面时的惊奇与欣喜。①

之所这样，是因为他明白，电影术语是高度视觉化的。高速公路则把视觉变成一部电影，把视野变成人所经历的内容本身。心理学大师马尔维是从“电影是为了满足好看这一原始欲望”的观点来展开讨论的。而精神分析家拉康认为小孩从镜子里认出自己的形象的那一刻是他的自我构成的关键时刻。马尔维采用了拉康的这一理论，将看电影的快感的特征描述成一个由两种相互矛盾的欲望驱使的过程：首先是将另一个人作为客体进行观察的窥视快感；其次，是对屏幕上的那个人产生认同所获得的自恋快感。

相应地，人类在高速的奔腾中同时混杂着两种欲望：第一种欲望是力比多的欲望，第二种则是自我欲望。在这些欲望里，人们普遍会有这么一种感觉，一个人的精神生活就像私人的家庭及家政的循环一样，要到外界去寻找关于它的解释。

传统上我们认为人格分裂是一种人格的不统一现象。后现代社会的碎片叙事使人处于这样的状态时，大脑就不能统一于代词“我”之中。人格分裂者之所以被视为阐释者，是因为他们的精神错乱造成了意义的多样和不稳定，他们不能觉察意义之间的适当疆界，不能以空间意识将世界作为符号和话语的剧场体验。这些符号和话语不能互相排除，但能构成一种声音的喧哗；他们不是将自我作为一种有序的叙事，而是作为话语喧哗中的多种认同来体验。

高速公路伴随的流光溢彩，使当今社会带着块状的模式剧烈地分离。当后现代社会理论将世界压缩成地球村时，大众旅游与大众媒介的流行，表明“全球化”主题被压缩得不仅有政治、经济、国家、民族，还有历史、传统和文化等。从流动力学的眼光来看，旅游生活在扩大知识眼界的同时，却也以经验和成见压缩了地球的既有空间，因为高速公路和喷气式飞机的速度，不同地方之间的时间距离几乎可以被缩减为共时，这便鼓励我们将地球看成是一个同时性的整体，即麦克卢汉的“全球村”。这种效果明显地是“他者”的

---

① 子曰，24ge. 现代人精神病历本：以电影为例[M]. 长沙：湖南文艺出版社，2004.

同时性，是速度的交际强加于我们的。

但自海德格尔以来的绝大多数文化理论家都已经认识到，全球化是一个统一的、规范化的过程，同时又是一个充满矛盾的、多样化的过程，是一个日益认识到共性和个性在全球这个舞台上并存和文化心理积淀的过程。显而易见的事实是，欧洲人在将香肠标准化的企图面前越来越意识到欧洲香肠的多样性。在精神学研究领域，已经出现了一种全球性的反政治倾向，本地文化凭借这一倾向以日益公开的方式表现出自己的差异，以抵制全球化过程中的标准化趋势。当地球被商业、旅游和技术所压缩时，文化差异也就日益变得商业化。

因此可以说，当代文化的精神分裂部分地是关于超级市场的历史陈列和高速交通的速度叙事——本来意义和隐喻意义上都是如此，但地理意义上的压缩在超级市场或时间意义的压缩在大众旅游上也同样明显。对消费阶层来说，超级市场混杂着文化多样化显现的功能，以商品社会的总的特征，提供了一种压缩式的旅游方式，它销蚀了身份与地域之间的传统关系。这是一种奉献给文化多样性的经历，它给购物者和旅游者提供了一种国际性范围内的可能性的鉴识，其他文化的符号在此通过与各种种族的依附关系而组成购物者的身份，好像购物和高速公路的视域或境域本身就是一个身份建构的过程似的。①

而实际上，这种视域或境域是一个可以自由伸缩的空间，是避开了各种现成化的倾向而造成的一个回旋空间（spielraum），也可理解为原发想象力的运作所要求的、所构成的“间隙”。所以文化旅游意义的“距离”“空间”“境域”并不指一般或现成叙事上的跨度、间隔和场域，而是那“最不平静的边缘和涌现处，体现在胡塞尔的意向性学说和海德格尔的缘在的生存时机化等学说中，也是一切现成者和精神分析师不得不退居为从出的实项内容，而让纯视域（纯关系姿态自身）‘凭空地’构成着的终极形势”。当我们谈论文旅融合怎么“融”时，不能割裂描述性和还原性的统一，“因为那里只有‘预持’着的前视域、‘保持’着的后视域及由这两者的交织而构成的‘当下’视域，而一切

---

① 柯里. 后现代叙事理论［M］. 宁一中，译. 北京：北京大学出版社，2003.

世间的生存形态无不源于这原发的交织构成”①。这也正是对当下文旅融合趋势的精神学分析聚焦的深度内蕴之所在。

六、意境与思想

要理解文化旅游的意境，首先要从分析意境本身开始。

意境，望文生义，是指由人这方面的“意”加形式方面的“境”，构成虚拟的意会存在，是一种类似“非存在的存在”。说它是非存在，是因为你无法说出它的具象，无法像大象一样触摸到它自自己的耳目嘴鼻；说它是存在，是因为你虽然无法触摸但是能够感受到、能够清楚地沉入其间并体验到其内容的丰富。

意境之说本是源于原始东方文明基因中一种基本的人生态度，是个人对自我内心世界的发掘与外部环境的审美感悟。从文化溯源上看，“意境”这个概念，最早由唐代诗人王昌龄提出。王昌龄曾在《诗格》中，34 次以自己的诗为例，说明“意境”之玄妙。如“空林网夕阳，寒鸟赴荒园”“清筝向明月，半夜春风来”，等等。后来一直到清末梁启超，人们所谈“意境”，实际上多是“情景”。许多人把“情景”论当作“意境”论的一部分，混为一谈。实际上，情景只是描述事物存在状态的普通概念；而意境则是情景的升华，是意向投射的动态过程，二者不可轻易混同。

在中国历代文人中，对意境之说作出最大贡献的，莫过于清末学者王国维，他的《人间词话》是文学研究关于意境理论的空前之作。在这本著作里，他提出了著名的人生三境界，即：“古今之成大事业、大学问者，必经过三种之境界。‘昨夜西风凋碧树，独上高楼，望尽天涯路’，此第一境也；‘衣带渐宽终不悔，为伊消得人憔悴’，此第二境也；‘众里寻他千百度，回头蓦见，那人正在灯火阑珊处’，此第三境也。”这三种境界突出了“意”的内蕴，是对做学问、乃至细味人生的深刻体悟。

那么，关于意境的内部底蕴，究竟意味着什么呢？这个问题的实质，是

① 张祥龙．为什么现象本身就是美的[J]．民族艺术研究，2003(01)：4-14.

把认识上升到现象哲学的高度了。马歇尔·麦克卢汉在《理解媒介》中把对现代媒介空间的分析重点放在了介体之上，他把媒介视为身体的外化和延伸，个中道理有如梁启超对意境的理解："境者，心造也。一切物境皆虚幻，惟心所造之境为真实"。而马克斯·布瓦索则在《信息空间》中把"媒介"替换成了"信息技术"，实际上意思大同小异。但是，无论是麦克卢汉、梁启超还是布瓦索，他们对意境的理解都偏重于"境"，而忽视了"意"的灵性的、人本的一面。

而苏珊·朗格则从艺术形式进入"意境"的研究。她认为，艺术是人类情感符号的创造，人类把完整的生命体验以艺术抽象的方式形成了符号的幻象，这一幻象引发了审美主客体之间的情感共鸣①。也就是说，艺术想要获得共鸣、激发意境，就必须遵循与生命形式相似的逻辑形式，有了这样的形式，审美主体便能从直觉上把握艺术符号所要传达的意义。在对意境的把握上，苏珊·朗格是格外青睐于其中富含的人类情感的。

实际上，上述两类观点都各自偏向一隅，相当于以形而下的"情景"来论证形而上的"意境"。幸而，自 20 世纪 90 年代以来，情况出现转机，出现了两个非常好的"解法"：一是贝尔纳·斯蒂格勒《技术与时间：爱比米修斯的过失》；另一个是迈克尔·海姆《从界面到网络空间：虚拟实在的形而上学》。前者从时间哲学概括，后者从空间哲学概括，把"意"与"景"、"灵"与"境"、"空间"与"距离"、"时间"与"哲学"等结合起来。迈克尔·海姆以柏拉图《会饮篇》(*Symposium*)为例指出，网际空间的真实主体根据，不是技术本身，而是"生物的性冲动的外力所及，延伸到我们在这里不断寻求扩大我们知识范围的精神领域"。这种精神领域突出意境中的"境"，或灵性中的"灵"，是灵界和境界的有机结合。他所谈之"境"，既隐含着王国维的心灵化境，又融入自己的意会感悟。中国社科院教授姜奇平认为，这种结合可以说达到、甚至在某些地方超过了王国维的"意境"说。

意境与中国传统观念上的旅行暗通机理。前文已叙，旅游在中国历来便与文化反思、审美体验息息相关，实际上，这个体验过程便是一种融汇"意"

---

① ［美］苏珊·朗格. 情感与形式［M］. 刘大基、傅志强，译. 北京：中国社会科学出版社. 1986.

与“境”的动态过程，其中“意”为旅游体验的内容，以文化感知和情感交流为核心；“境”为旅游体验的形式，是沉浸式体验的空间。这一意境，不仅包括对目的地的感知内容，还包括目的地的表现形式（不仅包含身体体验的现实空间，也包括虚拟现实的赛博空间）。高速奔赴的旅途中，眼前的视野展现了长龙卧虎般的大气、深龟锁大东的豪气以及滂沱大雨中千军万马的奔腾写意。旅游张开了网状的翅膀，它不仅将夕阳和荒园网住，将明月和春风网住，它更要把人的思想、精神和心灵网住。借助于通达四海的高速公路，人类在速度的叙事中感受到了一种奇特的意境。这里的“意”是“公路主体”、是“车辆主体”构成的叙事本体，而它的“境”则是环境的诗化或虚化，通过“意”如广告牌、雕塑群、车道以及社交媒体的推广而实现“境”的飞跃和美化。而且这种飞跃和美化要靠人的“心境”去体会与感悟。

梁启超“舳舻千里，旌旗蔽空，酾酒临江，横槊赋诗”这样的诗句，与“浔阳江头夜送客，枫叶荻花秋瑟瑟，主人下马客在船，举酒欲饮无管弦”的真情描写，原本有着相同的“意”，即所描绘的是“同一江也，同一舟也，同一酒也”，但两者的“境”颇不同，结果就出现了“一为雄壮，一为冷落，其境绝异”的巨大差别。为什么会这样子呢？原因在于，“然则天下岂有物境哉，但有心境而已”。意思是，同一物语、同一场景，感受不同，体会各异，不为别的，只因为各人的“心境”不同。心境决定意境，但意境又是心境的审美外化，这使得“意”与“境”产生了一种距离，形成了一种场域，或可称之为“意域”。

事实上，人与世界从根本上就处于意域场的交织与构成之中，绝不可能有不“期待”和“保持”着的知觉，就如同绝不可能有不与将来和过去交织着的现在一样。只看到境域中的存在者，不管是物质的还是观念的，而看不到或直观到那前后托持、冥冥护佑着的境域本身，就既不智，亦不美；也就是孔子所摒弃的“意必固我”的态度。由这种态度主宰的人生就只服从因果律和同一律，而无自身的意义生发和根本处的回荡呼应。在这种人生里，既无慷慨悲歌，亦无柔情缱绻；更没有那凄凉见真情、愚诚动古今的大写意境界。在现象学看来，人性天然混成，气韵盎然，自有一段缠绵不尽之情，勃郁待发之意：“其囫囵不解之中实可解，可解之中又说不出理路”。文旅融合的意境之说，为“期待”和“保持”提供了广阔的叙事背景，它为消费主义大旗下人们内心的欲望冲动提供了一种精神动力。

那么，文化旅游所追求的“意境”，在最高点上，是什么感觉呢？在海姆看来，“人类的知识是对上帝的模仿……上帝站在永恒的山顶上俯视各种事物，以全知的直觉认知方式。”①奔腾在通往未知的行进中，心态尤其应当如此。

七、移情的造化

当今社会发生的转型是全方位的，其中个体移情的快速变化十分普遍。此时人们面临的时代语境主要体现在话语的张扬、速度的递进、人流的壳状化、车辆的制度化和地面的平整与环境的封闭。这样的语境是硬度和软度、热度和冷度、稠度和黏度的复合体，有着广袤的空间和局限的视野，一切都在急切的奔腾中。这样的语境视生活之道为一种“诗化的思想”，其艺术本体是“能为一切开出道路之场域”的“湍急之道”，它与《庄子》“逍遥游”的语境有家族的关联，即血脉中的“无何有之乡，广莫之野”是其共有的永恒背景，这种背景令高速公路的语境在新时代精神气质的引导下仍然使得事物充满意义。

谈及语境的深度分析，不能不提出语义结构学派的代表人物梵·迪克，他认为，语义结构可以分为八层，它们分别是：音位层、字符层、词形层、词汇层、语义层(意义)、指称层和语用层。自然语言有 96 个可区分和识别的结构要素，可以用三维结构化表示，其中一维是六层结构，二维是三层结构，三维是四层结构。而语义结构学的创始人之一波蒂埃则用了更简单的四层结构表示语义，分别是指标层、概念层、天然语言结构层、被产生的本文层。

就像高速公路作为此地彼岸的桥梁骨架一样，作为意义的节点，词担任起句子的骨架任务。人们的思维并不是在背单词，而是在构建词的互联网。

---

① 海姆. 从界面到网络空间：虚拟实在的形而上学[M]. 金吾伦、刘钢，译. 上海：上海科技教育出版社. 2000.

这就是意义互联网。人们通过对话，进行意义的互联，并在互联中形成意义本身。巴特叙事结构分析从结构主义角度切入，特别强调将意义理解为一个网络，并把这一叙事结构分为文本内与文本外两类。

这种划分使意义出现局域网和广域网的不同宽度和深度。文化高速公路的叙事节点由文化里程碑和旅途收费站构成，而其网络往往在匝道的引进中运用环形的方式将叙事引向深入。在文化高速公路的语境里，局域网与广域网分别由地方节点和地点节点的主管部门呈示意义的生成和管理的深化。在这里，各类网络与电脑网络处在一个胶合状态，形成一个密集的网络世界。在这样的世界里，人工智能要做的，就是将自然语言形式的意义互联网，变为结构化的数据，分不同层次处理。而用机器加快非个性化的、同类项层次上的数据处理速度，从而把资源有效地用于更富增值潜力的个性化响应上。这好比条形码把一些商品共同具有的信息标准化，用机器简单处理，就可以使商家将服务资源用到更能创造价值的地方去。或者有如收费站或加油站或别的什么隐蔽处所安置的交通电子眼对违规违章甚至违法事件的全方位报道，让信息中心的主宰者很快掌控整个文化高速公路的流量现状和运行态势。

此外，词语一般都可以分为许多种类，这从各类词典上编目的翻查说明就知道，诸如名词、动词、副词或介词等，但这些并不是符号学上的分类。符号学对词语进行分类和结构化，主要是服务于从“能指”(形式)到“所指”(意义)的转变。它的精神导向表现在，帮助人们有效发现“一时有效”的意义，在“活”的话语中把握人们“隐喻”背后的真实想法。

例如，文化高速公路的隐喻可能跟政治、经济、文化甚至国力等都相关联，这使得后现代社会的时代语境不是建立在静态的陈述之上，而是建立在意义的奔走与动态的叙事之上。即是说，人们谈及高速公路，其语义的真实指归不是恒义，而是变义，这里的变义主要表现在意义的捕捉要根据叙事人说话的腔调、前后谈话的内容、上下语句的清晰度和听众的心理变化来决定。比如，当我们说：“你走高速公路吧”，这里的意义是同质的规劝，它隐含着高速公路速度快、能节约时间这样的具体内容。而当我们说：“你走高速公路?”这里的意义便是异质的疑虑，它隐含着高速公路可能出现的危险和费用高等具体事实。因此，要准确地理解双方谈话的内容，就必须要了解叙事人的具体语境。只有这样，所谓虚与实、静与动才能意义丰富、意境生动。

值得一提的是，现代人在信息化背景下理解虚拟现实问题，不用意境这个词，而说 cyberspace。cyberspace 目前为止最贴切的译法，应当是“灵境”。“灵境”这个词，实际与“意境”，精神上是相通的。“灵境”之说由吉布森(William Gibson)独创，是他在自己的科幻小说中首先提出 cyberspace 一词的。从此，它像一个火把，点亮了思想家们寻道的路径。对信息文明，人们不再只是就现象谈现象，而是开始概括到时间和空间这一抽象层面悟道。

按照语义结构学家们的说法，语义分析中最关键的问题，是对“引申意指”的把握，即对词语表面直指意思之外的各种真实意思的把握。里奇在《语义学》中，将语言的意义现象分为七种，除第一种本义和最后一种主题的意义外，都被归为“联想的意义”，包括引申的意义、风格的意义、情绪的意义、反射的意义、搭配的意义。他对引申意指的定义是：“一词语借助其超过纯概念内容所指称者而具有的通讯值。”

因此，研究引申意指，最关键就是要理解“隐喻”这个概念。奎罗将引申意指分为象征、隐喻和联觉。而利科认为隐喻就是引申意指：隐喻的归属作用本质上即建立相互作用网，它使得某语境成为真正独一无二的。比如，文化高速公路除了交通运输的实用功能外，它引申出来的隐喻意义十分丰富，是时代的隐喻，是政治文明和物质高度发达的隐喻，是国力强大的隐喻，是速度、力量和消费总量的隐喻，等等。

在如此丰富的语境联想里，作为信息化的灵境，文化高速公路的网络化根子就在这里：“有什么办法比创造一个由信息组成的虚拟世界能更好地效法上帝的知识呢？人类在这个虚拟世界中能享受到上帝般的即时存取。”

此时的语义除了美学和哲学的附带外，文化高速公路的语境还可以从莱布尼兹的“电子语言”的操作方式来分析，这是效法神的智能。上帝的知识具有同时性和一次性，所以为了达到一种神对事物的存取方式，全球化的计算机基质就像一张文化高速公路图，它能将所有的语言(人流、车辆、货物)都捕捉在一个永恒的在场之内。

因此，文化高速公路的语境特点是类似网络空间的真实叙事。电脑网络的交通规则是地道的虚拟，而文化高速公路的网络则是真实的，但它的外部类似于一种完美的用于存取超文本的计算机环境。换句话说，文化高速公路的信息化就是利用超文本的速度叙事，我们以直觉一闪念的痛快淋漓把事物关联起来。起点和终点上的各种扫描仪、电子眼起到了超文本的交互作用，类似于超光速运动。超文本读写支持超越传统的一步一步的逻辑链的直觉跳跃，那种跳跃(并非那种步骤)是超文本的特征运动，它恰恰与文化高速公路语境的实相化胶连在一个美丽的蝴蝶结上，使人陡然出生一种“今夕何夕，岁月如歌”的真切感喟。

八、审美的心境

无论是社会的语境、自然的意境或人的语境，说到底，都离不开审美的心境。奔驰在高速公路上，你的心境很开阔吗？你的情绪很激昂吗？你的梦想在飞翔吗？而高速公路本身笔挺如剑、坦荡如砥，磅礴有如天梯。比如，就在李白当年发出“蜀道难、难于上青天”的路上，一条条通天的高速公路已经将西南的天地以前所未有的速度展现在人们的眼前。“一桥飞架南北，天堑变通途”也不再是诗人的浪漫和梦想。此时，革命的浪漫主义与革命的现实主义在高速公路结合得近乎完美，

记得雨果有一句名言：“世界上最大的是海洋，比海洋大的是天空，比天空大的是人的心灵。”可见，心境之大，比之于天。在天地万物中，唯有心境能真实地表达个人的情绪体验。对文旅融合的心境分析就应当建立在这种理性叙事的基础上。

正如人们普遍看到的那样，与因特网一样，高速公路看似更加方便、更加容易沟通，其实由于每个人都有了属于自己的空间，对外在的空间反而更加不关心了。其突出表现就是对外界的抗拒和对他者的冷漠。奔走在高速公路上的人们不停地追赶、超速，不停地变化着个人的节奏和情感。转向灯和后视镜都是冷漠的监控者。在这样的氛围里，人生中所有的生存现象——比如“牵挂”“在世”“良知”“时间”“决断”“语言”“诗”“艺术”“技艺”等——无不剔尽了现成状态，处在一个凭空维持和构成着的境域之中，也就

是蓄势待发的“能存在”状态之中，总有含义的“解释学形势”之中。人和世界说到底就是这样一种总是已在某种领会语境之中，总能把真话、假话、闲话、笑话、浑话……说圆了的存在，总是处在一种或真或假的“虚实”之中和领会这种“虚实”的状态之中，总有着所谓的“缘起性空”“如痴如醉”“如梦如诗”和“梦幻泡影”的“醉醒感”，从根本处充满了美感体验或活生生的自由感知的可能。①

针对此种境状，王国维指出：“而概念之愈普遍者，其离直观愈远，其生缪妄愈易。故吾人欲深知一概念，必实现之于直观，而以直观代表之而后可。若直观之知识，乃最确实之知识。”这种解释虽然理智，倒也正常，对虚与实的言说也还有规有矩。但是，倘仔细读他对列子的评价，其心境就令人如堕云梦之中：“守此无心之德以达于解脱之域者，其路径如何？列子更述其次序阶段，曰：……彼新柏拉图一派之神秘哲学者，谓吾人能绝一切差别对待之意识，而返于还于无我绝对之境。尝就其恍惚之状态以词表之，列子此言殆有与之相似者。”

这里所谓的“就其恍惚之状态以词表之”与其“以胸中惝恍不可捉摸之意境一旦表诸文字、绘画、雕刻之上”之说充分地表明了他对心境的独特感念和体认。或者可以说，他已具有一种现象学体验还原的意识了。即在他的心境之中，虚拟已经变成了别种意义的实在——体验意义的实在。

诚然这是一种矛盾，是心境之说经常存在的一种矛盾：既恍惚，又真实；既有动词，又有虚词；既有主观想象，又有客观描写。这些矛盾在旅游开发中同样存在。比如，人们崇拜金钱，但金钱容易招致危险。金钱本身既是虚拟的叙事，又是实在的对车辆行走过程的表达。在过去相当长的一段时间，我们对旅游景观及旅游体验的美学和意境尊重是缺位的。经历了市场化改革带来的碎片与喧哗、功利与焦虑的历史阶段后，随着经济水平的飞跃、社会环境的变革、公民素质的提升以及民族自信的崛起，在这一特定的时代语境下，大众正在经历壮美及高尚的审美转向。也就是说，建立文旅融合的核心符号要以意境体验为目标、以尊重美学规律为准则，把专业的事情交给专业

① 张祥龙．为什么现象本身就是美的？［J］．民族艺术研究，2003(01)：4-14.

的人做，不以地方领导的个人喜好僭越美学规律和艺术原理。

学者们对心境中的矛盾之分析不遗余力，迈克尔·海姆在分析中发现："如果建构网络实体的动力来自柏拉图意义的厄洛斯，如果网络空间结构是按莱布尼兹的计算机上帝的模式，那么网络空间危险地安放在一种悖论的内在错误之上了。去掉了隐藏的奥秘、未知的诱惑，你也就破坏了去发现和进一步探索的冲动了；你破坏了渴求的源泉。"①

这也就是贝尔纳·斯蒂格勒认为的，"技术既是去蔽，又是遮蔽，既成就时间，又遗忘时间，即使记忆成为可能，又导致记忆的丧失"。② 如果真是这样，就无解了。目前国内文旅融合时不时就进入到这种近乎盲点的吊诡状态。

但是，精明的迈克尔·海姆却巧妙地走出了这种悖论，他说："虚拟实在的本质最终也许不在技术而在艺术，也许是最高层次的艺术。虚拟实在的最终承诺不是去控制或逃避或娱乐或通信，而是去改变、去赎救我们对实在的知性……虚拟实在承诺的，不是性能改进的吸尘器或更吸引人的通信媒体或更加友善的计算机界面。他所承诺的是圣杯。" 迈克尔·海姆以瓦格纳《帕西发尔》为例说："他完成这最后的工作时，瓦格纳认识到他是企图在创造另一种实在，一种反过来会改变普通实在的实在。他用的字眼是"艺术总汇"（a total work of art）"。③

结果的表述便是："最终的虚拟实在是一种哲学体验。"这是一个标准的胡塞尔式的现象学答案。

通过以上分析，可以看出：文旅融合的心境是"文"与"旅"的"融"，同时强调两者的"合"，从大的范围来讲是对国家制度建设和民主法制进程的映射；从小的范围来讲是行驶在转型社会上的每一个人的规制约束与自我省察。心境中的境界之大小，除了教育和社会的法制及普遍的道德水平外，个

① 海姆. 从界面到网络空间：虚拟实在的形而上学[M]. 金吾伦，刘钢，译. 上海：上海科技教育出版社. 2000.

② 吴国盛. 技术与人文[J]. 北京社会科学，2001(002)：90-97.

③ 海姆. 从界面到网络空间：虚拟实在的形而上学[M]. 金吾伦，刘钢，译. 上海：上海科技教育出版社. 2000.

人的修养也极其重要。

因此，文旅融合要保持它较好的心境是合理合情的存在，是当今社会沿着健康轨道发展的时代要求。用贝尔纳·斯蒂格勒的语言表述，它反映了“人类的普罗米修斯性质”。因为，如果没有反向制约、没有合理合法的心境，高速公路的发展就单单地演变为技术决定论。

实际上，信息文明不光是问技术意义上的人是什么，而且还要追问技术背后的人是什么。也就是说，在心境之外，还有一个“意”或“灵”，作为“心境”之“心”的本体。王国维通过区分“有我之境”和“无我之境”，就突破了梁启超等许多学者的思维局限。既然“无我”仍然能成“境”，何谈“心境”之有？说明在“有我”，“无我”之上，还有一个本体性的“大我”存在。换成时下最通俗的语言表述就是：文旅融合的信息化在信息技术和信息产业发展中的显现，与信息化在传统产业改造中的显现，要统一到国民经济整体来认识。否则，文旅融合信息化的主体就说不清楚是谁了。我们提出新型工业化，就是追问信息化意境中的“意”的结果，而不是问“境”的结果。

只要我们有了“胸怀祖国、放眼世界”的全球化心境，并有“有容乃大”强烈的历史底蕴作支撑，文旅融合的快速发展于国民、于国力乃至未来总的战略规划都会有着全新的意义。

九、禅境中的顿悟

禅境是人生的最高境界，是化虚为实、化无为有、虚实有度、无为而为的妙境之深刻感悟，它是比至高的世俗人生审美境界更为无限高妙的应物、处事、待己的境界，是超越世俗人生层次的、宗教精髓要义所启迪的终极修炼境地。所谓“明心见性”，所谓“中道无为”，就是这样的境界。

换言之，禅境是妙观庄严、静穆、平和、安详的，是无喜无悲、无苦乐的，大自在、大解脱、大圆镜智的至高妙境地。奔驰在文旅融合的征途上，有危险，有潜流，有陷阱，有这个或那个意想不到的突发事件的出现。如果有了入禅之境界，一切都会应对自如。

因为，有了禅境之心的人对人生的态度会有十分练达的妙境：“物来认真应，遇事精进行，过去即不留，无所著于心。”即是说，万事大处一切皆空相，无有不可看空超脱者，但具体实事须实办，须认真精进求是，修炼足够高的求是之法、求是之智。这是佛家更为精深博大的智慧。佛陀认为“烦恼即菩提”，人生就是在不断经历体悟烦恼、超越烦恼的修炼中亲证菩提的。人不应当抱怨自己的命运、遭遇和经历(不论是苦痛、不幸、挫折、悲哀的，还是幸运、欢悦、幸福的)，都是悟道、亲证禅境的良机。

这正是“凡是缘中事，皆是修炼机。不计轻与重，惜缘且珍机”。也就是说，在任何命运、遭遇和经历中都能够修炼亲证至高的禅境次地。人能否将一切烦恼、痛苦、不幸的遭遇、经历转化为一种诗意的体悟，提升到用诗意的审美的心态去应对一切人生的遭遇和经历，这正是“诗意地栖居”所倡导的核心价值和意义所在。因为人的命运、一切的遭遇和经历，哪怕是身边的一些琐事，既然是不能不做的，就不能怀着不耐烦的心情去做，如此是大不智。只要是应当做的事情，不论大小，都应该在愉快的心境中去做，只是不能够陷于其中而不能自拔，或者沉溺其中或者被烦困于其中。应视一切机缘，特别是令人烦恼的事情为修炼悟道的好机遇而珍视它。

“烦恼即菩提”，正蕴含着这一至深的道理。

每个奔走在高速公路上的人(旅行者、导游、管理者、餐饮服务员和宾馆经理等)不可能时时都快乐无比，不可能时时都与烦恼无缘。事实上，一场大雪，一阵风沙，一次抛锚甚至车祸，或者一个收费站站员的一句不中听的话，都可能引起你莫名的烦恼，如何应对这些每天都可能发生在身边的或大或小的烦恼事项？这就需要有良好的心理素质，较好的道德修养，也就要有好的意境、语境和心境，但有了这些还不够，最后的超脱还靠“从容淡定”的禅境。

生活的哲理告诉我们“掉进雪窝的羊羔最知道阳光的温暖，在苦水中泡过的人才倍知蜜糖的甘甜”，也正如普希金的名句所阐明的那样：“一切痛苦都会转瞬即逝，而那逝去的又将变为美的回味。”只要深具了诗意的和审美的人生态度，一切苦痛、烦恼、不幸的遭遇和经历是可以升华为诗意和审美的回味和体悟的。这正是人生哲学的至妙价值和意义所在。亦正是人生最高妙美好的存在，一种与圣人境界相当的最高人生境界，是在人的层次上以一种极其乐观、诗意妙觉的态度应物、处事、待己的高妙化境。

闻道不是道，坐看白云起。这是禅境的诗意所在，是中国传统文化的含蓄奇妙之处。文旅融合的终极诉求是一切山山水水都是旅行者的化境，因为，佛教禅宗把山水自然看作是佛性的显现；青青翠竹，尽是法身；郁郁黄花，无非般若。在禅宗看来，无情有佛性，山水悉真如，百草树木作大狮子吼，演说摩诃大般若，自然界的一切莫不呈显着活泼的自性。正所谓："渠侬家住白云乡，南北东西路渺茫。几度欲归归未得，忽闻岩桂送幽香。"

这里的"白云乡"是白云万里之外的乡关，是精神的故里，也是文旅融合最关注、最实在的目的地。游子思归，多少次努力都没有成功，因为歧路太多，找不到回家之路。忽然间岩桂送幽香，嗅闻之际，灵光乍现，方悟大道就在目前，故乡就在脚下。诗人心有灵犀，于岩桂飘香之际顿见本心。置身于文旅融合的时代大潮中，多少人对"白云乡"投入了自己深切的关怀？又有多少人为此深深地牵挂？出门在外，奔波的人与在家守候的人经历着同样的思念之苦，都有着难以割舍的"悬搁"之痛。

著名的现象学就是用"悬搁"和"加括号"的方式试图化解人们的烦恼，它要求把人们习以为常以至根深蒂固的逻辑思维暂先悬搁起来，暂时中止逻辑判断，把逻辑思维所构成的一切认识对象也暂先"放进括号里"，以使人们可以不为逻辑思维所累，从而穿透到逻辑的背后，达到对事情的"本质直观"。现象学方法的基本精神——把逻辑思维"悬搁"起来——构成了欧陆人文哲学的灵魂。德里达的"涂掉"仍是"悬搁法"的更具体运用。被公认为英美分析哲学开山祖师的维特根斯坦，在其后期竟也喊出了一句足以与胡塞尔的名言相媲美的口号："Don't think but I think."①（只思不想。）

此等境界只有这样禅意十足的诗可以表达："空手把锄头，步行骑水牛。人从桥上过，桥流水不流。"是"明月照我"还是"我照明月"，置身于其间的人早已物我两相忘。

大家知道，中华传统文化中经典的观物方式，是以我观物、以物观物这两种瞬间体悟。以我观物，故万物皆着我之色彩；以物观物，故不知何者为

① 恩斯特·卡西尔. 语言与神话[M]. 于晓，等译. 北京：生活·读书·新知三联书店，1988.

我，何者为物。而禅宗的"观物"方式，则是迥异于这两者的禅定直觉，它不是观物论，而是直觉论。它的关键是保持心灵的空灵自由，即《金刚经》所说的"应无所住而生其心"。无住生心是金刚般若的精髓，对禅思禅诗产生了深刻的影响。慧能在《坛经》中，即提出"立无念为宗，无相为体，无住为本"，体现无住生心的范型是水月相忘。不为境转，保持心灵的空明与自由，即可产生水月相忘的审美观照："雁过长空，影沉寒水。雁无遗踪之意，水无留影之心。"又说："宝月流辉，澄潭布影。水无蘸月之意，月无分照之心。水月两忘，方可称断。"①

因此，"无所住"并不是对外物毫无感知、反应，在"无所住"的同时，还必须"生其心"，让明镜止水般的心涵容万事万物。事情来了，以完全自然的态度来顺应；事情过去了，心境便恢复到原来的空明。

枯木绽花，是枯萎与新生的互摄；昙花夜放，是夜晚与白昼的互摄；铁牛卧烟沙，是无情与有情的互摄；一念到家，是一念与旷劫的互摄……在这剿绝思量的禅境中，蕴含着时间圆融的至妙境。

转型社会中个体的禅境之思博大精深，它需要百倍的修炼方可得其一二。明代洪应明说："天地有万古，此身不再得；人生只百年，此日最易过。幸生其间者，不可不知有生之乐，亦不可不怀虚生之忧。"

生命是短暂的，唯一的，也是最宝贵的，只有认识到这一点，才会热爱生命，珍惜生命，享受生命。日日奔波于高速公路起点或终点的人们不一定能入定禅境，但只要怀着一颗善心、一颗感恩的心，触摸着禅境微颤的翅翼，这样，你的天地万物和自我世界就能阳光普照，艳丽动人。

唯其如此，你才有可能真正体味到此诗的深邃意境——

终日寻春不见春，芒鞋踏破岭头云。
归来偶把梅花嗅，春在枝头已十分。

---

① 惠能．六祖坛经[M]．沈阳：辽宁教育出版社，2005.

第七章　远方的诱惑

一、奔腾的车轮碾过人类的皮肤

雨，终于落下了。我像一株忧伤的植物，躲在疲惫的水中。两旁的山坡一片翠绿，无数的幻想，无尽的心事，铺在路面上。落雨的门楣下是一首寂寥的歌。

多少次回首，就有多少月色隐去的苍凉。风，从车玻璃前滑过，像一群慌乱的鸟啼哭着一生的落叶，一片片紧随而来，掩埋时间的墓碑。

在紧握的方向盘上，我想对你说：将你最冷的孤独交给我！

那一条瘦小的道路已经过去了。在陈旧的黄昏，我的生命都在经历同一个季节。适宜想念的秋，枫叶忧伤而红。我夜以继日的咳嗽，不停地抚摸胸口，倾泻的泪在越压越低的天空下唤醒命运……

这些诗意的堆积，闪耀着动感，带着忧郁的眼神，辗过大地的皮肤。车轮滚滚，命若琴弦。在生命的进程中，世态炎凉总是如此打击善良的心灵，特别是在今天这样一个实用主义膨胀的时刻，“你对我有用，我就结交你；你对我无用，我就丢失你”。结交权贵时，卑微得有如蝼蚁；丢失朋友时，又是那么的义绝情决。车轮在奔走，划破地表，也割破人心。一滴又一滴血像火一样闪烁。一些格言警句便在你紧握人生方向时冷静地突兀出来——

生火时，大家都会帮你；清理灰烬时，你总是独自一人；

与石头辩论时，鸡蛋总是错的；

种树最好的时间是20年以前，次好的时间是现在；

悲伤就像财宝，只能拿给最好的朋友看；

比斧子锋利的剃须刀也不能用来砍柴；

我不需要我点头他就跟着我点头、我摇头他就跟着我摇头的朋友。池塘里的倒影也会这么做，而且做得更好。

……

落寞的路途显得有些冷清，长长的路比人生更长。车辆奔驰的声音使冷清的路面更加孤寂。车子擦破地皮的响声，污染的鸟鸣，砍伐的森林，河流的呻吟，随着滚滚车轮越来越真切，越来越压抑。

2003年10月15日，航天员杨利伟和家人通电话说："我看到我们美丽的家了。"这来自太空的声音，曾感动了数以亿计的中外人士，然而，面对"我们美丽的家"，人类能够说自己的诸多行为是负责任的吗？权威研究显示，目前，人类活动的足迹已遍及包括陆地和海洋在内的83%的地表，人类"走"到哪里，就把污染的威胁带到那里，全球未受污染侵害的"处女地"已所剩无几了。

车轮在动，文化在流。人们在感佩人类"征服自然"威力之大的同时，却又不能不强烈地感觉到，满足"征服欲"的背后，人类其实已经或正在自掘"坟墓"。据说，当今全世界的核武器集中起来能毁灭地球若干次。假如真有那么一天，人类将无安身之地，因为到目前为止，科学家尚未找到在无垠的宇宙间有别的适合人类生存的"类地星球"，地球只有一个！而未来世界总人口的预期是100亿。作为地球万物的主宰——聪明的人类早该警醒起来，彻底摒弃所谓资源"取之不尽，用之不竭"的错误观念，像珍惜生命一样，珍惜我们的家园；像爱护眼睛一样，爱护这茫茫宇宙中唯一的蓝色星球。善待地球，就是善待我们人类自己！只要我们好好呵护它，使其得以"休养生息"，那么，人类就可以永久、持续、更好地生于斯、长于斯、乐于斯了。

在大地上行走，特别是在高速公路上奔走，有如在人生之途上奔走。文化玄思总是从图片开始：房子、城镇、风景或街道。“地球表面的图画”几乎穿越每一个人一生的旅程：城市街道与乡村小道，森林与寺庙，山川、湖泊以及无数次沿着一望无尽的公路穿过的大地。人们在奔走过程中所发现的对象和对题材的选择，其中的境地和瞬间展现了一个个地方神话般氛围的感受，它们忠实保留了风景的广袤，清楚地感知到造物之神奇，并共同呈现出一个孤独旅人的迷思，不断提醒一切存在的转瞬即逝。

这种文化玄思主要表现在两个方面：其一，文化是贯穿每一个人生命道路的所有风景，任何一个人都无法逃离文化的包围及其所带来的影响；其二，集体的共识形成了文化，文化直接干预了所有道路秩序的诞生，因此也反过来形成了对自由奔驰的限制。当然，秩序是自由的前提，问题在于，如何判别限制的程度与标准，而其又是否与出发之时的目的和愿望相吻合呢？

比如，一路走来，我们至少可以从以下层面上对车轮下的环境与社会进行思考：在现代性的语境下，本土化、民族化和国际化这看起来似乎是矛盾的三者，能否共同弹奏出和谐的时代乐章？转型社会的快速流动，使整个国家都“动”了起来，物质丰富程度和经济发展水平不断提高。但在汗水与金钱成正比上升的同时，资源的消耗是否过快？污染是否有失控的危险？通过流动，物种改良了，各民族的性格交融在一起。南北的饮食和文化大大改进，北方人能吃南方的辣椒，南方人也能吃北方的大蒜和面食。人们从物质到精神、从思想到习惯都改变了，但这种大面积的改变过程中是否会遗忘了某些优秀的文化元素？

……

在这里，我们也观察到当下转型社会文化的形成同时经历了全球化与个别化。一方面，整个地球（不均衡地）连结上瞬间流转全世界的资讯与影像全球网络，因此，我们在地球的另一端亲眼目睹了美国白人警察对黑人平民的暴力执法与迅速席卷全美的大规模抗议事件，以及深植于美国社会的种族歧视文化和贫富悬殊现实。与此同时，我们也亲眼目睹了波斯湾真正血腥的高科技战争，但却如鲍德里亚所言，并没有真正看到事物在眼前展开与结束。新闻和娱乐携手合作，商业和政治结成同盟，信息高速公路的同时性（simultaneity）与全球性有了一个新的向度：卫星与携带式传送器的时代，赋予电视以新的意义，人们的生活日益被媒体所主导。

另一方面，媒体越来越不是大众取向的。市场与观众(根本上是相同的)被区隔，而且各自成为特殊的目标。大学的围墙、各个居民小区的封锁、个人住处的铁刺等等，就像高速公路上的隔离带一样，将彼此隔离成一个个独立的空间。透过封闭式监控系统、有线电视或卫星传输(随不同社会而定)的专门化网络之浮现，人们的“身体”在飞机、高铁或高速公路上快速延伸。在车轮滚动中，地表被一次次划破，但似乎没有得到人们应有的重视。大伙坐在车上，充分享受科技带来的高度发达的文明。随身视听设备在讯息的接收上达到了最终的个别化，清楚地从大众媒体转移到个人消费，以及一种弹性的、全球性的视听讯息之生产的区隔化分配。在相同的程度上，现在是讯息，即媒体决定如何、何处、何时，以及为谁使用媒体的乃是讯息……人们在麻木和忘情地享受着这一切，与此同时，消费主义也正在不停地蚕食着所剩无几的主体空间……

啊！命运，秋夜里最亮的一条河。都市里森林般的建筑群、滚滚车流和难以抵达的速度之岸。谁的航船熄灭了灯火，停止了摆渡？灵魂，是宝石般闪烁的星辰吗？血液中的罂粟，痴迷与毒性的奢侈。我在地面上，细细感受，有什么东西在寸寸燃烧，又寸寸熄灭。有一种天象是祈祷之后的结局，这徒劳无益的秋，将果实掷向土地，惩罚着自身的美和决绝。

这个似曾相识的秋天，这个已然飘零的雨季。我欲言又止地将心事放回心中，车流如河。这时的我，仅仅是文化墙上一扇虚掩的门。

二、文化机器的否定力量

韦伯(Max Weber)指出，现代社会的核心是“理性化”(rationalization)。理性化让近现代科学的观念渗进社会，创造了类似福特车间的严密的科层体制。可以看到，现在社会上无论哪个组织，都分门别类地、精细地设置了各种各样的部门、科室，待办事务像零部件一样在一个一个车间流转、生产。医院把本来组成一个整体的身体器官划分得清清楚楚，用于不同科室的分割和设置，正如波兹曼指出的，医生对技术证据的忠诚，越来越失去对诊断过程的控制。而在另一边，新教改革也在不断鼓舞人们对神秘、幻想、未来、宏大的怀疑，在以理性为核心的科层体制与新教伦理的双重冲击下，现代社会被逐一拆解和完全透视了。韦伯把这个高度分化的现代社会称为“解魅的世界”(disenchantment of the world)。在理性的宰制下，一切神秘的面纱都被揭开，这里不再有圣神和巫师，不再有天堂和幻想，也不再有英雄和历史。科层体制像一台永不停转的永动机日以继夜地工作，成为现代社会最伟大的发明，同时把时间永远定格在当下。

而马尔库塞(Herbert Marcuse)则进一步指出，甚至连一如既往以感性闻名的艺术、文化和教育也受到了工具理性的洗礼。教育、文化和艺术目前的走向和原来创造它们时候的心态和目的完全不一样了。最明显的，莫过于类似课堂补习班、艺术速成班等遍地开花的培训机构，还有近几年才出现的、让人瞠目结舌的、基于人工智能和大数据技术的自动作文作诗的网页或软件。在作文课上，老师教学生背诵高分作文的套路，比如对事物的描写则只需记得往“五感”——视觉、听觉、触觉、味觉、感觉五个方向展开来写便可以了。这就好比往一台搅拌机里放入原料、按下开始键，然后开启一系列标准化的流程。教育、文化和艺术逐渐变得如一台台冷漠的机器，教育内容、文化特征与艺术作品如同流水线上的产品一样被标准化、规模化生产、复制，其结果自然是一个个活泼纯真的灵魂变成了一张张毫无差异和个性的麻木的脸。更糟的是，对于教育、文化和艺术的评价几乎是根据效率、利益和商业价值来衡量的，并体现在严密的贯穿教育生涯的“数目字管理”中。

然而，真正的自由是个人主体的释放，尤其是思想境界与精神感悟的释放。但是，对于现代社会忙忙碌碌的上班族来说，这样的释放要么是一种奢侈品，要么是不切实际的空谈。的确，在山海一般的繁琐事务面前，每个人都被自上而下、层层控制的科层漩涡卷着跑，如果有人想逃离控制、抗拒管理，很快他便会受到各种惩罚，比如扣奖金、扣工资、警告甚至开除，最终被这台社会机器所抛弃、所孤立，成为不被理解、不受尊重的“边缘人”。在现代社会中企图“诗意栖居”，必须付出相应的代价，至少需要时刻戴着厚厚的面具做人。为了迁就现实的权力关系、人情世故，以及基于工具理性对经济效益和整体利益的考量，人们早就放弃了一个真实的、质朴的、理想的

“我”。甚至有时还要付上道德自损或违法犯罪的代价，比如说谎、作假帐或是送红包。

这样的现代人可能快乐吗？多少深入人心的流行歌唱出了这种不快乐，但是现代社会却在高额的报酬、利润以及超丰富的物质享受的疯狂旋转中让我们来不及思考，处处感受到的只有感官的“快乐”。在铺天盖地的商业广告的包围下，消费主义每天“耳提面命”般地在教育人们什么是快乐和自由，而它的精明之处正在于它比所有人都先一步地洞察到现代人的焦虑、恐惧、挫败和不满足。所以健身场馆开得越来越多，因为表面上看起来现代人唯一能驾驭的只有自己的身体；所以时尚的衣饰愈发花样繁多，因为似乎人们能理所应当、自由自在地享用辛勤工作换来的高额报酬。为了适应这种物欲的高速旋转和感官的满足需要，现代社会发展了精致而普遍的“消费天堂”与“娱乐工业”，譬如电视、音响、影碟、电动玩具、卡拉OK，等等。无论站在纽约时代广场、东京涩谷十字街头还是香港尖沙咀购物中心，四处巨幅的商业广告在带来关于快乐的刺激和诱导同时，也在鼓励人们继续往没有终点的道路奔跑。

罗兰·巴特在考察了日本高度发达的现代性后指出，一切都是漂移的能指和空洞的符号。在以理性为核心的现代社会中，物质条件日益丰富，但人性却显得愈来愈“物性”了。这种虚假快乐的可怕之处在于对人的麻痹，而一旦以为这就是快乐，便粉碎了真正的快乐了。而最可怕的是，这种虚假的快乐有如毒品一般使人上瘾，人们必须一直依赖“消费天堂”和“娱乐工业”才能维持既有的快乐水平，甚至寻求更高强度的刺激才能感受到生存于世的意义。人们心甘情愿轻易地服下这种精神药物，在摇头晃脑的迷醉中机械重复着高压力、高报酬、高消费的循环。人人都在消费符号的接力赛上追逐。

那么，休闲的时间快乐吗？有时是的。不过，现代的上班族在长时间的自我疏离下，往往难以立刻恢复。通常他/她并不能够真正放松，而只能被动地放松，接受“消费天堂”与“娱乐工业”式的快乐。这种快乐的特征，便是毫无思想性与创造性，它所提供的只有笑料、气氛、动作和声光——而这不正是充斥着现代社会的千百种“游戏”中的不变的元素吗？更可悲的是，现代社会中休闲的意义并不是享受自我的闲暇时光，而是为了走更远的路。换句话说，休闲不过是为了明天的劳动作准备。因此，现代休闲的第一原则就是“及时行乐”了，并没有多大的勇气想象明天。假如没有明天，那么限量版的香奈儿包包便是拼尽全力的下一个目标；“7-11”货架上上百种口味的方便面，我必须一个一个地试吃完……标签、价格和种类，就像竞技游戏里必须逐一拿下的无聊的关卡。

正因如此，文化机器滋生出一种否定的力量，昭示着现代人在工具理性的压抑环境下，反而被剥夺了人之为人的理性、快乐和自由。现代性的车轮滚滚向前，人类无可避免地必须去面对它、经历它。只不过，对于正在面对和经历的我们，悲观的警醒还是格外必要，那就是，在强大的文化机器面前，人们还可以残存多少的“人性”或者说“主体性”呢？

今天，这种以工具理性为核心的现代科层制更是增添了大众传媒这一有力武器，在无处不在的摄像头的监视下构成了福柯所预言的“全景敞视监狱”，而消费因子正是通过这四面八方的摄像头注入注满人们的生活。由电子权威串联起来的全球化“不仅是一种社会的恐怖政治结合，而且是一种非恐怖的经济—技术的结合，这一结合通过既得利益对需要的操纵而发生作用”。因此，现代工业社会中“独立思考、意志自由和政治上对立的权利正在丧失基本的批判功能”。个人一旦满足于现代社会所供应的大量商品和服务以后，他就不可能要求用一种新型的社会来取代现有的社会；个人一旦只是被动接受现存环境中的观念、感情和欲求，他就不再去思考自身和改善自身。因为发达工业社会的一体化统治限制了人们的认识，而这种一体化的统治又是通过“大众文化”来具体实施和巩固的①。因此从某种程度来说，西方发达国家如今陷入不同情形的经济与社会发展停滞，其根本原因正在于此。

在“大众文化”的操纵下，“人们正在使自己的主人的需要和价值成为内在的，成为他们自己的，并在自己的思想、意识、感觉和本能中再生产着现存制度”②。在工业社会出现之前，传统文化是“双向度”的，虽然它是一种

---

① 欧阳谦．人的主体性和人的解放[M]．济南：山东文艺出版社，1986.

② [美]赫伯特·马尔库塞．现代文明与人的困境——马库塞文选[M]．李小兵，译．上海：三联书店，1989.

“肯定的”文化，但是它却有着批判和超越现实的一面，还没有完全被社会秩序所同化融合。而今天的社会，大众文化已经变成了“单向度”的社会。此时，文化、艺术的根本任务就是要“打破已有的语言和思想对人的精神和肉体的压制性统治”，如果文化、艺术没有能力完成这种任务，那么，社会上的异己势力就和文艺作品一起，构成一种消解主流话语的对抗的力量，它是一种“否定的力量”，“要求另一现实，另一种秩序的文字、图画和音乐……是被现存的秩序和现实所拒斥的，然而却活在人的思想和愿望之中，活在他们的遭际之中和活在他们反对现存秩序的现实的造反之中”。①

在这种情况下，透过新兴力量、科技创新、媒体机器和社会其他信息渠道的扩散和传播，“大众文化”已经消除了艺术和现存秩序之间的根本对立。现在每个人都可以享受到精美的“艺术”、戏谑的信息和黑色的幽默，只要打开手机、电子信箱、平板电脑的开关，或者坐到咖啡室里就可以得到这一些。“大众文化”无处不在，人们变成了整个文化机器中的一种小零件。“语言本身被贬低成广告、头条标题、报纸文章、缩写，首先是贬低成为其具体内容不能反映和批判涉及现实的思想文体。”②

转型社会的流行文化跟“大众文化”一样，惯于用娱乐来掩盖和取代“不幸意识”，由于性的不满往往造成这种“不幸意识”，并成这社会秩序中不稳定的因素，所以“大众文化”就通过性的解放和商品化来减少大众对性的不满，而性的快乐使人们的心理产生对现实的顺从，削弱了“反抗的合理性”。因此，高贵的艺术总是“用对普遍的人性的欢呼来对孤立的资产阶级个人作出反应，用对美好灵魂的褒奖来对肉体的堕落作出反应，用对内在自由的价值的坚持来对外部的奴役作出反应。”③于是，黄色或亚黄色的手机短信或饭桌上的小段子就乐此不疲地被人们传播着，仿佛机器一样，每一个传播者都成了这台机器上的齿轮。

---

① [美]赫伯特·马尔库塞. 工业社会和新左派[M]. 任立，译，北京：商务印书馆，1982.

② [德]魏格豪斯. 法兰克福学派：历史、理论及政治影响[M]. 孟登迎、赵文、刘凯，译.上海：上海人民出版社，2010.

③ [美]赫伯特·马尔库塞. 工业社会和新左派[M]. 任立，译，北京：商务印书馆，1982.

葛兰西认为，从一个社会阶段到另一个阶段的过渡，其内容取决于实现这一过渡的群众觉悟的高低，这种觉悟已经打上了它所处于其中的文化的烙印，并且吸收了这种文化中已经存在的东西。主流文化意识形态是以赢得大众的认同和自愿服从为基础的，它使占统治地位的意识形态成为统治阶级和被统治阶级的共同信仰。而家长制权威干涉日常生活的过程，以及统治阶级从其利益出发来控制日常生活各个领域的过程，就是主流文化意识形态的生成过程。[①] 某种意义上，文化机器的否定力量反而巩固了这一文化形态的稳定……

在商业因子无孔不入的社会里，霓虹闪烁的世界反而像一个天罗地网，把所有的人都笼罩其中。有时候在没有尽头的高速公路狂飙，仿佛只是为了寻找一个陌生的目的地，但又似乎哪里又不想去。唯一能做的，只是轻轻地跟着哼，那些早已把心事唱透了的歌曲——

是不是对生活不太满意
很久没有笑过又不知为何
既然不快乐又不喜欢这里
不如一路向西
去大理
路程有点波折
空气有点稀薄
景色越辽阔心里越寂寞
不知道谁在
何处等待
不知道后来的后来
谁的头顶上没有灰尘
谁的肩上没有过齿痕
也许爱情就在洱海边

① 李青宜. “西方马克思主义”的当代资本主义理论[M]. 重庆：重庆出版社，1990.

等着
也许故事正在发生着
……

三、民族文化的零售商

提起美国，欧洲人的鼻子总会发出轻微的哼声，眼神似乎不经意地瞟向远方。这个国家对他们而言是一个复杂的存在：两百多年的建国史根本就谈不上是历史，四处林立的现代化摩天大楼充满了矫饰和空洞，处处透露出一种暴发户式的虚荣和自恋。而他们在政治上指手画脚的姿态更是让人生厌——他们何德何能，居高临下地教训比他们古老得多的民族？

但也恰恰是这样一个"没有历史"的国家，是当今世界经济、科技和军事实力最强的国家，比起欧洲的破败与迂腐，美国的一切显得那么地朝气蓬勃和自由自在。此时此刻欧洲没落贵族般的自恋似乎显得不合时宜，甚至还显得有些讽刺。鲍德里亚驱车奔走在美国的高速公路上，也是带着这样矛盾的心境和无法安放的情绪。他把美国称为"实现了的乌托邦"和"永远的沙漠"："在这里，城市是移动的沙漠。没有历史建筑，没有历史；只有对移动的沙漠和对仿真的赞歌……移动的社会性，可能是某个高科技的、超真实的、软移动的时代的唯一社会性，在表面、网络和管理技术中耗尽了自己……"①。

美国的历史是短暂的，因此他们的文化资源也如同历史一样贫瘠；但他们在短短两百多年间所达到的现代化程度又是极其惊人的，尽管内部夹杂着触目惊心的贫富差距和种种残酷的社会现实。最早一批登陆美洲的殖民者满载着欧洲的精神财富，试图在这片空白又富饶的大地上把欧陆思想家千百年来的构想变成现实，成为资本主义精神和新教伦理最为浓缩的表达。在这片土地上，资本主义市场经济肆意生长，两百多年来持续吸引着世界各地的流浪者、掘金者和探险者，并逐渐形成高度理性化的、不近人情的现代产业体

---

① ［法］让·鲍德里亚. 美国［M］. 张生，译. 南京：南京大学出版社，2011.

系，一台庞大的资本主义生产机器。这台机器把世界各地的文化、人才乃至历史以各种“巧取豪夺”的方式收编进来，生产出属于美国自己的文化产品——比如可口可乐、好莱坞电影、迪士尼动画与苹果手机……并通过全球化的高速公路网络输送到世界各地。

人们不喜欢美国的政治家，特别是秉持“白人至上”观念的政治家及其极端霸权的政治与军事策略——但人们喜欢美国的产品、美国的文化，就好像1/3的欧洲人使用苹果手机、90%的电脑工作者使用Windows系统、20%的地球人每天都要喝掉一罐可口可乐一样。有一句玩笑话，说的是美国靠“芯片”、“薯片”、“大片”影响世界。虽然夸张了些，但这句话也反映了铁一般的事实和感受，就是人们的生活，从科技工具到精神观念，都被美国的理念、美国的文化所左右着。

美国文化的输出并不是以坚船利炮那样极端、暴力的形式，而是以温情脉脉的话语，借助高度发达的影视和娱乐产业输出到世界各地的。坐落在洛杉矶郊区的好莱坞，集中了梦工厂、迪士尼、20世纪福克斯、哥伦比亚影业、环球影业、派拉蒙影业、华纳兄弟、索尼公司等世界电影巨头，是全球最大的影视生产基地与时尚娱乐中心。好莱坞的成功并非偶然，而是分别依赖于强大的科技实力、雄厚的金融资本和完善的营销环节。从有声技术的应用到3D沉浸式体验的发明，好莱坞一直走在世界的最前列，无论是拍摄、剪辑还是特效、后期等制作手段与生产程序，都以强大的科技实力作支撑。而华尔街金融资本的强势介入则为电影制作方提供了直接的资金支持，随着金融与电影公司结合形成集团巨头，灵活的投融资方式更是成为撬动“美国大片”的杠杆。此外，完善的营销链环为电影“出海”提供了重要渠道，无论是政府还是行业协会，都为美国电影抢占和垄断国际市场提供了法律、政策以及资金支持。也就是说，好莱坞的海外进军计划目的就不仅仅在于商业利润，还在于对美国的国家形象建构、美国的文化价值观输出。就这样，这片“没有历史”的“文化沙漠”，以其发达的资本主义现代化生产，成为当今世界头号文化产业强国。

随着好莱坞的“称霸”，“奥斯卡”成为评价电影优劣的标准以及全球票房风向标。美国精神搭载着“大片”的快车在全球高速公路网络奔驰，就连最落后的山区人民也知道头戴毡帽、身穿牛仔裤和大皮靴的美国牛仔的经典形象。正因如此，各国都陆续采取本国电影保护政策，要求降低院线的美国电影排片率，优先放映本国生产制作的影片，尽管美国连年都在贸易协定上施加文化出口的压力。毕竟，电影作为一种魔幻的艺术，带给人们的思想震撼实在是太大了。无论是电影制作使用的技术，还是电影所呈现的一个个光怪陆离的故事，都给人们的精神带来了强烈的刺激甚至冲击。

现代化，在某种程度上来说便是美国精神的象征。所以，即便是最极端的民族主义者，他也无法完全跳脱美国文化带来的影响。许多学者纷纷指出，所谓的全球化就是西方主导的一体化，特别是美国主导的一体化。在全球化的浪潮下，各个城市都出现了不同程度的同质化倾向，和纽约一样的摩天大楼在首尔、香港、开普敦、里约热内卢被仿造出来。肯德基、麦当劳、星巴克在各个城市遍地开花，标准化的快餐成为都市上班族的最佳选择。像在电影里上演的那样，人们也向往飙车的快感与派对的激情，追随可乐的泡沫与爆米花的香甜，寻求在高速公路之外的爱情汉堡，体验虚拟现实的放纵与狂欢。

可以说，“芯片”“薯片”“大片”，这三者正是美国文化的“零售商”，就像迈克尔·杰克逊、“黑曼巴”科比、米奇老鼠、沃尔玛也是美国文化的“零售商”一样。这些文化产品、文化明星和文化符号具有神奇的光环，让全世界的人们都不自觉地被其所吸引。这种吸引依靠的不是坚船利炮和黄金白银，但是却是比坚船利炮和黄金白银都要强大得多的精神力量。

美国人对自己的文化是非常自信的。有朋友到奥兰多迪士尼乐园游玩，早上 9 点开园的时候，园区播放的竟然是美国国歌，而更让他惊讶的是，现场所有的美国人，包括五六岁的小孩，都马上停止了嬉闹，庄重地把右手放在左胸上行礼。他为此感慨不已：人们只看到美国人骄奢的一面，却没有看到美国人坚守的一面，这种能播撒到全球的美利坚精神，它的根子就是美国人对自家文化的无限自信和强烈认同啊！

那么，作为拥有千年历史和灿烂文明的中华儿女们，我们是不是应该对自己的文化更有自信、更有认同呢？尤其立足于当前世界百年未有之大变局，要实现中华民族伟大复兴，该如何更好地将本民族的优秀文化传播出去，这是摆在每个中国人面前的重大问题。

每一个善良的人都可以思考这样的问题，就像当年的奈保尔从英国返回印度后对自己的民族进行的思考一样。在文化母土上旅行的奈保尔有一种强烈的感受："在印度北方，古迹所显现的却是文化的缺失和挫败——连壮丽无比的蒙兀儿建筑，也会让人产生一种窒息感。欧洲也有纪念碑，纪念他们的'太阳王'——伟大的君主。法国有卢浮宫和凡尔赛宫。但在欧洲，这些建筑物却是国家精神发展过程中留下的见证：它们反映出一个民族的情操，它们使一个民族共同的、增长中的文化资产更加丰美。在印度，这一座又一座壮丽的清真寺和奢华的陵寝、这一栋又一栋宏伟的宫殿，所反映的却只是征服者的贪婪、暴虐，和印度的无助、任人宰割"①。

奈保尔认为，印度的建筑物，在精神上非常接近于英国殖民政府的建筑物：两者都试图表现兴建者/统治者的权力和自我意识。"这些建筑物看起来很滑稽，但也让人感到悲哀。它们不属于印度，它们只反映出现代印度人对历史和传统文化的一种虚夸的、假惺惺的虔敬。这些建筑物欠缺活力，就像印度各地的古迹和废墟。这些建筑物流露出的是一种虚脱感，它们代表的是一个迷失方向的民族"。②

但每一个民族都有着自己优秀的文化传统。中国有，印度也不例外。奈保尔高度赞扬那些义务"促销"祖国精神财富的"零售商"。他说，佛陀、讫里什那神、泰戈尔等是印度文化的"批发商"，而他本人则是印度文化的"零售商"，从他们"那座取之不尽、用之不竭的仓库中提取货品，供应乡亲"。

无论是印度教、佛教还是道教，在宗教徒看来，世界都是一个幻象。我们常常把"绝望"二字挂在嘴边，但却把真正的绝望隐藏在内心深处，只可以意会，不可以言传。在外奔波的人，尤其是无家可归的异乡人，有时会在匆匆忙忙的旅途中猛然醒悟，在这些流水一般的日子里，受伤的心灵总是在那

---

① ［英］V. S. 奈保尔. 幽黯国度：记忆与现实交错的印度之旅［M］. 李永平，译. 北京：三联书店，2003.

② ［英］V. S. 奈保尔. 幽黯国度：记忆与现实交错的印度之旅［M］. 李永平，译，北京：三联书店，2003.

份遥远的、虚无的、中庸的传统文化中得到慰藉。它已经变成了思维和情感的基石，变成了灵魂的一部分。就好像少年派在无垠的海上飘荡，而使他残存最后一口气的信念，是佛陀播撒的漫天星光。

“尽管有了这么一分觉悟，可是一旦回到文化母土以外的世界——回到那个只把‘虚幻’看成抽象观念、而不把它当作一种蚀骨铭心的感受的蔚蓝色文化中，你就会发觉，本土精神悄悄地从你身边溜走了。在你的感觉中，它就像一个永远无法完整表达、从此再也捕捉不回来的真理”。①

是的，旅途中的人都是匆匆的过客，而且不乏殖民者那样残酷的历史过客。但是，谁能像自己一样，如此深刻地懂得自己的民族和自己的国家？“多少入侵者曾经试过，但是他们依然是流亡者。他们建造的重要城镇只是一些休养地，他们的争吵是找不到归宿之人的病态反应。没有谁真正知道本土人的痛苦或快乐。匆匆的过客只用她那千百张嘴，通过可笑的、庄严的嘴喊出：‘来吧！’但是，来干什么呢？她从未说过。她不是承诺，而只是一种召唤。”②

生活在别处，这是旅途中的人最明显的感觉。但是文化却是血液里的，是与生俱来的。那边和这里也许一样，既不更好，也不更坏。“但我是这里的人，正像长在我家院子里的椰枣树是在我们家而不是别人家长大的一样。我不知道他们为什么到我们的土地上来。这是不是说我们应该毁掉我们的现在和未来？他们早晚要离开我们，正像历史上许多人离开他们的国家一样。铁路、船只、医院、工厂、学校将是我们的。我们将讲他们的语言，既不感到内疚，也不感到感激。我们将再次成为我们过去那样的人——普通人——如果我们是谎言，我们是自己制造的谎言。”③

既然深知这是谎言，就要正视和戳穿谎言。无论本民族有多少丑陋的阴影，也掩饰不了骨子里的闪光。对那些异国他乡的漂泊者而言，这一部分格

① ［英］V. S. 奈保尔. 幽黯国度：记忆与现实交错的印度之旅［M］. 李永平，译，北京：三联书店，2003.

② ［英］E · M · 福斯特. 印度之旅［M］. 李斯毅，译，台北：联经，2017.

③ ［苏丹］塔伊布 · 萨利赫. 移居北方的时期［M］. 李占经，译. 北京：外国文学出版社，1983.

外温暖，值得骄傲和自信，尤其值得成为民族文化“零售商”贩卖的珍品。难道不是吗？

鲁迅先生在《中国人失掉自信力了吗》一文中提到：“说中国人失掉了自信力，用以指一部分人则可，倘若加于全体，那简直是诬蔑。”他认为我们中有并不失掉自信力的中国人在。“我们自古以来，就有埋头苦干的人。有拼命硬干的人，有为民请命的人，有舍身求法的人……虽是等于为帝王将相作家谱的所谓的‘正史’，也往往掩不住他们的光辉，这就是中国的脊梁。而这种中国的脊梁人物在任何时代任何时候都不缺乏”。鲁迅先生指出，“中国人，必须不被搽在表面的自欺欺人的脂粉所诓骗，却看看他的筋骨和脊梁。自信力的有无，状元宰相的文章是不足为据的，要自己去看地底下”。[①]

这样掷地有声的文字，越过现代化都市的高速公路和荧幕魅影，越过“把祖国放在胸口”的坚定和庄重，越过奈保尔那带着印度情结的眉宇间的愁绪，越过殖民战场的苍夷和炮火，越过无数个奔走的沧桑的脸庞……在古老华夏的大地上，仍然闪烁着耀眼的光芒。

在这样一个思考的夜晚里，此时此刻，我的思绪被一些灵动的诗句所填满。那么，就让它作为本篇的结束吧——

朋友
时间和酒
欢笑与痛
在血管中行走直抵心脏
生命是一次不悔的跳动
而我们总要在遗忘中努力记住
听那走来又走去的足音
在夜色里轻轻碰撞
泛起眩目的光芒
让我渺小的心灵

① 何雁. 当前文学与时代英雄[J]. 文艺理论与批评，2005(04)：104-108.

读懂了安身立命的言辞①

四、文化视角的印象派探脉

明代周容在《芋老人传》中记载，慈溪县有一个老人，以煮芋为名。有一个雨天，一个书生路过，狼狈不堪，饥肠辘辘，老人请他进家，吃了一顿芋头。书生日后高中状元，当了相国，吃遍珍馐百味，总觉得不及当年吃的那顿芋泥。有人便请老人煮芋给相国吃，相国吃了，只觉不是味儿，没有昔日那样美味。老人说，有人一朝富贵而抛妻弃友，妻子朋友对其而言不外是一只芋头而已。今天尸位素餐的官吏，置国家、社稷、君恩于不顾，这一切也统统变成昔日的芋头了。他感叹地说："世之以今日而忘其昔者，岂独一箸间哉！"②

卖芋老人的感叹何其深刻！现实生活中，不少人一旦富贵，便立即忘记昨天的苦难，以及为苦难打拼的那份精神。更有甚者，他们还掩饰昨天曾经有过的苦难，不允许自己去回忆，也不允许别人去触及。这样的人就像那位可怜的相国一样，无论官做得多大，珍馐百味吃过多少，他依旧找不到半点幸福的感觉。

在清晨或黑夜，独自行走，思想或深或浅，总是在意识层面上闪动，如蜻蜓点水，留下无踪的影子。在漂泊的旅途中，记忆里沧桑的情感变得更加沉重。每个人都有过自己的理想，自己的青春，自己的爱情，无论结果怎样，还是会十分珍爱，不亚于相国大人对香芋的喜爱一样。

寂寞的时候，看书便是一种享受。有一段日子，我一直想找一个合适的词眼来诠注一种心境，一种等待与甜蜜、寻觅与苦涩、挣扎与坚守交织的心境。落日秋风，乍暖还寒；雨打芭蕉，知否伶仃。阴霾的岁月，一个人上路了，到了一个目的地，没有发现要找的人和物，便又到了另一个地方。不停

---

① 芳竹. 把相思打开[M]. 台北：台北汉艺色研文化事业有限公司，2001.

② 陈德锦. 第一口芋头[J]. 台港文学选刊，2003(1).

地找寻，直到看见自己的碧海蓝天。

许多次黄昏或黎明，车在走，人在漂，路途遥遥。我们在一种或几种欲说还休的状态中徘徊，一度为自己的心找不到归宿。折翅的鸟儿费力地回旋挣扎在低谷，哀婉的鸣啾荡迭于山涧；曾经构筑的那分豪情与抱负也在简单的固执中崩溃，灰飞烟灭。“在这片天空下，如果还有一双眼睛同我一道哭泣，那么生活便值得我为之受苦。”然而，无数的闪烁迷离下，我找不到自己的那双眼睛。

曾几何时，我也在心上为自己搭建了一个桃花源。那里有和暖的阳光，自由的空气，澄清的流水；那里有稻田香草，有徐志摩笔下的康河柔波；那里也沉淀了我年少轻狂的放任不羁与青春年华的肆意挥洒。又想起那一群朋友们，他们总是在静夜占据着我大量的思绪，他们和我一道成长陪我一路走过，留在身后的足迹是夕阳余晖下那缕不能淡去的金黄。那些日子都过去了，只是，每当这个多雨绵柔的小城出现难得一见的残阳黄昏时，我总会想起他们。那些人，那些事，淡淡划过心际之后留下了一道抹不去的印痕。云淡风轻的日子泛轻波，影影绰绰，荒芜缥缈，有如一幅印象派的画作。

曾经单纯固执地认为一切美好的事物都会长久，包括那些驻进生命的人，刻骨铭心的爱，宿命轮回的情缘与追寻。我以为一直在守护着某些东西，回头看才发现成长其实已经带走了很多(包括芋头的香味)，我也在有意无意地遗忘和忽略了那么多鲜活而真实的存在，包括理想中的桃花源。

其实，一切都会有尽头，没有什么会永垂不朽。岁月的洪流卷走了那些单纯的美丽，至真的唯美随时光的流逝幻化为留带追忆的感伤，抑或是伤疤结痂时的疼痛，甚或转瞬即逝的永恒。

“与其诅咒黑暗，不如让自己发光。”这样的文字令人温暖。夜越见静了，浓重的夜幕下，我所借助的这缕微光总是尤为明亮。想起了一句话：“越是黑暗混沌之时，人们对于光明的渴求才越为强烈。就像经历寒夜的人对温暖的渴望一样。”这样想来，我倒宁愿世上能够多一点黑暗了。或许，只有在那时，人们才能深刻地意识到自我的蜕变与本质的需求。至少，不会有太多如我之辈带着面具行进于光明之下，穿凿于虚伪狡黠之中，残喘在浑浊腐蚀之下了。每每这时，心中那段苦旅又会向着我的桃花源痛苦地展开了。刘再复在《寻找的悲歌》中说：“悄悄地煮自己的心，撒上一把盐，翻滚，扭曲，浸渍。我总能切入体肤地感觉到那种痛。”特别当这段文字在静夜流于我心上时。静夜让我反思，静夜使我熬煎，静夜促我寻觅，静夜给我苦痛。谁知道静夜过后，明天的我能否到达自己的桃花源呢？

虽然距离目标还有很远的路程，但心中有爱就有力量。人生之途，每个人都需要别人拯救，在不同的时刻，不同的地方。而最重要的拯救、最有效的拯救只能来自自己。继续行走，继续观看，继续思考。风从四面八方涌来，道路在脚上铺开。人在城市里，心在荒漠上。车子在蓝天下奔跑，洪水般的感觉冲刷整个画面。每个人都数千遍地看到感动心灵的一些影像，在道路的尽头，总有一双双灼热的眼睛使一个城市独有的历史和它高度生动鲜明的外观，在空旷的荒漠中呈现出来。正如摄影师所持的内在视角为照片注入它们的真相一样，这是一种人生理念：只有亲历遥远的世界并近距离观看，才能即便是身在遥远的他乡，也能看清它近在指掌的模样。

后视镜中的公路逐渐远逝，就像摄影师的镜头总是试图抓住真实的永恒。不相干的情节逐渐模糊，但是最珍视的印象便会沉淀下来，和那段时间的人、事、物黏着在一起，在记忆的角落风干定型。所以，每次沿着盘山公路一直驶到山腰，俯瞰山脚的海湾与镶金的夜景时，我对这个城市的想象总是会与西叙福斯的神话联系在一起：人们想要把一块巨石推上山顶，而到达山顶时这块巨石又会滚落回山脚下，如此永无止境地重复下去。后视镜里逐渐远去的公路不也是这样吗？一直在脚下，又一直被抛离。前进，是一个没有终点的循环。

但摄影师的视角总是另类的，他们有意识地过滤掉商业社会的图标、符号和语言，以反叛者的姿态不厌其烦地刻画真实空间的时间质感，一种真真切切的感知和体悟，而不是强加在身上的标签。尽管画面的整体感觉是黑白的、粗糙的、沉默的，但意象元素以复调般的叙事层层叠叠，竟然概括出一个夸张的大写，似乎表现出对都市生活的无声的呐喊。

就这样，你我抽身于生活之外，看世事烟云，风起霞落，知识分子的悲剧性历史不断地被重复，他们对自主性的追求，总是伴随着个人兴趣、爱好和对政治的态度不断变化，从而很难在投身当前事件和退回象牙塔之间寻找一种心灵的平衡。这种变化的根源是，在消费主义旗帜下，他们被认为不光要对导致宏大话语的颠覆性思想负责，还要对过度的消耗资源的恐怖负责。而一旦意识形态的反动力量威胁到知识分子的自主性，他们又开始捍卫作为知识分子的自由，恢复行驶“哲学家的预言功能”。

因此，知识分子的吊诡性总是处于一种尴尬的状态：一方面，要通过斗争才能确立自主性，保证文化生产者有一个保持自主性的经济和社会条件，强化每一领域里最自主的生产者的位置。另一方面，要设计合适的制度，让最自主的文化生产者不受象牙塔的诱惑，能够使用特定权威集体干预政治，以确保文化生产方式和知识合法性的最低目标。不过，客观地说，在现实社会里奔走，有这样犀利思想的人并不多见。

“正是由于他们的活动，外部的规范才取代了文化生产场域的特殊规范。这种异质性借以入侵文化生产场域的特洛伊木马，往往是这么一些人布下的：他们根据该文化生产场域的既定标准，是最被看不起的生产者，他们经常受到诱惑在本场域外结盟，意图颠倒场域内部的权力关系，这些人还最易受世俗的诱惑，因为他们最没有前途。”①

这是一种文化玄思，于灰蒙蒙的天空也许闪出一丝光亮，但人们的注意力被城市日益增高的楼群所遮盖。你我重回人生的路上，满身灰尘。乡村的井水洗不去岁月的愁绪。你在彼岸，我在此岸。一座大山将我们分隔开来，但心灵难道也能分隔开来吗？

车在路中，人在画中。一声叹息足以把夕阳压在山的那边，当我启程的时候，你沉重的手是否举起，向我告别往昔的情爱？

只要你相信我会回来，身后就有一个家，灯光和谐。你还在那里独坐么？黄昏时，别忘了为我占一个位子。我说过，你的身后总会有一张长长的背影，从目光的这一头远远离去。在无语的路上，我把所有的沉重交给了风。

在远方，我会在孤独的时候，看看故乡。你的身影，如一片夕阳，飘下

---

① 皮埃尔·布尔迪厄. 现代世界知识分子角色[J]. 赵晓力，译. 原刊《学术思想评论》1997年第5期，后被《天涯》2000年第4期转摘。

黄昏。在天涯海角或遥远得看不见自己的地方，读一缕晚风，背景上的文字如成熟的红豆，一颗一颗，点缀在森林中。静穆深处，我懂得了探寻，一如探寻脚下的道路。握住文化的一脉心香之后，期待仍会一如既往。

五、文化造血与冲出封闭

因为不知道彼岸是什么，所以才去飘洋。就像在深海里上行驶一样，因为不知道前面还会遇到什么，所以才有不断加速往前挺进的欲望。而一旦到达目的地，我们就应当有理性的分析和认真的观察。这目的地是不是我们真正要到达的地方，这地方跟我们原先的期望有什么样的差距？这差距值得我们继续呆下去吗？

“我无数次紧随在白天和黑夜之后，聆听思想一样深沉的故乡，抚摸丝绸一样微茫的大地，将疲惫挥洒成抒情的形状。”这是一个去美国呆了 8 年后的学子写出的文字，在这段话里，作者用诗歌般富有张力的语言把自己对于故乡大地的思念表达得淋漓尽致，在她看来，没有回到故乡，自己的灵魂就在天空中飘荡，没有找到根的感觉。

然而，“出国”，尤其是到达像美国这样发达的西方国家去，这对于一般的中国公民而言，尤其是在 2020 年席卷全球的大灾难之前，还是具有无穷的诱惑。那么，为什么美国的一张小小的卡片——“绿卡”能把全球很多人才吸引来美利坚打工？原因很简单，它的市场面向全世界。在美国出名就等于在全世界出名，何况美元总是那么坚挺，美国的文化看起来总是那么富有激情和自由的想象力。

比如说，风靡全球的可口可乐，它无非是加了二氧化碳的糖水，却受到了全世界人们的普遍欢迎。其实，开始喝的时候，味道比喝中药水还难受。但美国人说：你们不爱喝没关系，我们的企业人员想喝，我就送你们两条生产线。美国人就以这种方式取得登陆，然后，可口可乐连同麦当劳和肯德基等就不断大肆地进入中国，不断发展壮大，现在我国每年要喝掉 8 万吨可口可乐。

这样的企业知名度如此之高，可它们的老总仍嫌不够，总是设法打出自己的品牌。温元凯20年前在北大演讲所列的例子至今仍让人记忆犹新：在中国上海召开的全球财富巨头会议上，可口可乐的总裁走上台演讲，他先打开了可口可乐的一个红杯子，拿起一瓶可乐往里面一倒，一句话都没有说，全球的目光却紧紧地盯着可口可乐。倒完后，他开始讲话，却始终没有喝一口。他的真实意图是要让全世界上都看到自己公司的产品。[①] 20年过去了，除了可口可乐，还有微软、苹果等大型科技公司，“四个方格构成的矩形”与“咬了一口的苹果”始终是高科技设备的信心保证。

韦伯把资本主义精神概括为这么几条：第一，时间就是金钱。现代资本主义工业及市场经济有一种很强的时间观念。比如，可口可乐的老总抓住那么几秒钟，浓缩的就是一叠叠的钞票。第二条，信用就是金钱。现代的企业制度和金融制度都是建立在信用基础上的。第三，增加资本本身就是目的，就是企业家的责任。赚钱不是为了自己用，工作本身就是目的，活着就是为了赚钱。第四，勤奋和节俭。资本主义新教的节俭精神现在依然能体现出来。比如“我请客，你掏钱”：你作为我的客人，我请你一起出去吃饭，吃完饭各付各的钱。第五，交往要守时、公正。所谓公正就是指在机会和法律面前人人平等。最后韦伯用一句话来概括资本主义精神，就是“从牛身上刮油，从人身上刮钱”。

这就是一种文化精神。对于现代企业来说，要赚钱靠的是高质量的产品和服务：顾客身上有10元钱就要他都掏出来，但不是靠吹、抢和骗等不法手段，而是靠高质量的产品和优质的服务，使他不花掉这10元钱心理就难受。为什么那么多国人同胞喜欢到日本和欧美购物、旅游？为什么中国高速公路上奔驰的超过50%是日本和德国品牌的汽车？松下、三菱、大众、丰田、本田，这一个个来自异国的品牌不仅提供了最优的质量，还提供了完善的销售与售后服务。人们常说日本的“工匠精神”、德国的“精密工艺”，实际上这正是理性经济人精神的最直观体现，他们主张以最小的投入获得最大的收益。这种精神理性制度化后就形成现代企业制度，保障与促进现代经济的发展。

反观我们中国，在很多方面就需要改进。比如，我们宣传西部大开发，

---

① 文池. 思想的魅力：在北大听讲座[M]. 北京：新世界出版社，2001.

号召全国人民都来支援西部，可西部地区经常出来这种现象：当各种援助到了西部人的个人手中之后，他们不是把钱用在生产经营活动上，而是去喝酒，喝完了再等政府补助。这样子的话，给再多的钱都是空的，这就需要文化改造。

一个从北京下去挂职锻炼的朋友，冬天里他去西部乡下，看到很多年轻人在墙根下晒太阳，他很不理解，认为人力资源得不到充分的开发和利用，这样发展西部是不行的。后来他和东部一个工厂联系了一下，送了50名年轻人到这个厂里工作，让他们感受一下现代化生活的氛围，为此费了不少周折和资金。但是过了三个月以后，这50个人都吵吵嚷嚷地回去了，原因是他们说那个地方太紧张了，还总是被别人管着，实在不舒服，受不了。这就涉及一个思想、观念和价值取向等文化改造的核心问题。因此，对于西部的崛起，我们首先要实行"文化输血"。若不"输血"，当地的"造血"机制是很不健全的。[①] 而不健全的造血机制是难以适合现代社会的高速发展的。

中国人为什么设法要出国留学，为什么一个又一个人从偏僻的故乡走向大都市，进而走进世界的舞台，就是因为觉得世界很大，我们没有见过的风景太多，我们不能太封闭自己。对于中国五千年的文明古国，封闭自我曾经给这块古老的土地带来了贫穷，吃尽了苦头，也丧失了许多发展的机会。

而实际上，在中国古代典籍中，先民们早就意识到走出封闭的重要性。《庄子·秋水》一段话写出了超越狭隘的开阔眼光。"秋水时至，百川灌河"，于是河伯"欣然自喜，以天下之美为尽在己"。然而当他顺流而东，见到大海的时候，便不禁望洋兴叹，醒悟到自己原来见识太少，难免要"见笑于大方之家"。海神给他讲了一番道理，要他懂得自知之明，说"吾在天之间，犹小石小木之在大山也"。

这种超越局限的精神在西方当然也有，在乔伊斯小说《一个青年艺术家的画像》中，主人公戴达洛斯小时候上地理课，他发现各国有许多不同名称的城市，那些城市"都在不同的国家中，国家都不在不同的大洲中，各大洲又都在世界之中，世界又在宇宙之中"。于是他在书本上写上自己的名字，并

---

① 文池．思想的魅力：在北大听讲座［M］．北京：新世界出版社，2001．

由小至大，写出自己所在地方与周围世界一层层的关系。

我们小时候幻想着写给世界的信，也总是从世界到中国到某某省到某某地区（市）到某某县到某某乡到某某村再到某某组。从大到小，从浩大的世界一直落脚到自己所在的坐标点上。因此，乔伊斯这一段描写也在很多中国人经验中引起共鸣，都隐约有一种似曾相识的感觉。而不少人在读中小学时，大都有过“往回推”的那么一刻，想象自己在天地间的位置，然后由小到大，由近及远，一层层推想，从我和我周围环境推展开去，想到天地之大，宇宙之无穷。这一层层推想和上面庄子所谓“中国之在海内”，“四海之在天地之间”，不是也隐约有某种契合么？可以说二者都明确表现出自我与世界之关系的意识，自我存在于一层层愈来愈广大的环境之中，既使人意识到我之渺小，同时也使人有超越环境局限而争取无尽发展的强烈愿望。

在乔伊斯小说中，具有艺术家气质的戴达洛斯从一开始，就既有关于周围环境的强烈意识，又一直有冲破小地方的困囿而远走高飞的意愿。他的名字戴达洛斯是希腊神话中有名的工匠，曾为米诺斯国王建造著名的迷宫，又曾用蜡把各羽毛粘连起来，做成翅膀，从迷宫中飞出去。所以戴达洛斯这不寻常的名字有明确的象征意义，既暗示这年轻人有非凡的创造力，又预示他将像古神话中同名的巧匠那样，飞越周围环境的局限，向往更高远的艺术创造。因此，从《庄子》到乔伊斯小说中，我们都能领略那种冲破环境的封闭、超越一切局限的创造精神。①

当然，文化造血要有好的造血机制，走出封闭更是要有好的向导。否则，造血功能不好，造出的是劣质血；不但没走出封闭，还迷失自我。这情状犹如大海里的帆船，我们一旦选择一个错误的航道，就要走很多歪路，有时还引发倾覆或其他更大的灾难。因此，对平静海平面上水的世界的了解，以及选好路线和向导至关重要。

比如，但丁在他初恋的女友俾德丽采之爱的引导下最后顺利地到达了天堂——

---

① 张隆溪. 走出文化的封闭圈［M］. 北京：三联书店，2004.

我到处寻觅的朋友在何方？
黎明是寂寞和怀念的时光。
当薄暮降临的时候，我依然在盼望。
虽然我的心在燃烧，
我看见他的光荣和权力的痕迹，
在麦穗和花香之中，
在空气的每一声叹息和呼吸之中。
那里有他的爱，
他的声音在夏日的微风中低语……①

在这里，路线和向导如何选择就成了一个首要问题。出国深造，学习别国先进的经验，这无疑是一种不错的办法，但别国的经验毕竟不一定都适应本土，都有其局限的地方。所以，“言必称希腊”也是不必要的。更为重要的是，中国的教育体制一定也要有造血机制，要有一整套适合中国发展的先进的模式。现在，不少大学一味向西方学习，强调与国外大学联合办学，往往是为了套个名头或者赚取更多学费，并没有真正地把国外的先进的经验学到，不少时髦的速成班，培养出一批“精神侏儒”，这是应当引起相关部门高度警惕的。

因为，在公众舆论控制的社会中，大学应当成为一个精神的岛屿。有了这个精神岛屿，大学才不会沦为一个精神荒芜的世俗之地，抑或才不成为一个人心浮躁、追名逐利的市肆里巷。这个精神岛屿是否有点像精英机构？这样说可能要遭到非议，因为精英就难免有些超凡脱俗，甚至意味着刻意把自己用围墙封闭起来。但如果这堵围墙可以把世俗利益的威胁和弄虚作假等时尚的诱惑阻隔在外面，把真才实学的知识风尚保护在里面，又有什么不好？

从这个意义上说，我们可以断言，没有知识上真刀真枪的精英，就会削弱社会创新和发展的动力；没有文化上的精英，再富庶的社会也往往会流于

① 子曰，24ge. 现代人精神病历本：以电影为例[M]. 长沙：湖南文艺出版社，2004.

鄙俗，成为人欲横流、私心膨胀、邪念盛行、理想黯淡、良莠不分的名利场。①

事实上，我们中国也不乏知识精英和文化精英，他们推动着文化造血的积极开展，也努力走出自我封闭。但这些人的集体作为还是发挥得不够。这与媒体的宣传不够也有关系，而文化造血要出成效，媒体不行动，往往事倍功半，甚至一半也很难达到。

比如，20 世纪八九十年代，美国人对中国的了解仅仅局限于媒体的片面报道，相当多的美国人对中国文化的不了解，甚至完全是负面的了解。那时候我们在新西兰大学访问发现，当地学生对中国的了解甚至还停留在半个世纪前的教科书，说中国至今吃饭还要粮票、一家人只穿一条裤子。一方面，我们不停地组团派人去各个国家进行文化交流，另一方面，对于交流的结果并没有人认真去分析，好像出了一趟国就能把中国优秀的文化因子带到了国外。可实际上，盲目地播撒不适合当地气候条件的文化种子，已被证明是只开花不结果。而国内一些文化企业集团，特别是艺术演出机构，它们在国外单枪匹马、灵活作战的经营方式，也与西方国家有相当的差距。媒体的关注也大大不够，即便有媒体的偶尔呐喊，中国文化产业的星星之火也很难在美国、乃至西方世界燎原。

20 世纪 90 年代后期开始，随着中国的崛起，想了解中国的西方人越来越多，西方各国出现了一波又一波“汉语热”和“中国旅游热”。同时，中国文化产业也逐渐开发出自己的特色品牌，有的还走上世界舞台，比如谭盾的奥斯卡音乐，张艺谋带有神秘东方色彩的电影和歌剧，甚至姚明的篮球传奇也成为带动中国文化产业大军的先遣部队。此时，西方古典音乐和不少传统的文艺节目逐渐失去听众，艺术演奏大厅的硬件设备日渐陈旧，西方各国文化市场十分疲软。在整体文化外交中，中国从欧盟着手，先是中法两国领导人亲自决定在法国举办“中国文化年”，获得空前成功。于是德英等纷纷提出加强文化交流关系。无疑，中国文化节的作用意义非凡。因为，文化是一股温和而强大的软力量，它将中国的文化艺术搬上国际舞台，展现的是中国文化

---

① 胡宗键，杨金砖．大学之道与教育理想[J]．书屋，2001(10)．

中“以和为贵”“以人为本”的传统文化理念，强调的是中国人“己所不欲，勿施于人”的行为准则，以及“老吾老以及人之老，幼吾幼以及人之幼”这种四海同心、天下一家的情怀，突出的是对外主张“求同存异”“和而不同”的中国传统处事原则，这些都是中国外交一贯坚持的指导思想。

造血，在文化的大树上，留下一道道印痕。从世界到中国，从中国到世界；从中国东部到中国西部，又从中国西部到中国东部。一次次交流，一次次造血，一次次走出封闭，走出自我，走出国门，走向世界……这是一条漫长之路，又是一条高速之路，经过了五千年的蓄积，源远流长的文明之光必将在新的历史时期散发出神奇的魅力。

风驰电掣的速度中，文化在吟唱动人的诗篇：泥土，在想象之外散发淳厚的馨香，让灵魂都朝向这里，宁静或者祝福。请把高贵的追求默默收藏，请把执着的感动徐徐展开。或许，抒情是回首时的来路，却注定要以比一生还长的专注，亲近你的光芒。一万里之外的作别，天空与土地的言语，和我灵魂深处的热爱。

在泥泞路上，无论速度多快，也永远走不到时光的尽头。

六、“爱我的人像城墙一样环绕着我”

一个人的时候，灵魂是那样地贴近音乐，玲珑的音符敲打着渐逝的记忆。回想的心情有如清清的河流，沉浸在水下那多年前的花瓣打开了，逆水而行的姿势疲惫而伤情。

一个人的时候，有了类似酒的微醉的恍惚，左一杯落寞，右一杯惶惑，那火焰一样烈烈的焦灼，在时间最孤独的深处，感受绵绵夜雨的寒冷。

太多的一个人的时候，身体长满了岁月的青苔，回旋的空气凝固成一座山。在向阳的山坡上种一棵树，在山的另一面积蓄泪水。快快告诉我，你是谁的伊人？我的眸子又亮又忧伤，期待的丁香等在雨中。

爱在高速，爱在寂寞的枝头，绵绵不断，比水更多。你曾经告诉我，诗人奥登说过：“我们应当相亲相爱，否则就会死亡”。我真想把这句话高声告诉路上的每一个人，告诉那些疲惫的商人和心事重重的官员，告诉那些认为权力比爱情更有力量、更有价值的人。

多少人在那里寻找，沿着敞开的高速大道，是因为这是陆地，而且这里可以比别的地方更便捷。对你而言，那一杯醉人的甜酒喝得也太容易了。沈从文当年还写了四年的情书呢，你只写了一年，就等来了这杯甜酒。“你这个没有耐性的小傻瓜，真是走运啊——连那些坏人也来帮你的忙，促成我们的爱情。”快递、快餐、快闪就更不用说了，每天都在运送情感。

我记起了一首《漂流瓶》的诗，仿佛专门是为你写的——

是不是每一个漂流瓶都来自远方
是不是每一个远方都有一位姑娘
是不是每个姑娘都心怀忧伤
是不是每段忧伤都藏着梦想
是不是每个梦想都能乘着波浪
是不是每朵波浪都能找到方向
是不是每个方向都能望见彼岸
是不是每处彼岸都能碰上偶然
是不是每个偶然都有一双慧眼
是不是每双慧眼都能湿润心田
是不是每块心田都渴望爱情
是不是每一份爱情都能结成良缘

我记得你曾经用那轻柔的声音，在浓郁的烛光之中轻轻朗诵。我不知不觉地闭上了眼睛，让全身的毛孔都尽情地张开。像千百双眼睛——让这千百双的眼睛来捕捉波浪的芬芳吧；又像千百双耳朵——让这千百双耳朵来倾听波浪的声音吧。

这声音，是雨后的彩虹的色彩，是成熟的柚子的芳香，是海浪拍打岩石的节奏；这芬芳，是潮汐后沙滩金黄的颜色，是漂流瓶的橡木塞子的香气，是海螺回应海风的旋律。①

这么美丽的时刻，我记起了1959年意大利导演安东尼奥尼的《红色沙漠》："愿爱我的人能像一堵墙似地环绕着我。"这部电影讲述一个名叫朱莉娅娜的女人渴求着爱，但回答她的却是丈夫的忙碌和儿子的恶作剧。绝望把她推向了丈夫的朋友、似乎爱着她的科拉多的怀抱。但科拉多的怀抱就能容纳和环绕她吗？一堵厚重的墙，一座雾霾的城，一片红色的沙漠，象征了压抑的、病态的情欲。

深夜里的霓虹灯把情欲以及它的污染传达了城市的每一个角落。在记忆的阳台上，那些飘荡在城市上空的黄烟，就像悬挂的疫旗提醒着人们：城市和工业带来了现代文明病，它是如此流行，所的烟囱都喷出了跟疫旗一样的黄色。朱莉娅娜对外界和自身都充满了莫名的恐惧，似乎在逃避又似乎在期待，龟缩或奔走，幽闭或放荡——在变焦镜头和后期着色呈现出一个个扁平的空间里。这个有自杀倾向的女人在充满工业废料和废气的城市里挣扎着，似乎慢慢获得了免疫力："鸟儿知道了烟是有毒的，就会躲开烟囱飞行。"②

这样的语言像广告词一样，出自一个为爱消得人憔悴的女人之口，委实有点令人动容。爱情成为速食品，成了广告商吸引大众眼球的调剂品，真正的情感和心灵的寄托遭到广告的解构。鲍德里亚指出，广告是这个时代最强势的大众媒介，它的大众传播功能并非出自其内容、传播模式以及明确的目的（经济的或心理的），也不是出自其容量或真正的受众，而是出自其自主化媒介的逻辑本身，这就是说它参照的并非是某些真实的物品、某个真实的世界或某个参照物，而是让一个符号参照另一个符号、一件物品参照另一件物品、一个消费者参照另一个消费者。③

比如，爱情的神圣在广告牌下就会分解成欲望和事件，成为钢琴、高脚酒杯、咖啡馆、唇膏、耳环、指甲油乃至浴缸的叙事符号。此时，高雅艺术与庸俗艺术、深奥与肤浅、文化与商品、能指与所指之间的距离正在逐步缩小，

① 余杰. 香草山[M]. 武汉：长江文艺出版社，2002.

② 子曰，24ge. 现代人精神病历本：以电影为例[M]. 长沙：湖南文艺出版社，2004.

③ 鲍德里亚. 消费社会[M]. 刘成富，全志钢，译. 南京：南京大学出版社，2000.

最后消亡殆尽。这难道是愈演愈烈的当今社会的现代性所追求的目标吗？

麦克卢汉认为，“现代性最大的特点就是时间和空间中永不停息的信息重置。传播系统让我们与不同的景象保持频繁与迅捷的接触。时间和空间消失了，这预告着由书本文化培育的具有个人主义意识的世界被‘所有人都与其他人紧密相连’的世界取代。新媒介的爆炸打乱了传播书写形式中的视觉倾向性，将全球居民又带回了和口语社会相似的文化共享中。地球村将有等级的、同一的、个人主义的印刷文化扫荡到一边，取而代之的是可以敏锐地洞知同时发生的一切的文化”。①

在年轻人对爱情的追求中，与它同时发生的一切文化又是什么呢？“男才女貌”似乎变成了“男财女妖”。传统的文化价值得到颠覆。金钱文化似乎成了生活中唯一的评判官。而服装则是金钱文化的最显著的表现，所谓“以貌取人”主要指的还是“以衣着取人”。因此，要证明个人的金钱地位，最好的方式是用服装来显示。“因为我们穿的衣服是随时随地显豁呈露的，一切旁观者看它所提供的标志，对于我们的金钱地位可以胸中了然。……一切阶级在服装上的消费，大部分总是为了外表的体面，而不是为了御寒保暖……服装的需要主要表现‘高一层的’或精神上的需要。”②

然而，服装的体面与爱情的甜蜜不成比例，两者之间也没有任何内在联系。穿戴讲究的人也许并没有得到爱情，但得到了“亚爱情”，一种类似爱情、实则是一种自恋的幻觉的爱情。比如，女人看中的并不是某个男人的才华或情感，而是这个男人背后的权力和金钱。这个男人以为得到了美丽女人的爱情，但是，一旦这个男人失去了金钱或权力，那个美丽的女人也从此消失了。

正因为现代社会里爱情成了稀有资源，人们应该重视和培育爱情，而不是鄙薄或嘲笑爱情。真正的爱情有如“竖琴弹出的历史”，它推开物质的大墙，留给人们的是精神的享受和情感的满足。所以，叶芝、聂鲁达和杜拉斯等人才念念不忘地表达年老时美好情感的可贵，皱纹深处填满真爱。此时，

---

① 史蒂文森．认识媒介文化：社会理论与大众传播[M]．王文斌，译．北京：商务印书馆，2001.

② 凡勃伦．有闲阶级论[M]．蔡受百，译．北京：商务印书馆，1964.

皱纹不再是可怕的衰老的象征，而是表达爱意的动人的符号。

诚然，在快速发展的都市皱褶处，除了爱情成了稀有资源，需要人们去加倍珍惜和努力培育外，毅力和信念也是一种稀有资源。而且，它往往是与爱和执着等联系在一起的。它是一种更为博大和深沉的爱，是一种大写的对于人间美好向往和对于生命尊重的爱，是奉献和祝福的双重叙事，将“爱我的人像城墙一样环绕着我”诠释得更为具体感人。

有一个《为生命祝福》的故事，讲述的虽是小孩“浇水”的小事，但对于成年人同样有着较大的启迪意义——

那是在我4岁的时候，爷爷送给我一个生日礼物：一个纸杯，里面除了装有一点泥土外，什么也没有。我失望地告诉爷爷，妈妈不准我玩土。爷爷慈祥地笑着，拿出一个小茶壶，牵着我走进厨房，盛了满满的一壶水，然后把纸杯放在窗台上，说：“如果你保证每天往杯里倒一点水，就会有特别的事情发生。”

我疑惑地看着他，爷爷鼓励地点点头，说：“记住每天浇水，孩子。”于是我答应了。

最初只是出于好奇，急于知道到底会发生什么，所以浇水并不算什么负担。但是，时间一天天过去，什么都没有改变，我慢慢懈怠起来，越来越难以记住倒水这回事。一星期后，我问爷爷是不是可以停止了，他摇摇头说，“一天都不能停，孩子。”第二个星期变得更困难了，我开始后悔答应爷爷往杯子里倒水，甚至要把杯子还给他，但是爷爷不干，只是说：“别停止，孩子。”第三天，我开始忘记浇水，经常是上床后才记起来，只得爬床在黑暗中浇水。但是我信守了诺言，一天都没有落下。

一天早晨，原本只有泥土的杯子里，出现了两片小小的绿叶。

我吃惊极了。叶子一天天变大，我迫不及待地告诉爷爷，以为他会很吃惊。谁知他却笑了，仔细地向我解释生命无处不在、甚至藏身于最平凡最不可能的角落。我非常高兴：“爷爷，它需要的只是水，对吗？”爷爷轻轻地拍着我的头顶。“不，孩子，”他说，“它需要的只是你的信念。”

这是我第一次懂得奉献的力量。爷爷告诉我，要为我们周围的生命祝

福，更要为我们内心的生命祝福。当我们记住祝福生命，我们就能修复这个世界……①

从上面这个故事中可知，“修复这个世界”其实并没有想象的那么艰难。只要记住真爱，记住奉献和祝福，生命的奇迹就无处不在。“爱我的人像城墙一样环绕着我”。须知，地球就是一面面城墙连结起来的。如果处处都是爱，无论是成年人的情感之爱，还是小孩的心灵之爱；无论是国家、民族的大写之爱，还是家庭、个人的小我之爱，以及对于泥土的爱、对于大自然的爱等等，只要有爱，只要有爱的闪光，这个世界就会温暖、令人留恋。

科技创新的力量把爱播撒得更快，把我的奉献播撒得更快，把你的信念和祝福播撒得更快。缺失的世界因为每个人的爱、奉献、信念和祝福而最终得到修复。

月亮开花了，在写满了爱的城墙上。

没有什么比风走得更轻，比你的微笑更迷离。当春天的马车疾驰而来，我铺开温柔的纸，挽留一张芬芳的玫瑰的脸，一个相似的夜和许多相似的祝福，我看见生命的奇迹在年轻的身体里奔跑。取出一些露珠，几茎草叶，和一缕细小的灵魂，我想知道那曾经的岁月在哪里，是不是在你曾经拥有过的那种气息里，留在四季水边的舞蹈里，以及西风相送时的一巷春光里？

唯美的花园一闪就过去了，我用怎样的言辞才能感动你，赐我以风吧，吹散一些梦，吹暖那迟放的花朵。当怀抱的清晨临风而开，让我说出使我一病多年的那句话：“我的爱像城墙一样的柔软。”

七、最后的精神家园

走吧，走吧，一切都在进行中。眼看着花朵一点点失去妆容，眼看着道路越走越长，眼看着鸟儿飞翔的痕迹写满迟疑，眼看着风起时树木慌乱的啼哭，跌入水中的夕阳。继续走吧，就要接近命定的终点。

---

① 张霄峰. 为生命祝福[N]. 环球时报，2005-10-10.

也许这一切早该到来，在你的心情抵达之前。天空高远得只有歌声才能触摸，雨水落寞得只有泪水才能倾听，构筑在烛火上的天堂忽明忽暗。

一路走来，我看到了许多家，看到了许多家园。然而，我看到的家并不是我的家。我渴望的家园还在夕阳之外。那里种满秋菊，在东篱的炊烟里，鸡犬相闻。

我几乎有点累了，甚至想到了垂垂老矣、牙齿稀松的那一天。可是，生命仍在青山绿水之中，昂扬着一种激情。车在大地上行驶，从日升到日落，是一个包罗万象的旅程。当暮色降临，夜鸽起起落落，美仑美奂之际，漂泊者对于家园的想象，自是一番意境。

真奇怪，人在欲望的高速公路上奔驰，望不到生命的尽端，然而，四周都有奇形异状的五指，从天而罩，像网，又像巢，亦真亦幻。

看吧，矮矮的山丘一掠而去，茫茫的林丛一掠而去。田野中的桑梓，一畦连着一畦；草地里群羊悠游，马儿在水渠旁自在的徜徉。山脚下的农舍飘出了蓝色的炊烟，偶尔还能看到一两个浣衣的少女把目光投向一辆辆远去的车子。

一种情绪像发酵的面团在慢慢涨开，又像春天的火苗点燃了干草。家园，多么美丽和温馨的名字。此刻，仿佛万物都在你亮闪的眼中集结，仿佛一切流逝的岁月，又在一个多彩季节复苏。尽管自我选择的归途上并不常见翱翔的燕鸟，可你内心的翅翼，却在一片忘我之园，抒张着羽翮，奋飞不止。

“地球如此之大，我要的并不多。只是一抔黄土，一碗井水。”听见了吗？这是对人类自由精神的赞美。我握着这个声音，微醉于将醒之刻。脚下是一条宽阔的坦途，云流下的车轮，载动你驰向远方；风去了，留下一段没有终点的传说，而这，仅仅是一种过程。

忽然，我神灵冲动，因为，这是一条充满呼唤和希望的道路，这是一刻解放内心沉负的时辰。那里有我的温馨家园，还有悠然的南山与行船的河流。有等候的良人，有杜鹃花和百灵鸟，有聚在一起的父老乡亲，有甘冽的新酿与焦香的羊肉……

哦，朝霞起始于一腔春潮，狂涌四野，一如对城市并郊原的歌颂。而艳阳之烈，而自然庞大的腹地，布满午后明炯的白云。我在一百座村庄之后，在一千顷农田之后，静享诗歌之泉，它悄悄流向古朴的凉亭，环绕着树根，像花一样拥抱。眼中的图景，便变得邃秘。风欲停不可止休，树欲歇无以留续。

许久了，一片连绵的林树，荫翳了午后阳光；一株株高蓬的冷杉和榆杨，缓缓地退后，泥石沉梦于奥秘的荒径上，下陷着我的凝思。额很凉，手很冷，那刻的心胸，像是滑移一方脆薄白冰上的影子。家园的琉璃瓦充满着祖先的情趣，还有佛的雕像和香火的袅娜。

人生的履历，在暗黄的纸页上，零星着宝珠的虹彩。梦像秋雨，总当醒后的寒冷，颤悸一厢思绪，岂止晨雾，岂止朝露，岂止白驹过隙。在寻找和求证中，在徘徊和竞走中，在匆忙和沉思中。一切都是那么烫贴心肺，沁入魂灵。

一次次触摸，一次次远望。人生的旅程，似乎永难结束。在车站的酒吧，感受异乡醇酒，感受内心温柔。一条无涯之路，一次短暂停留，滋味是甜甜的，意觉是苦苦的，我还能再说什么呢？当白昼的旅程，从足底穿过，夜间的车站，数盏桔红照灯，不曾留宿的旅店标志，成为探知前方隐秘的原由。星汉无限空蒙，难以弃置的诉求，唯有抓紧手中缰绳，在那个一再刷新的程旅上，建起一座炉火暗明的木屋。

我明白，这样一种心情，这样一种对于精神家园的渴望，这样一种沉思一般的黄昏的静美，人是最容易伤感和投入情绪的。作为一种文化感受，在高速公路上边走边看，思想有如甘露，慢慢渗透技术和知觉的土壤，玄思有如根须，在大地的各个角落寻找自己的位置。

事实上，早在1920年代爵士乐兴起之前，这些远古的知觉形式就已经渗透到各个领域了。比如，瞬间传递信息的电报已经为后来的电台广播奠定了社会秩序形态，广播则把这种社会秩序动态一直推进到熊熊燃烧的火炉中。

同样残酷的悖论把美国黑人也拖了进去。他们的爵士乐节奏使全世界的文化首次整合起来。现在，由于他们创造了世界普适的嘻哈文化，人们期望这些也能够与拼音文字“合为一体”。尽管这种音乐能够释放积压的情绪，能够刺激精神的飞翔，但传统道德的疆域里显然不允许这种疯狂的舞蹈在路面上流淌。

正如麦克卢汉指出的："因为新技术使人人相互联系，它是我们神经系统的延伸，它把原始社会的形象转换为一种普适的背景，这种背景把过去的一切外观埋葬起来。在文明社会的文字栅栏之中生活安稳的人类学家，是天真烂漫的。他们的天真，老是和追求具体目标的未来革新者成双结对地被人们放在一起。"[①]高速公路像任何媒体一样，迅速洗涤人们对事物的新鲜感，它使时间陈旧的同时，也使人的胃口和趣味变得异常起来：曾经向往的东西，一旦拥有，很快就会变得乏味。正因为此，人们对于精神家园的渴求总是处于一种期待中。

然而，当你真正拥有梦想中的桃花源之后，你又突然感觉这些曾经孜孜以求的东西并不是那么引人入胜。人心的不满足并不是求而不得，恰恰是你得到后有一种时过境迁的惆怅感，新的目标又在远方诱惑你。

这样的故事不胜枚举。例如，英国一代文宗兰姆（Charles Lamb）年轻时并不富裕，为了吃一顿好的，买一本心爱的书，看一出好戏，或到郊外远足，都得把辛苦攒来的钱花掉。后来稍有积蓄，可以购买名贵的瓷器，看戏也要选好座位。兰姆多愁善感，回想那些穷困的日子，不禁甘之如饴。当时的快乐，日后再也不能体会。"我们那时还年轻。"兰姆说，是时间的作用，自己在时间的刀锯下失去了年轻时的敏锐。因此，一切事物，如得其时，则自然留下美好的印象。时过境迁，即使能得到旧日渴望的东西，都味同嚼蜡。

不过，可以设想的是：假如兰姆晚年还是一文不名，没有机会重温年轻时的玩乐，他也许就不能感到时间带来的差别。虽然他表示，相对于青年时代的穷困，晚年的富裕是一种"可怜的补偿"。"可怜"一语，道尽了多少今不如昔的感喟，又简单地概括了为何第一印象总是不可代替的：因为押上了宝贵的岁月，换的是一帧失去底片不可再冲印的青春肖像。[②]

青春易逝，家园难觅。人生之路，险象环生。在精神之路上的跋涉，有如李白的"蜀道难"。但无数的人仍然在这条路上艰难行走。到了21世纪这一新的时代，这种寻找更为强烈。许多时候，为了这个精神空间，人们把自

① 麦克卢汉，秦格龙．麦克卢汉精粹［M］．何道宽，译．南京：南京大学出版社，2000.

② 陈德锦．第一口芋头［M］．台港文学选刊，2003（01）.

己扔进陌生而又熟悉的网络中，让网络的流畅通达与人生各个阶段的高速发展成为某种暗合。

因为，在网络空间中，身份的虚拟性和匿名性导致了多重自我现象，使得自我身份的认同远较现实生活复杂，既让个人的精神家园得到充分的呈现，又使这种家园处于昙花一现的状态，从而使人处于一种胀饱和饥饿之中。从本质上讲，这种新现象源于现代人对精神家园的介入之矛盾心态：一方面，人们希望与他人对话、交流、沟通，希望表白自我、理解他人并对他人产生影响；另一方面，人们又对对话、交流和沟通的可能性缺乏信心，十分惧怕他人的误解、控制和伤害。

与此同时，网络空间被喻为电子的新边疆，网络空间中的生活形式堪称虚拟生活。网络空间和虚拟实在的出现，强化了人们对游牧部落式的虚拟生活的向往，并希图以此摆脱政治和经济体制的双重制约，使精神家园呈现一种民主、自由的逍遥岛。

一般而言，虚拟生活方式大致有两种，一是建构某种角色化的通过旨趣和情感联系在一起的社群部落，如亚文化群体的“狂欢”即属于此类。二是完全逃逸真实社会生活的“自娱自乐”。无论哪一种，虚拟生活都凸显出感性、个体、游离等后现代特征，因而被形象地称为“后现代游牧部落”，它大大拓展精神家园的情感范围和飞翔空间。

不过，网络空间和虚拟实在的确给予了人们诸多逃脱现实压抑和规范的“自由”，但这种“自由”的本质又是什么呢？虚拟沉浸与网络犯罪是对感性的放纵还是意向和想象层面的解放？网际群体抗议和共谋行动究竟是一种“能动者”的行为还是对现实责任的逃避？而更值得思考的是，在这种“自由”状态下，人们究竟是一个“体验者”“参观者”还是“流浪者”？沉浸于网际的“体验者”们的生活状态究竟是沉溺还是乐不思蜀呢？浮光掠影的“参观者”能够永远与网络保持若即若离吗？在现实生活中丧失了理想和爱恋的网际的“流浪者”，终会找寻到生活信心和可以驻足的精神家园吗？

因此，从最初的乡野上，从我们义无反顾地走向城市的那个时候开始，我们注定就要艰难地寻找自己的精神家园。我们走出虚拟的网络世界，来到现实的高速公路上，乡野的宁静和城市的嘈杂，城市的浮华和乡野的沉寂，注定要磨练我们的精神。这不是二律的悖反，也不是无法共容的矛盾，我们从过惯了沉寂就必定要寻找生活的喧嚣，我们有了太多的城市生活的刺激过后，就要让紧张的心情得以适当的放松。

城市是无法拒绝浮躁的，因为城市从一开始出现的时候，就注定要和喧嚣与利益的争吵相关联，各类“注意力经济”项目的出现加强了这种关联。从回归的角度看，我们完成了从城市到乡村，又由乡村到城市的回归。从这个意义上说，我们这一代人还是比较幸运的，因为在我们的籍贯的这一栏里，我们还可以写上我们的祖籍，而且我们大都是和这个“家园”有着千丝万缕的联系。但是，尽管如此，那也不是我们的精神家园。我们的精神家园在哪里呢？我们现在的城市人，可怜的地方就在这里，我们没有精神家园可以回归。

从更广泛的意义上，精神家园的寻找，其实，就是在寻找一个让心情回归的过程，这是对生命价值的寻找，是对灵魂栖息地的寻找，也是对植根于大地之根的文化存在的寻找，

文化是根植于土地的，但现在的城市文化还能寻找到这样的“根”吗？我们无从知晓。我们的文化没有土地，它是浮在钢筋混凝土上，浮在酒吧刺激的灯光和啤酒的泡沫里。我们的城市文化是和城市相依为命的，不是说城市里就没有文化，也不是说在我们的城市里，仅仅存有的只是政治、文化、金融中心的意义，城市重要的内涵还是经济载体的功能。现代商业城市多了过去所不曾有过的市场的概念，它较之以往的理解扩大了许多倍，多了许多过去的乡村所不曾认可的“利”的明确的说法。

城市的节奏和乡村的四季歌明显不同，乡村的节奏缓慢而又持久，就像根系发达的古槐。乡村文明的积淀需要太多人文的关心，也需要太多相应的和谐与共存的关系；而城市不是这样，城市的节奏急促而又快捷，就像转型社会本身一样。城市里的商业利益和工业化的发展，使得人们不再计较太多宗族的礼法与观念。城市是人文的集萃，但不是乡音的汇集。城市里的一切都显示了一种秩序或者说是一个国家政体操作的显现过程。乡村的生活里，可以自由地生长面向城市的幻想和期待，但是城市里有太多实际的东西，乡村的生活可以不花钱，也能糊弄着过，但是城市的生活不行，城市每天从一睁开眼开始就需要钞票。

于是，这样多的异同，使得乡村和城市之间会有许多的彼此的期待和向往，希望共存和共荣。城市和乡村就是这样交织着，由亲情、友情、血缘、文化、道路、传统等有形无形的东西连结。城市人在用理智支撑的水泥的群落生活久了之后，就会想到什么是真正意义上的回归。人们经常着盛装出席城市的假面舞会后，不知不觉中就会想起那些粗土布衣，它们所带给人们的是舒适和坦然的感觉。于是，城市人会在繁华的街头和闹市区装饰一个个具有乡村风格的酒吧与飘着酒幌的酒楼，而乡村人则会把城市人过去常开的诗会、沙龙和作品讨论会开在乡下，并显示乡下人同样也有不俗的审美趋向，特别是一些富裕的乡村，这种高雅的艺术熏陶越来越流行。

城里人终于承认他们无法离开农村，他们不能没有乡下那清新的空气和情趣，因为农村的田野上永远是生生不息的各类意象；而乡下人也终于可以自豪地说，我们这里不比城市的条件差，至少在空气的清爽、场地的宽敞和山清水秀的环境是城市无法比拟的。城市和乡村最终的融合是必然的，我们都需要自己的精神家园，而这样家园远不是一种理喻的抽象，或网络虚拟的乌托邦，而是实实在在的栖憩地。

那么，乡村的情感和城市的理智，是不是就是我们的精神家园呢？精神的家园不是固守的成见，更不是画家草草涂鸦的山水写意。乡野的气息，馥郁而又持续不断地发散，如同乡村生长的粮食，如同城市出现的观念与思想。城市的节奏，快捷而又多少带有一点夸张的味道，如同城市人在酒桌上往往说大了的话语，如同城市人往往喜好吹嘘自己见过的世面。所有这些，都可以在精神家园里得到包容和存放。

因此，精神家园，就是心灵后院的白合花，是海德格尔式的诗意的栖居，是美好人生的一抹新绿，是记忆深处的葡萄园，是漂泊途中的泉水，是沙漠里的苹果树，是拌了阳光的蜂蜜，是风暴中心的磐石，是诗与远方的具象，是一切旅人渴望的屋檐下的马灯——

我多么怀念那些雏菊般纯洁的内心
那些镶嵌着红草莓的日子
那些带着雨意的祥云和饱满的思想

那些弥漫着植物气息的情人
我最初的感动，最终埋藏的都将是他们

因此，一切都要赶在秋天之前
在空旷的心里装满果实和温暖
写下怀念的诗句和绝望一样的失望
记住：一定要赶在落叶之前
找到一条可以回家的路

2020 年 1 月至 10 月，定稿于奥克兰北岸

参考文献

中文著作

[1] 阿城. 闲话闲说——中国世俗与中国小说[M]. 北京：作家出版社，1997.

[2] 陈思和. 鸡鸣风雨[M]. 上海：学林出版社，1994.

[3] 陈思和. 中国当代文学史教程[M]. 上海：复旦大学出版社，1999.

[4] 段伟文. 网络空间的伦理反思[M]. 南京：江苏人民出版社，2000.

[5] 芳竹. 把相思打开[M]. 台北：台北汉艺色研文化事业有限公司. 2001.

[6] 傅伟动，周阳山. 西方汉学家论中国[M]. 台北：正中书局，1993.

[7] 辜鸿铭. 中国人的精神[M]. 海口：海南出版社，1996.

[8] 胡适. 胡适文存[M]. 北京：外文出版社，2013.

[9] 惠能. 六祖坛经[M]. 沈阳：辽宁教育出版社，2005.

[10] 华新民. 为了不能失去的故乡[M]. 北京：法律出版社，2009.

[11] 纪晓岚. 论城市本质[M]. 北京：中国社会科学出版社，2002.

[12] 孔志国等. 信任的危机：中国当代社会热点问题十三讲[M]. 北京：团结出版社，2003.

[13] 李欧梵. 现代性的追求——李欧梵文化评论精选集[M]. 台北：麦田出版股份有限公司，1996.

[14] 李青宜. “西方马克思主义”的当代资本主义理论[M]. 重庆：重庆出版社，1990.

[15] 木心. 木心诗选[M]. 桂林：广西师范大学出版社，2015.

[16] 欧阳谦. 人的主体性和人的解放[M]. 济南：山东文艺出版社，1986.

[17] 孙中山. 孙中山全集[M]. 尚明轩，编. 北京：人民出版社，2015.
[18] 王德威. 如何现代，怎样文学？——十九、二十世纪中文小说新论[M]. 台北：麦田出版股份有限公司，1998.
[19] 文池. 思想的境界：在北大听讲座[M]. 北京：新世界出版社，2002.
[20] 文池. 思想的魅力：在北大听讲座[M]. 北京：新世界出版社，2001.
[21] 郗恩崇. 高速公路概论[M]. 北京：人民交通出版社，2005.
[22] 杨伯峻. 论语译注[M]. 上海：中华书局，1980.
[23] 余杰. 香草山[M]. 武汉：长江文艺出版社，2002.
[24] 郁达夫. 郁达夫作品新编[M]. 北京：人民文学出版社，2011.
[25] 张隆溪. 走出文化的封闭圈[M]. 北京：三联书店，2004.
[26] 张念. 失重：张念的艺术文本[M]. 长沙：湖南美术出版社，2004.
[27] 子曰，24ge. 现代人精神病历本：以电影为例[M]. 长沙：湖南文艺出版社，2004.

中译著作

[1] 柏格. 通俗文化、媒介和日常生活中的叙事[M]. 姚媛，译. 南京：南京大学出版社，2000.
[2] 瓦尔特・本雅明. 巴黎，19 世纪的首都[M]. 刘北成，译. 北京：商务印书馆，2013.
[3] 鲍德里亚. 美国[M]. 张生，译. 南京：南京大学出版社，2011.
[4] 鲍德里亚. 消费社会[M]. 刘成富，全志钢，译. 南京：南京大学出版社，2000.
[5] 杜拉斯. 广岛之恋[M]. 谭立德，译. 上海：上海译文出版社，2005.
[6] 杜拉斯. 情人[M]. 孙建军，译. 广州：广州出版社，2007.
[7] 段义孚. 恋地情结：对环境感知、态度与价值[M]. 志丞，刘苏，译. 北京：商务印书馆. 2018.
[8] 凡勃伦. 有闲阶级论[M]. 蔡受百，译. 北京：商务印书馆，1964.
[9] 费瑟斯通. 消费文化与后现代主义[M]. 刘精明，译. 南京：译林出版社，2000.
[10] 福斯特. 印度之旅[M]. 李斯毅，译. 台北：联经，2017.
[11] 哈贝马斯. 公共领域的结构转型[M]. 曹卫东，王晓珏，刘北城，宋伟杰，译. 上海：学林出版社，1999.
[12] 海姆. 从界面到网络空间：虚拟实在的形而上学[M]. 金吾伦，刘钢，译. 上海：上海科技教育出版社，2000.
[13] 霍尔. 无声的语言[M]. 何道宽，译. 北京：北京大学出版社，2010.

[14] 卡斯特. 信息时代三部曲：经济、社会与文化[M]. 夏铸九，王志弘，译. 北京：社会科学文献出版社，2003.
[15] 卡西尔. 语言与神话[M]. 于晓等，译. 北京：三联书店，1988.
[16] 柯里. 后现代叙事理论[M]. 宁一中，译. 北京：北京大学出版社，2003.
[17] 朗格. 情感与形式[M]. 刘大基，傅志强，译. 北京：中国社会科学出版社. 1986.
[18] 马尔库塞. 爱欲与文明[M]. 黄勇，薛民，译. 上海：上海译文出版社，2005.
[19] 马尔库塞. 工业社会和新左派[M]. 任立，译，北京：商务印书馆，1982.
[20] 马尔库塞. 现代文明与人的困境——马库塞文选[M]. 李小兵，译. 上海：三联书店，1989.
[21] 麦克卢汉，秦格龙. 麦克卢汉精粹[M]. 何道宽，译. 南京：南京大学出版社，2000.
[22] 麦奎尔，温德尔. 大众传播模式论[M]. 祝建华，武伟，译. 上海：上海译文出版社，1987.
[23] 奈保尔. 幽黯国度：记忆与现实交错的印度之旅[M]. 李永平，译. 北京：三联书店，2003.
[24] 乔伊斯. 一个青年艺术家的画像[M]. 李靖民，译. 杭州：浙江文艺出版社，2009.
[25] 萨利赫. 移居北方的时期[M]. 李占经，译. 北京：外国文学出版社，1983.
[26] 爱德华·W·萨伊德. 文化与帝国主义[M]. 李琨，译. 北京：三联书店，2003.
[27] 史蒂文森. 认识媒介文化：社会理论与大众传播[M]. 王文斌，译. 北京：商务印书馆. 2001.
[28] 叔本华. 作为意志和表象的世界[M]. 石冲白，译. 北京：商务印书馆，1982.
[29] 瓦格里. 瓦格里诗歌全集[M]. 葛雷，梁栋，译. 北京：中国文学出版社，1996.
[30] 韦尔施. 重构美学[M]. 陆扬，译. 上海：上海译文出版社，2002.
[31] 魏格豪斯. 法兰克福学派：历史、理论及政治影响[M]. 孟登迎、赵文、刘凯，译. 上海：上海人民出版社，2010.
[32] 约翰·斯道雷. 文化理论与大众文化导论[M]. 常江，译. 北京：北京大学出版社，2015.
[33] 爱德华·W·萨伊德. 东方主义[M]. 王志弘，游美德，庄雅仲，译. 台北：立绪，1999.
[34] 詹姆斯·乔伊斯. 斯蒂芬英雄：《艺术家年轻时的写照》初稿的一部分[M]. 冯建明，张亚蕊，等，译. 上海：上海三联书店，2019.
[35] 丹尼尔·贝尔. 资本主义文化矛盾[M]. 蒲隆，赵一凡，任晓晋，译. 北京：三联书

店，1989.
[36] 西格蒙德·弗洛伊德. 自我与本我[M]. 林尘，张唤民，陈伟奇，译. 上海：上海译文出版社，2011.
[37] 西格蒙德·弗洛伊德. 文明及其不满[M]. 金学勤，译. 上海：上海外语教育出版社，2003.
[38] 詹明信. 晚期资本主义的文化逻辑[M]. 陈清桥，等，译. 北京：三联书店，1997.
[39] 列夫·托尔斯泰. 战争与和平[M]. 草婴，译. 上海：上海三联书店，2014.

中文期刊

[1] 布尔迪厄. 现代世界知识分子角色[J]. 赵晓力，译. 学术思想评论，1997(5).
[2] 陈德锦. 第一口芋头[J]. 台港文学选刊，2003(1).
[3] 冯克利. 哈耶克的知识论与权力限制[J]. 天涯，2000(4).
[4] 傅守祥. 走向"后革命"时代的西方大众文化理论：文化主义的拓展与后现代理论的纷呈[J]. 攀登，2004(23).
[5] 何雁. 当前文学与时代英雄[J]. 文艺理论与批评，2005(04).
[6] 胡宗键，杨金砖. 大学之道与教育理想[J]. 书屋，2001(10).
[7] 李立. 魔幻与现实——时光隧道中的壶瓶山[J]. 旅行，2005(7).
[8] 李立. 破碎的文化图腾——浙南印象[J]. 旅行，2005(4).
[9] 李政涛. 从"乌托邦情结"到奴役之路[J]. 方法，1998(7).
[10] 刘梦溪. 社会变革中的文化制衡——对五四文化启蒙的另一种反省[J]. 二十一世纪，1992(4).
[11] 孙九霞，许泳霞，王学基. 旅游背景下传统仪式空间生产的三元互动实践[J]. 地理学报，2020，75(08).
[12] 孙九霞. 作为一种"社会形式"的旅游：地方视角[J]. 旅游学刊. 2017(12).
[13] 王歌，吕乐. 后视镜中的公路[J]. 读书，2004(04).
[14] 吴国盛. 技术与人文[J]. 北京社会科学，2001(002).
[15] 吴炆佳，袁振杰. 商品化、主体性和地方性的重构——再造的西双版纳傣族园泼水节[J]. 旅游学刊，2013，28(04).
[16] 萧望. 艳遇交叉的旅途[J]. 旅行，2005(8).
[17] 张文东. "自己的文章"的背后——张爱玲《传奇》的政治叙事[J]. 文艺争鸣，2010(13).

[18] 张祥龙. 为什么现象本身就是美的?[J]. 民族艺术研究, 2003(01).
[19] 赵斌. 依旧怀念 1968[J]. 读书, 1999(8).

报纸

[1] 老刀. 风月:我的内衣只让你看[N]. 羊城晚报, 2003-07-31.
[2] 王树萍. 乡恋[N]. 淮阴师院报, 2002-05-15(4).
[3] 杨琳桦. 博客时代的"公众新闻"打破"沉默的螺旋"[N]. 21 世纪经济报道, 2005-07-19.
[4] 张霄峰. 为生命祝福[N]. 环球时报, 2005-10-10.

外文著作

[1] Ali Shari'ati. On the Sociology of Islam[M]. Trans by Hamid Algar. Berkeley: Mizan Press, 1979.
[2] Ashby M G, Turnbull J. Oxford Advanced Learner's Dictionary of Current English[M]. Oxford: Oxford University Press, 1974.
[3] Kitses J. Horizons West[M]. Bloomington: Indiana University Press, 1969.
[4] Mellencamp, Patricia. Logics of Television[M]. Bloomington: Indiana University Press, 1990.

总跋 新文科时代的教学相长与学术自觉

聂茂

一

人的一生充满许多偶然性。我做梦也没想到，我的职业最终会定格在大学里。我做过农民，搞过“双抢”。跳出“农门”的第一份工作，是在一个乡下医院做检验士，抽血，化验，看显微镜，写检验报告单，每天重复着同样的工作。我压抑的内心被强大的“作家梦”驱使，毅然决然奔赴鲁迅文学院深造，幸运地与文坛大家莫言、余华、迟子建、严歌苓等人同堂听课。在汹涌澎湃的时代大潮中，个人的命运犹如浮萍，一阵飓风将我吹进了复旦大学。在那里，我进行了一场“黑+白”、“智力+毅力”的大比拼，最终考上了湘潭大学古典文学研究生，毕业后顺利地进入湖南日报社，成为一名编辑、记者。五年之后，我不安的心再次被大洋彼岸的世界所诱惑，果断辞掉了令人羡慕的工作，远赴新西兰留学。四年后，我学成归来，进入中南大学，教学、科研、写作，每天忙忙碌碌，一晃就是17年。

回顾这一路走来的辛苦与不易，我又想，所谓人生的偶然，难道不是生命历程的一种必然吗？如果没有农民性格的蛮劲和韧性，我又怎会成为一名乡下医院的检验士？如果不是因为强烈地爱好文学，我又怎会义无反顾地奔赴鲁迅文学院求学？如果不是北京和上海的人生苦旅，我又怎会成为一名古典文学的研究生，进而成为一名编辑、记者？如果不是古典文学的熏陶和编辑、记者工作的锻炼，我又怎会出国留学、然后被中南大学引进，直接破格晋升为教授和新闻系的学科带头人？更为重要的是，在中南大学新闻系工作五年后，根据个人兴趣和学院学科建设的需要，我再次转身，进入中文系现当代文学教研室。在大学工作的 17 年里，由我指导毕业的研究生达 50 多名，其中一半以上是新闻传播学、文化产业和文化传播学的学生，一小半是现当代文学、世界文学与比较文学的学生。这些年，我在文化产业学、哲学、审美文化学和现当代文学四个方向招收博士生，还包括三名国际留学生（其中两名博士、一名硕士）。所有这些，看似偶然，其实都有其必然的逻辑。这些看似偶然性的因素却为我眼前的这套书埋下了伏笔。

换言之，当新文科时代来临的时候，我顿时意识到，这完全也是偶然中的必然。因为，时代大潮的潮起潮落，有其内在的规律：潮起，有潮起的动因；潮落，有潮落的缘由。无论你是伫立岸边，还是身处潮中，重要的是你要关注洋流的方向，把握大潮的脉动。对高校广大教职员工而言，新文科既是新的挑战，更是新的机遇。

二

经常听人说，这是最坏的时代，也是最好的时代。可很少有人去深思：所谓“最坏”，“坏”在何处？你做好了应对“最坏”的准备吗？所谓“最好”，又“好”在哪里？你有过应对“最好”的措施吗？或者换一个角度，作为普通大众，你究竟是处在转型社会的夹缝中自暴自弃，顾影自怜，还是积极拥抱时代大潮，做勇敢的冲浪者，做灯塔的守护人？

像 99%的普罗大众一样，我所取得的任何一点成绩都凝结着个人的智慧、汗水和心血，都十分不易，弥足珍贵。2018 年我一次性推出 7 大卷、300 多万字的《中国经验与文学湘军发展书系》，这是个人意义上的湖南文学史，别人看到的是这个浩大工程的巨型体量，而对创作者背后的孤独、寂寞、无助以及探索中的苦痛与跋涉中的艰辛并没有多少人去关注。实际上，这个书系是我进入大学后，特别是从事现当代文学 10 余年的集中思考和总结，牺牲了绝大部分的节假日、寒暑假和几乎所有的闲暇时光换来的，如果算上自

20世纪80年代起从事文学创作以来我一直置身于文学现场持续不断的观察、研究与书写，时间跨度长达30余年，如此看来，300余万字书系的出版就容易理解多了。

同样地，今天摆在我们面前的这套“21世纪都市文化跨学科研究书系”也并非一挥而就，轻松完成的。作为从农村进入城市并有过漂洋过海经历的一线科研人员，我试图站在全球化语境下，用自己的方式审视城市，聚焦城市文化，全面阐释迅速崛起的中国和转型社会的阵痛对城市原居民与异乡者产生的种种影响。作为研究者，我要重视和分析这些影响，客观、真实、全面地了解产生影响的深层原因。从目前的学科分类来看，这些影响涉及文学、哲学、政治学、经济学、历史学、民俗学、心理学、传播学、媒介经营以及管理学、工程学、建筑学等等，这样一个庞大体系，一个人很难独立完成，团队合作是最佳选择，也是最现实和最有效的选择。

之所以强调团队合作，是因为每个人都有自己的知识盲点，每个人都有自己擅长的领域和短板。新文科重视跨学科研究，这种研究就是要进行学科交叉，就是要将学科壁垒打通，就是要将团队的智慧和活力发挥出来，在保“质”的基础上，提高“量”的饱有度。单打独斗的个人英雄主义时代越来越远离学术中心，新文科强调跨界重组后产生的强大力量。打个不一定恰当的比喻，学科建设如同手术室中的外科大夫，一个手术的成功与否，不是靠外科大夫个人的努力，还要靠麻醉师、药剂师和护士等一个团队的通力合作才行。学科建设一定要把握好“学术与现实的关系”。很长时间以来，学界对“现实”采取一种回避态度，好像介入现实，特别是介入带有意识形态的现实，学术就会大打折扣，学术就显得“动机不纯”，学术“高人”尽可能远离“现实”、回避“政治”，仿佛只有在“象牙塔”和“故纸堆”里做出来的学问才是所谓的“纯学问”、“真学问”，才是学术的高地，是学人最高的追求，结果便是：学术研究的路越走越窄，学人对时代的关切越来越漠视、对现实的回应越来越乏力，所有这些，正是新文科要着力打通和解决以及跨学科建设要努力突破的关键所在。

三

一个学问大家不只是专家，而且是杂家。西方三位百科全书式的学问大家苏格拉底、柏拉图与亚里士多德都是杂家，他们都有广博的知识、“冒犯”的兴趣和挑战的自觉。亚里士多德的著作涉及哲学、逻辑学、伦理学、政治学、生物学、自然科学等。他的老师柏拉图的著作同样涉及哲学、政治学、教育学、心理学、经济学、法学和自然学说等。柏拉图的老师苏格拉底不仅是哲学家、教育家，也是伦理学家、法学家、修辞学家等。

与此相类似，中国百科全书式的学问大家孔子也是一位杂家，他的著作涉及文学、文献学、典章制度、管理学、司法、礼仪、音乐和自然科学等。另一位百科全书式的学问大家老子，他的《道德经》涉及政治学、哲学、伦理学、自然学、人学、养生学、军事学、辩证法等。之所以如此，从溯源上讲，我们的知识，原本就是一个整体，在古代，像今天这样的学科分类并不存在。

新文科时代让我感受到教学相长的全新的意义。古人云：“学然后知不足；教然后知困。知不足然后能自反也。知困然后能自强也；故曰教学相长也。”(《礼记·学记》)教学相长是中国优秀文化传统。人民教育家陶行知曾经指出：“先生创造学生，学生也创造先生，学生先生合作而创造出值得彼此崇拜之活人。”这是对教学相长的最生动的诠释。新一代学人对新生事物有着天然的兴趣和探知欲，他们对老一辈学者颇有畏难情绪的新媒体语境，诸如数字仓储、云文本储存、数据可视化、虚拟现实和媒体出版等高科技带来的“数字人文”十分熟悉，他们着眼的问题意识、形成的书写形式、聚焦的研究兴趣与彰显的学术追求，与老一辈学者也有了明显的不同。他们心目中的“学术堡垒”、“同行相轻”或“门户之见”等传统观念也少了许多。他们更擅长将新科技融入到文学、哲学、历史等传统文科之中，不仅带来研究方法的变化，更大大拓宽他们的学术视野。

新文科建设既要把人文社科内部系统打通，又要把人文科学与社会科学之间的隔膜打通，还要将文科与理科、文科与工科、文科与医科以及文科与其他学科之间的“肠梗阻”打通，让工科、理科、医科等知识融入新文科教学和研究视野。对教者而言，只有不断地更新自己的知识，吸纳与时俱进的教学方法和研究理论，使自己始终处于“新”的精神状态，才能得心应手地工作。从这个意义上说，这是时代倒逼“传道”、“授业”、“解惑”的师者去努力适应社会，在学术探索中推陈出新，因为“道”是在不断变化之中，“业”也在不断变化之中，由此产生的“惑”也是不断变化的。因此，作为师者，如果不积极走出书斋，不愿置身于沸腾的生活现场，疏于与学生打成一片，不想倾听他们的呼声，完全漠视时代的需要，就很难做好自己的工作。

诚然，新文科对学生的要求也越来越高，他们不仅要掌握诸如新媒体技术、非线性编辑、数据挖掘等技术，还要懂得技术分析、GIS 建模和各类理论前沿的方法，将“要我学”变成“我要学”的自觉转变，让科学、新型的混合学习、智能学习、网络学习在“学习的革命”中发挥更大作用。新文科强调跨学科，所谓跨学科其实就是将学科进行“交叉”，取长补短，互相观照。这里的“交叉”至少包含三层意思：一是知识交叉，二是思想交叉，三是方法交叉。在带着弟子进行“21 世纪都市文化跨学科研究书系”的实践中，我对“交叉”二字感受很深，这里既有方法的挑战，又有观念的冲击，还有跨越黑暗的鸿沟后见到曙光的欣喜。

四

新文科时代要秉持学术良知和学术自觉，要追求学术的“博大精深”。这里的“博”指的是渊博，即把知识当成一个整体，广泛涉猎，采撷精华，融会贯通。“大”指知识的广度，追求应有的体量，包容并蓄，海纳百川，成就自我。“精”指知识的精度，这个“精”字好比知识的金字塔之塔尖，这样的塔尖必须建立在博大的地基之上才能牢不可破。“深”指知识的深度，从专业上讲，要有自己的专业深度和专业特色。跨学科不是混淆各学科的分界，而是要打通一切阻阂，要有丰富的人文情怀。例如“两弹一星”中的许多杰出科学家，他们都有很高的文学造诣，以及很高的诗词歌赋的写作能力和鉴赏水平。

与此同时，我们强调学术自觉。所谓学术自觉，首先指的就是在服务国家、服务社会、服务大众的进程中，学术研究要把创造性转化、创新性发展作为应尽之责。学术自觉，应该体现学人的生命自觉。生命自觉就是要弄清人的生命价值和意义。人既有自然生命/物质生命，又有文化生命/精神生命。人不是生来就具有“人”的本质，一个人没有经过文明的洗礼就有可能成为“野人”。梁漱溟先生指出：“人之所以为人在其心；而今则当说：心之所以为心在其自觉。”梁漱溟强调的“心的自觉”，其实就是指生命的自觉。有了生命的自觉，学术自觉才有可能实现。

其次，学术自觉要有强烈的问题意识，要自觉地把学术研究立足于国情和民情，既要有国际视野，更要有民族精神，要努力做出中国风格、中国气派、中国味道的学术成果来。

第三，学术自觉要有自己鲜明的立场。自然科学可以没有国界，但社会科学一定是有国界的。我们倾听他人不是鄙视自己而是为了更好地审视自己，我们向西方学习不是忘却自己而是更好地建构自己。因此，我们追求的“中国特色”就是带有中国烙印、中国底蕴和中国文化 DNA 的学术成果。

第四，学术自觉应当建立在学术情怀之上。所谓学术情怀，是指学人对于学术研究的敬畏之心，对学术成果的价值判断，对学术使命的自觉意识，主要体现为“虚心做人”和“潜心治学”两个向度。学人，首先是“人”。人应当有人的诚信、人的尊严、人的个性、人的追求，等等。“板凳敢坐十年冷，文章不写半句空”，这种精神仍然是新一代学人的最高追求。这种学术情怀要求师者和学者均锤炼品德，自觉树立和践行健康的人生观、价值观，自觉用中华优秀传统文化培根铸魂、启智润心。这是我们的学术追求，也是我们的人生目标。

总之，城市在发展，城市文化在嬗变，我和我的团队爬过了一座小山，前面矗立着新的更高的山。我们没有停下，而是迎风而上，携手前行。

所有的关爱都是我披荆斩棘的精神支柱，我默默记住；

所有的支持都是我风雨兼程的力量源泉，我深深铭恩。

2021 年 5 月 16 日于岳麓山下抱虚斋